岡潔とその時代

I 正法眼藏

高瀬正仁［著］

評傳 岡潔 虹の章

みみずく舎

無我

岡潔

まへがき

平成七年の秋、思ひがけない機縁に恵まれて岡潔の評傳を書く決意を新たにしたが、そのをりに眞つ先に心に立ち現れたのは、岡の晩年の交友祿を綴りたいといふ願ひであつた。

昭和三十五年十一月、滿五十九歳の岡は、長年にわたる數學研究の眞價が内外に廣く認識されるところとなり、文化勲章を受章した。この慶事を受けて、二年後の昭和三十七年春四月には、毎日新聞紙上に「春宵十話」の連載が實現した。わづかに十篇の心象風景のスケッチにすぎないが、「生活の中で數學を研究するのではなく、數學研究のまつただ中で生活する」といふ秋霜烈日の日々の印象が率直に語られたエッセイであり、讀む者の心に大きな共鳴を誘ふ力が備つてゐた。

「春宵十話」を機に、岡は數學の外の世界の人々と幅廣く交友するやうになつた。岡に着目して積極的に岡のもとに足を運ぶ人もあれば、人を介して面談を求めてくる者もあり、ジャーナリズムの企畫で對談が行はれることもあつた。思ひつくままに名前を擧げると、文藝批評の小林秀雄と保田與重郎、漢字教育の石井勳、畫家の坂本繁二郎、來日して亡命の日々を送る胡蘭成、東洋思想家の安岡正篤、作家の吉川英治等々、どのひとりもただものではなく、何事かを語らなければならない人物ばかりである。

また、岡と直接の面識はなくとも、將棋の金子金五郎九段や佛教學の玉城康四郎のやうに、岡の發言にかねがね深い關心を寄せて見守つてゐる一群の人々もゐた。

晩年の岡は多忙であつた。エッセイの寄稿や講演の依頼も増え續け、東奔西走、旅の日々を送るやうになつた。昭和三十八年の年初に單行本の『春宵十話』（毎日新聞社）が刊行され、それから年々著作の出版が續き、多くの讀者を獲得した。

當初、岡は少々變つた言動の伴ふ「脱俗の孤高の數學者」と見られて人氣があつたが、次第に發言の姿が變化して、日本の將來を憂へる「憂國の數學者」といふ樣相が顯はれ始めた。昭和四十年代を支配した思想の風にはつきりと背馳する傾向であつた。追隨した讀者は多いとは言へず、著作の刊行は續いたが、讀者が離れていく傾向が見られ、昭和四十五年の『神々の花園』（講談社現代新書）が、公にされた最後の作品になつた。岡は京都産業大學で教養科目「日本民族」の講義を續けながら、回想録『春雨の曲』を書き續けた。初稿が成立したのは昭和四十六年。それから破棄と改稿が繰り返され、昭和五十三年三月、實に第八稿の試みを續ける中で世を去つたのである。

晩年の岡は數學研究の「壺中の別天地」の外に出て、時代とともに人生の日々を生きながら盛に發言を重ねたが、その根柢にあるものは數學研究の日々を懷かしく回想する心である。それゆゑ、晩年の眞の姿を見ようとするのであれば、數學研究の時代、言ひ換へると『春宵十話』が成立するまでの人生の觀察と省察が不可缺である。『虹の章』に先立つて二册の評傳『星の章』『花の章』（海鳴社）を書かなければならなかつたのはこのためである。

本年は『春宵十話』が單行本の形で刊行されてからきつかり五十年目にあたる年である。『虹の章』の出版は諸事情にはばまれて大幅に遲れたが、ゆくりなく節目に遭遇したことを喜びたいと思ふ。日本近代の數學史に屹立する偉大な數學者の回想が日本の歴史の流れに明確な位置を占め、岡が敬慕した道元や芭蕉のやうに世代を越えて語り繼がれ、日本の精神が絶えず歸り行く故郷となるやう、心から願つてゐる。

平成二十五年四月十八日

高瀬正仁

目　次

Ⅱ巻の目次

第一章

石井式漢字教育

心の珠を磨く

和歌山縣師友協會第五回總會での講演（昭和三十七年）

石井先生との出會ひ

回想の石井先生

平成十一年夏七月二十三日と二十四日の兩日、福岡縣福岡市博多區千代町のパピヨン24（博多のガス會社「西部ガス」の本社ビル）において、石井《いしゐ》勳《いさを》先生をお迎へして石井式漢字教育の夏季指導者研修會が開催された。主催したのは登龍館といふ幼兒教育専門の大阪の出版社、受講對象者は主として幼兒教育に携はる保育園の保母さんと幼稚園の先生たちである。二十三日（金曜日）夕刻には懇親會も行はれ、親しく石井先生のお話をうかがふ機會に惠まれた。溫和な雰圍氣の中で、登龍館の先代の社長との出會ひの日の情景など、初耳の、興味深いエピソードが打ち續いたが、話題がたまたま石井先生の不思議な經歷の一端に及ぶ瞬間があつた。

石井先生は岡潔が和歌山縣粉河中學を卒業したのと同じ大正八年に山梨縣甲府市に生れた方で、山梨縣都留中學から大東文化學院（大東文化大學の前身）に進み、本科を經て高等科に學び、昭和十七年九月、繰り上げで卒業し、應召して戰地に出た體驗をもつてゐる。大東文化學院は私學ではあるが、大正十二年、儒學振興を目的にして帝國議會の決議により設立されるといふ特異な經緯をもつ學校である。當時の日本の第一流の漢學者を集めた教師陣のもと、非常にレベルの高い漢文教育に眼目があり、諸橋《もろはし》轍《てつ》次《じ》が編纂した『大漢和辭典』、いはゆる「諸橋大漢和」の作成にあたり、親字選定や用例收集などの基礎作業に協力したのは大東文化學院の出身者たちであつた。諸橋轍次は大東文化學院で石井先生が親しく敎へを受けた人でもある。

　大東文化學院に給費制度があつたことは、石井先生がこの學校を選んだ理由のひとつであつた。石井先生は中學四年のとき父をなくし、學費のかかる學校を選べなくなつたのである。それから、卒業すれば高校敎員の免許狀が無試驗で取得できるのも大きな魅力であつた。高校といつても戰後の學制改革で生れた今日の新制高校のことではなく、岡潔が卒業した京都の三高のやうないはゆる舊制高校を指してゐる。その敎員免許狀を取得するのは非常にむづかしく、帝國大學卒業と同等のきはめて値打ちの高い免許狀であつた。學歷がなくとも文部省の檢定試驗に合格すれば取得可能で、石井先生が都留中學四年生のとき、漢文の先生がこの試驗に合格したが、そのときの合格者は全國でわづかに三人だつたといふ。

　戰後、石井先生は敎壇に立ち、はじめ母校の都留高校（戰後の學制改革により、かつての都留中學校は都留高等學校に變容した）に勤務して國文法と英文法を敎へた。正字體の漢字と歷史的假名遣を使つて指導したといふ。この時期に、後に石井方式と呼ばれることになる漢字敎育法の發見につながる二つの印象の深い出來事があつた。當時、英語科を擔當してゐた石井先生は數人のアメリカ人と親しく交際する機會があつたが、彼らの書く英文を見ると意外なほど綴りに誤りがあつた。そんな體驗を通じ、アルファベットはたつた二十六文字にすぎないが、これを組み合はせて正しい文章を綴るといふのは決してなまやさしいことではないと、つくづく考へさせられたといふ。これが第一のエピソードである。それから、當時滿三歲にもならない長男が漢字を讀むといふ事實を知つた。ある日、こたつにあたりながら本を讀んでゐると、長男がひざに乘り込んできた。そこで讀みかけの本を伏せて抱いてやつた。本の表紙には「國語敎育論」といふ書名が大きな字で書いてあつたが、石井先生のお子さんはその「敎育」といふ字をひとつひとつ指で示しながら「きょう（けう）」「いく」とはつきり讀んだといふ。

耳を疑ひ、かたはらの奥様に「こんな漢字を教へたのか」と尋ねると、「教へない」といふ。それでも、教へないのに讀めるわけがないので、重ねて問ふと、さう言へば、いつだつたか、もう一箇月くらゐ前のことかと思ふが、『教育音樂』といふ雜誌の書名を指さしてしきりに何かと尋ねるので、そのときそれを讀んでやつた記憶があるといふ話であつた。すると、石井先生のお子さんは、子どもには縁遠い複雜な字形と發音を、ただ一回の機會によつて結びつけてしまつたことになる。あまりにも信じがたいことで、思はずうなつてしまつたが、このとき石井先生は、「漢字の字形の複雜さは、文字の學習に何の障碍にもならないのではないだらうか」とふと感じたといふ。これが第二のエピソードであり、後年の石井方式のアイデアはこの瞬間に生れたのである。

よい高校教師であるために中學教師から出直してやつてみたい。中學生をよく知らなければ、高校生の正しい指導は行へない。石井先生はそんなふうに考へて、昭和二十五年、八王子市立第四中學に轉じ、一年生を擔任した。ここで石井先生が目の當たりにしたのは、小學校を卒業してきたばかりの生徒たちの讀み書きの力が驚くほど低いといふ事實であつた。そこで先生は、數人の同僚の協力を得て、全校一千名の生徒を對象にして「漢字の讀みの能力調査」を試みた。社會科、數學科、理科の各教科書で使はれてゐる漢字の中からそれぞれ百個の熟語を選んで提出し、振りがなをつけさせるのである。結果は、提出語彙のおよそ四十パーセントほどしか讀めないといふもので、實に憂慮するべき實態が明らかになつた。日本語で書かれた文章の讀解力、もつと具體的に言へば漢字を讀む力がとぼしいために教科書の理解に至らず、數學の應用問題なども、そもそも問題の意味を汲まうとする段階でつまづいてしまふ。

石井先生は、學力低下の原因を漢字の讀解能力の貧困の中に發見したわけである。いつたい小學校ではどんな漢字指導を行つてゐるのだらう。こんな疑問にすつかり取りつかれてしまつたといふ。

小學校教員から幼稚園へ

昭和二十六年、石井先生は八王子市教育委員會の指導主事に轉出し、教育現場の視察指導にあたつた。擔當は小學校、中學校、高等學校にわたるが、石井先生はなるべく多くの小學校を訪問するやうにして、小學校の先生たちと語り合つた。そんなふうにして實態を見て、聞いて、知るほどに、國語教育、わけても漢字教育はこれではいけないといふ考へは強まるばかりであつた。だが、かうしたらよいのではないかといろいろと訴へても聽きいれてくれる人はない。たとへば、漢字の筆順と字形について、石井先生は前から「漢字は讀めさへすればよい」といふ考へをもつてゐて、「他の字と間違へることのないやうに、だいたいの字の形ができてゐれば正字とみなさなければならない。子どもに教へる場合には一定の形を示すが、子どもの書いたものをやかましく直したら、子どもがノイローゼに陷つてしまふ」といふ話を小學校の先生にしたが、「そんなことを言ふのは小學校の現場を知らないからだ」と返されるばかりで何にもならない。そこで先生は、「よし、小學校から出直さう。自分で直接子供たちを受け持つて、指導してみなければ、何ごとも机上の空論にすぎないのだ」と思ふやうになつた。これが、小學校に轉じる決意を新たにした直接のきつかけである。自分で實踐し、效果を確認するつもりだつたのである。

石井先生は、「はじめから漢字で教へる」ことをモットーとする漢字教育法を創案し、みづから「正書法方式」と名づけたが、この呼稱は普及せず、いつしか「石井方式」と呼ばれ始めた。石井先生もまたそれにならひ、自分でも「石井方式」と呼ぶやうになつた。略して「石井式」と呼ばれることもある。昭和二十七年八月、石井先生はお茶の水女子大學で開催された全日本國語教育協議會（と石井先生は書いてゐるが、昭和二十七年といふことであれば、九月二十一日、二十二日の兩日、東京學藝大學で開催された第五回目の全日本國語教育協議會を指すのではあるまいか）の場を借りて「石井方式」を發表した。

この年の秋十一月十四日には、朝日新聞の東京第一都下版に石井方式が紹介されるといふ出來事もあつた。四段抜きで八段にわたるといふ大きな扱ひで、見出しを見ると、

兒童の言語生活を豐富に
「漢字教育」が必要
八王子教委會石井主事　近く研究成果發表

といふ言葉が目に入る。大正八年生れの石井先生はこのとき數へて三十四歳である。見出しに續いて記事の要約があり、「兒童の言語生活を豐富で正確なものにするためには、現行のやうな漢字制限を改めて、低學年のうちから必要な漢字や日常生活に出てくる單語などを教へ、これに親しませることが大切であると主張、その具體的教育方法を熱心に研究してゐる先生がある」と紹介された。記事の本文を再現すると次の通りである。新聞記事ではあるが、石井方式の理念の基本とはじまりのころの情景が飾りのない言葉で描かれてゐる。

八王子市教育委員會の石井勳指導主事は過去二年間の研究結果から、現在の小學生は漢字の學習を非常に制限されているため、讀書力や一般的な理解力が弱く、言語生活が極めて貧弱になつてゐる。小學校六年生までには一應八百八十一字の漢字を習ふやうになつてはゐるが、教科書や學校が變れば澤山の知らない文字にぶつかるのはもちろん、參考書や教科書以外の圖書などを讀む時には非常な苦勞をすることになる。伸びようとする兒童の讀書力、理解力を故意に抑へてゐるやうなもので、これをなくすためにはどうしても低學年のうちから漢字に親しませ、自分の生活に現れて來る漢字ぐらいはすらすら讀めるやうに導くことが大切であるといふ。

さらに漢字の多くは事物を具象的に表現してゐるので、抽象的な「かな」よりもかへつて兒童には親しみ易い利點があり、また字畫の多い漢字ほど印象が強いといふこともあるので、大人が心配するほど苦勞もせず、自然に子供たちは漢字をおぼえて終ふものだといひ、指導の方法さへ適切であれば、八百八十一文字を三年生までに讀ませることは決して困難ではなく、書き方は表現の慾望が強まるにつれて徐々に指導していけばよいと同氏は語つてゐる。

石井方式には具體的な教授法にも工夫があり、「小學生用の辭書」を利用したり、漢字の圖解を通じて字の起原を繪で示して兒童に親しませるなど、あれこれの指導法を考案した。石井主事の話として、「兒童心理學からみても漢字の方がカナよりもおぼえ易いことは確かだと思ひます。補助教材などもぼつぼつ完成しますので近く、研究の結果をとりまとめて世に問ひたいと考へてゐます」といふ談話も記録されてゐる。

このやうな記事を見れば推察されるやうに、早くから石井方式に着目する人はたしかにゐたのである。だが、新聞で紹介されたからといつて、それはそれだけのことに終り、何かしら特別の反響があるわけではなかつた。

新たな漢字教育法の確立を心にして、指導主事を辞め、昭和二十八年から小學校に移り、一年生のクラスの擔任になつた。ちやうど石井方式のアイデアのもとになつた上の男の子が小學校に入る年でもあつた。だが、小學校の教師になる道筋は必ずしも平坦ではない。石井先生は舊制高校の教員免許状をもつてゐたから新制の中學、高校の一級免許狀を無條件で取得してゐたが、小學校の免許はまた別である。小學校では全教科を教へなければならなかつたからである。指導主事になつて間もないころ、すでに小學校教師になる決意を固めてゐたが、小學校では繪や音樂も指導しなければならず、ピアノが彈けなければならなかつた。そこで石井先生はまだ三歳に滿たない長女といつしよにバイエルで練習を重ね、ともあれ昭和二十七年のうちには小學校の假免許狀を手にすることができた。小學校轉出の準備はこれで整つたのである。

昭和二十八年四月、最初に赴任したのは東京都新宿の淀橋第一小學校であつた。石井先生は、「漢字で表記するのを本則とする言葉は、最初から漢字で表記して提出し、指導する」といふ根本原則を基礎にして指導した。あたりまへのやうに見えるが、從來の教育法は正反對で、「漢字で書くのを本則とする言葉でも、必ず最初はかな書きして提出し、學習させる。そして子供たちが、それに習熟した後に漢字書きに改められて提出され、指導される」といふ二重の手間をかけさせてゐたのである。國語ばかり

［上］「攵」と「欠」の違いを説明する石井勲
［下］職員研修で示範授業をする石井勲（平成四年）

ではなく、石井先生は理科や社會など、あらゆる教科の用語を漢字表記に變へて教へた。それも、算數に例をとれば、「まる」「さんかく」「しかく」といふ用語を「丸」「三角」「四角」と變へるだけに留まるのではなく、「圓」「三角形」「四邊形」といふふうに正確な數學用語を使用した。これも畫期的な出來事で、從來は「國語教科書にまだ提出されてゐない漢字は、他教科に提出するべきではない」といふ考へ方が當然視されてゐたのである。

當時の淀橋第一小學校には、石井先生の理想に理解を示す山下岩太先生といふ校長がゐた。山下先生はみづから石井先生のクラスの保護者を集め、石井先生の經歴と手腕を紹介し、「絕對に心配のないこと」「安心してまかせられること」を繰り返し繰り返し說いたといふ。石井先生の教育が成功して擔當したクラスの成績があがればあがつたで、「學級差がついたらどうするか」「學年主任として責任をどう感ずるか」と、他のクラスの保護者から直接詰問されたことがあるといふくらゐであるから、校長先生のところにはどんなに苦情が寄せられたことか想像に難くないが、山下先生は少しもいやな顏をせず、「非難はどんなにしてゐたつて出るよ。そんなことをいちいち氣にしてゐたら息だつてつけなくなるよ」とこともなげに打ち消して勵ましてくれた。見識と氣骨のある校長先生だつたのである。

この淀橋第一小學校で五年間にわたつて實驗授業を續けて自信を深めた石井先生は、昭和三十三年、新宿御苑が近い新宿區立四谷第七小學校に移り、ここでもまた大きな度量の持ち主の三浦校長先生のもとで實驗指導を繼續した。それから昭和四十二年三月まで一教諭として教壇に立ち續けた。最後の授業が行はれたのは目黑の東山小學校であつた。この十四年間に及ぶ實踐を通じ、「かうすれば必ず、中學に進んでから教科書を自由に讀みこなせるだけの漢字の力がつく」といふ創意に滿ちた漢字教育法を作

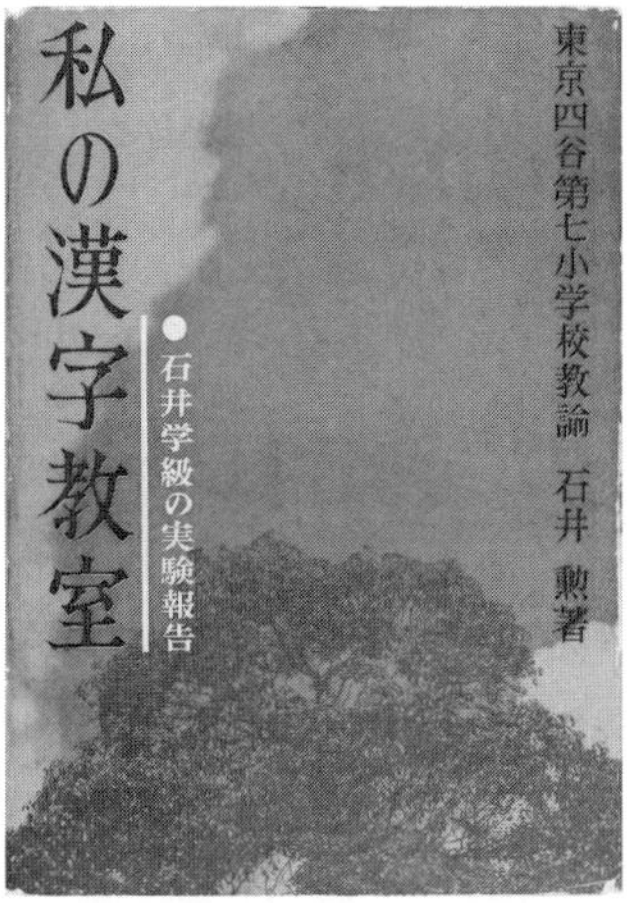

石井勳の著書『私の漢字教室』
（黎明書房、昭和三十六年）

り上げた。この石井方式が廣く知られるやうになつたのは昭和三十六年のことで、この年、四谷第七小學校を舞臺にして石井先生が取り組んでゐた漢字教育の模樣が朝日新聞で紹介されるといふ出來事があつた。これがよいきつかけになり、他の新聞も追隨し、石井方式は次第にあちこちで話題にされるやうになつていつたのである。石井先生の最初の著作『私の漢字教室』（黎明書房）もこの年に日の目を見た。

　高校教諭から中學校へ、中學から小學校へと、尋常の目で見るとなんだか方向が逆のやうに感じられる歩みだが、かへつてその點が不可思議で、魅力的である。石井先生が小學校に轉じたいと希望したのはひとへに、後に「石井方式」と呼ばれることになる新しい漢字教育法を實踐したいといふお氣持ちからのことにほかならなかつた。だが、この筋道の通つた考へはおほかたの理解を得られなかつたのであらう、小學校の先生になりたいと申し出た際、どなたかから「校長になりたいのか」などと問はれたりしたといふ。

　東山小學校を最後に小學校の教壇を去つたとき、石井先生は數へて四十九歳であつた。辭めるには早すぎるやうに思へる年齢だが、「はじめから漢字で教へる」といふ漢字教育の理想を實現するために小學校からさらに手前にもどり、昭和四十三年から教育實踐の場を幼稚園に移したのである。昭和四十五年、大東文化大學幼少教育研究所が設立され、石井先生が所長に就任した。昭和五十四年には大東文化大學附屬青桐幼稚園の園長に就任した。それと、この間、昭和四十八年にはたうとう自分自身で八王子市めじろ臺に石井教育研究所を開設し、主催するまでになつた。國語問題協議會の設立のをりには理事の一人として參加し、息の長い活動を續け、平成六年には副會長に就任した。國語問題協議會は文部省主導の國語國字改革の趨勢に抗して民間人有志が結集して組織された會で、昭和三十四年十一月四日設立と記録されてゐる。各界有志百六十餘人の贊同があつたといふ。

十一月四日は麻布の國際文化會館において發起人總會が開催された日である。十一月十三日、小汀利得《をばまとしえ》（日本經濟新聞社顧問、經濟評論家）と福田恆存《ふくだつねあり》（文藝評論家、劇作家、シェイクスピアの飜譯者）を中心として準備委員會が開かれた。役員の銓衡が行はれ、會長を空席とし、理事長に小汀利得が推薦された。

石井式漢字教育

石井先生にお目にかかつたのは平成十一年の夏がはじめてなのではなく、これで二度目であつた。この夏の研修會での石井先生の講義は中級講座だつたが、前年（平成十年）夏、ぼくは初級講座を受講し、履修證書をいただいた。そのをり、きつかり一年前の同じ七月二十三日の懇親會でお會ひしたのが初對面である。二度目の夏、會場で御挨拶におもむくと、石井先生は再會を喜ばれ、「七夕《たなばた》様みたいですね」と言はれた。

石井方式の漢字教育は漢字の早期教育ではない。石井先生の著作『私の漢字教室』などに範を求めて要點を拾ふと、

「幼兒に漢字を教へようと思つてはいけない。」
「漢字を教へるのではなくて、漢字で教へるのだ。」
「幼兒の周圍で私たちが努力して多くの漢字を使つて行ふ教育」

等々、感銘の深い言葉が次々と目にとまる。「社會で漢字で書いてゐる言葉は、最初から漢字で教へよ」とも言はれてゐるが、これは、たとへば、「がっこう」をはじめから「学校」（「学」は新字體。正字體は「學」）と教へよ、といふことで、社會では決して使用されることのない「がっこう」といふ平假名表記をはじめに教へ、それから次に漢字表記の「学校」を教へるといふのは間違つてゐるのではないか、といふのが石井先生の考へである。「学校」は小學生にとつてもつとも親しみの深い場所なのであるから、一年生の心にも造作なく刻まれることであらう。

石井先生はこんなふうな考へに基づいて、一年生のときから社會で普通に使はれてゐる表記で文字を教へた。たとへば、教科書に

えんそく

あるけ、
あるけ、
げんきにあるけ。

といふ文章が出てゐたら、これを

遠　足

歩け、
歩け、
元気に歩け。
（「遠」「気」は新字體。正字體は「遠」「氣」）

と書き直して教へるといふふうにするのである。

「漢字を使ふべき言葉は最初から漢字で教へる」といふ主張も正鵠を射てゐると思ふ。「漢字」（「漢」は新字體。正字は「漢」）を「かん字」と書いたり、「校舍」（「舍」は新字體。正字は「舍」）を「校しゃ」と書いたり、「講堂」を「こう堂」と書いたりするのではなく、はじめから「漢字」「校舍」「講堂」と書いて教へるべきだといふのである。萬事がこんなふうであるから、漢字は畫數が多いほどむづかしく少ないほどやさしいといふ、現實と乖離した素朴な觀念はしりぞけられることになる道理である。ところがまさしくそれゆゑに、「石井方式は文部省の指導要領に示された漢字學年配當表を無視したものであり、法令違反に當る。從つて、公務員として許すべからざる行爲である」といふ批判を浴びせられた。これは、石井方式を採用して全校を擧げて實踐に取り組んだ小學校がいくつか現れたとき、ある文部官僚の發言として傳へられてゐる言葉である。

漢字の學年配當表

漢字の學年配當表といふのは、教育漢字、すなはち義務教育で學ぶべき漢字八八一字を各學年ごとに割り當てて竝べた一覽表のことである。おほむね學年が進むにつれて畫數の多い漢字が出てくるやうに配列されてゐるやうな印象があるが、必ずしもさうとは言ひ切れず、配列の基準はよくわからない。教科書の記述に使はれる漢字も配當表の範圍に收るやう、學年ごとに決められてゐる。「かん字」「校しゃ」「こう堂」などといふ、俗に「交ぜ書き」と言はれる奇妙な表記は、このあまり教育的とは言へない配慮の產物である。

教育漢字といふのは昭和二十三年二月十六日付内閣告示で公布された當用漢字別表に記載されてゐる一群の漢字を指す俗稱で、學習漢字などと呼ばれることもある。はじめは「小學校と中學校で八八一字」だつたが、昭和三十三年には「小學校で八八一字」に增加した。昭和四十三年になると「備考漢字」と稱して一一五字が新たに指定された。それらはあくまでも備考であり、正式に教育漢字として取り扱はれたわけではなかったが、昭和五十二年になっていはば昇格して正式な教育漢字になつた。これで「小學校で九九六字」になつた。こんなふうに構成が變遷したが、平成元年、二十字追加されて十字が削除されるといふ改訂が行はれた。現在でもこの最後の改訂が生きてゐて、「小學校で一〇〇六字」の態勢が維持されてゐる。ゆつくりと增加してきた經緯が見られるが、八八一字の教育漢字といふものを定めることになつたもともとの意圖はやはり漢字廢止にあり、國民の使へる漢字を當用漢字一八五〇字よりもさらに減らさうといふ底意があつたのである。これらの漢字が學年別漢字配當表に即して小學校六學年の學年ごとに割り當てられてゐる。「漢字」の「漢」（新字體。正字は「漢」）は三年生、「字」は一年生の配當漢字であるから、一年生は「かん字」と教はり、三年生になつてはじめて「漢字」といふ表記が完成するわけである。「校舍」の「校」は一年生、「舍」(新字體。正字は「舍」)は五年生。「講堂」の「講」は五年生、「堂」は四年生の配當漢字である。

石井方式に大きな教育効果が伴ふことは石井先生自身をはじめ、石井先生に共鳴する人々の實踐を通じてすでに明らかであり、實際に石井方式の漢字教育を取り入れて效果を擧げてゐる幼稚園も多い。ところが配當表に追隨する漢字教育は文部省の方針なのであるから、小學校で石井方式を實踐するのは實際には不可能といふほかはない。石井先生の著作によると、新潟縣龜田町の袋津小學校、靜岡縣熱海市の桃山小學校、靜岡縣富士市の須津小學校、青森縣弘前市の船澤小學校などでは全校を擧げて石井方式を實踐したとのことだが、五年ほどで中止されてしまつたといふ。指導要領無視の法令違反だといふ文部官僚の批判があるためで、これを跳ね返す力のある校長がゐる間は實踐できるが、見識と氣骨のある校長が退職や轉勤でゐなくなるととたんに中斷されてしまふのである。

現場で試されて大きな效果が檢證された教育法が發見されたなら、文部省でも卽座に採用してよささうに思はれるところだが、さうはならず、石井方式はかへつて忌み嫌はれるといふ一見して不可解な事態があらはれた。配當表といふものを生み出した考への根本に、漢字を蔑視し、いづれ廢止したいといふ眞意がひそんでゐるから、このやうなことになるのである。

漢字の字體のいろいろ

國語國字問題において漢字を論じる際の大きな論點として、使つてよいとされる漢字の許容範圍を決める字數制限の問題のほかに、字體の確定の問題がある。同じ漢字にも異體字と言はれるさまざまなスタイルがあり、どれが正しくてどれが誤りと天下りに決められてゐるわけではない。漢字には明確な意味では正字が存在しないのである。中國では清朝期に康熙帝の敕命により編纂された『康熙字典《かうきじてん》』（康熙五十五年、西暦一七一六年に完成した）があり、この書物に出てゐる字體に標準を求めるといふのがひとつの有力な考へ方と見られるが、『康熙字典』そのものにも何種類かの校訂本があるといふふうで、なかなか究極の確定にはいたらない。結局のところ、漢字の使用範圍と字體の選定には書き手の好みが大きく反映してぶれが生じることになるが、むしろそのはうが實情にかなつて自然でもある。朝日新聞社の週刊誌『朝日ジャーナル』の昭和三十六年五月二十八日號で「漢字をめぐる諸問題」といふテーマで座談會が行はれ、石井先生も參加したが、石井先生が「漢字のことを專門に扱つてゐる人たちは、正字などといふことをあまり言ひません」と言ふと、藤堂明保（中國語學者）が應じて、「それは、あまりにも漢字の字體がでたらめだからです。普通は康熙字典をよりどころにするのですが、これがまた頼りない。正俗なんてのは、結局そのときどきの通念にすぎない」と發言した。そこで石井先生がさらに、「結局、よりどころがないわけです。昔から字體は何度變つたかしれない。だから漢字の專門家は言はない」と言ひ添へるといふ一幕があつた。

それでも『康熙字典』の編纂の際に行はれたやうに、漢字の古い用法を丹念に調べ、ひとつひとつの漢字の成り立ちを明らかにして正字を確定しようとする努力には深い歴史的意義が認められる。初等教育といふ觀點から見れば、ひとまづ教育上の正字體を確定して標準を定めることには意味がありうるとも思ふ。だが、戰後の混亂した世相の中であわただしく公表された當用漢字字體表（昭和二十四年四月二十八日に公布された）は、場當たり的といふか、いかにもぞんざいな字體で埋め盡くされてゐる。もともとこの表の作成者たちには漢字などはいづれ廢止されるといふ考へがあり、心持の根本のところに漢字といふものに寄せる敬意が闕如してゐたために、何の脈絡もない粗雜な簡略化が平然と行はれたのである。

歴史的假名遣と「現代かなづかい」

日本語の正書法の問題にはもうひとつ、假名遣《かなづかひ》、すなはち假名の正しい遣ひ方を確定する問題があり、漢字の問題と併せて國語國字問題の二本の柱を作つてゐる。今日、單に假名遣といへば「現代かなづかい」（「かなづかい」は「現代かなづかい」による表記である。歴史的假名遣では「かなづかひ」。戰後、内閣訓令・告示の形で新たな假名遣が制定されたとき、公布文書はすでに「現代かなづかい」で記述された。「現代假名遣」でも「現代かなづかひ」でもなく、「現代かなづかい」といふ表記が使はれてゐる）を意味するのが普通であり、小學校で教へられるのも「現代かなづかい」である。だが、この假名遣が制定されたのは戰後間もない時期のことであり、それまで明治時代からこのかた法案の表記や公教育の場で行はれてきたのは歴史的假名《れきしてきかな》遣《づかひ》と言はれる假名遣である。

歴史的假名遣といふのは江戸時代に契沖法師（契沖は高野山で修行したお坊さんである。國學の祖と見るべき古典學者である）が萬葉假名に根據を求めて確立し、この契沖の古典研究を受けて賀茂眞淵、本居宣長など國學者たちの手で整備された假名遣のことであり、江戸期日本の國學の大きな遺產である。明治時代の文教政策には國學の思想が大きく作用したから、明治新政府の公文書は歴史的假名遣で書かれたし、初等教育で教へられたのも歴史的假名遣であつた。すなはち、歴史的假名遣は日本の近代を根柢から支へる役割を擔つたのである。

ところが明治政府の近代化の方針は早い時期から向きを變へ、歐米の流儀にならふのをよしとする聲が大勢を占めるやうになつた。國學の思想と學問的成果をともに捨て、歐米の模倣に徹して近代化の速度を高めようといふ着想である。國策は轉換し、漢字の廢止がめざされるとともに、新たな假名遣が求められるやうになつた。使用する漢字の字數を制限すると、從來漢字で表記してきた言葉を假名（平假名や片假名）で表記することになり、どのやうに表記するかといふ假名遣の問題があらはになる。わけてもむづかしいのは字音假名遣《じおんかなづかひ》である。「蝶々」といふ言葉に歴史的假名遣で「てふてふ」と假名を振るのは有名な例だが、「調音」の「調」は「てう」と書き、「長音」の場合には「長」を「ちやう」と書くといふふうに、聲に出して讀めば同じ音でありながら、元の中國語の發音を忠實に寫さうといふ考へで假名表記を書き分けるのが字音假名遣である。「現代かなづかい」ではこれらはすべて現在の發音の通りに「ちょう」と表記されることになつたが、萬事がこんなふうで、漢字の問題と假名遣の問題は密接不可分に結ばれてゐるのである。

ただし、漢字を保存するといふ立場を堅持する限り、實際には漢語は漢字で書けばよいのであるから、字音假名遣が現實の問題になることはあまりないと思ふ。假名遣の問題の中核の部分があらはになるのは、本來の日本の言葉の表記法に直面する場合である。

日本の敗戰に伴つて出現した假名遣は、新しい假名遣といふ意味合ひでしばしば「新かな」と呼ばれ、これに對し歴史的假名遣のはうは「舊かな」と呼ばれることがある。「現代かなづかい」の主旨は表記の表音化にあり、平假名のひとつひとつを單なる「音の記號」と見て話し言葉の音を音の響きのままに書くといふのが基本方針で、日本の古典とは無關係である。すなはち非歴史的な假名遣である。もつとも現代假名遣でも「わ」の音を「は」と書いたり、「お」の音を「を」と書くことがあり、表音化が徹底してゐないきらひもあるが、かういふところは歴史的假名遣の殘滓であり、歴史的假名遣を基礎にしなければ、なぜさうするのか理解することのできない部分である。

日本には國語國字問題をめぐつて互ひにまつたく相容れるところのない二通りの勢力が存在し、日本の近代史の全體を通じて長い論爭を重ねてきた。戰後の趨勢を見ると、多くの有志が結集し、もつとも有力な民閒の勢力と見られるのは國語問題協議會であり、國語國字問題では漢字制限や現代假名遣に反對の立場を堅持した。漢字の形式的な字數制限や字體の恣意的な簡略化に反對し、歴史的假名遣の溫存を主張した。それに對し、官製組織の國語審議會のはうでは當用漢字表（昭和二十一年十一月十六日、公布）を制定したり、漢字の字體の簡略化を押し進めたり（昭和二十四年四月二十八日、當用漢字字體表が公布された）、「現代かなづかい」（昭和二十一年十一月十六日、公布）を持ち出したりした。漢字を嫌ひ、いづれ全面的に廢止する考へで、第一歩のつもりで當用漢字表を制定したのであるから、日本文表記における漢字の存在に深い意義を認め、效果的な教育法を提示する石井方式との接點は皆無といふよりもむしろ敵對してゐるといふはうがあたつてゐるであらう。石井先生にお目にかかつて親しくよもやま話をうかがつたをりのこと、この方面に話題が及んだ際に、石井先生は「文部省は石井方式をさながら蛇蝎のやうに忌み嫌つた」と言はれたことがあるが、これには感慨を禁じえなかつた。岡潔の考へはといへばもとより國語問題協議會と同じであり、岡は漢字制限に反對し、歴史的假名遣の復活を願つてゐた。岡と石井先生を結ぶ絲はすでにこのあたりに伏在してゐたのである。

「漢字とカナ」（一）

朝日新聞の紙上論爭「漢字とカナ」

昭和三十六年の時點に立ち返り、石井方式の漢字教育が廣く世に紹介されるきつかけになつた朝日新聞の記事に目を通してみよう。この年、朝日新聞は「漢字とカナ」といふテーマを掲げ、學藝欄を舞臺にしてさまざまな論者に國語國字問題を語つてもらふといふおもしろい企畫を立てた。當用漢字と「現代かなづかい」が公布されたのは昭和二十一年だが、昭和三十三年には教育漢字が「小學校で八八一字」と規定され、「筆順指導のてびき」も提示されるといふふうに、國語國字問題に關する日本政府の新施策はその後も相次いで打ち出された。昭和三十四年になると「送りがなのつけ方」が公布された。政府の方針に對抗する目的で「國語問題協議會」が設立されたのもこの昭和三十四年の出來事である。

昭和三十年には、「現代かなづかい」と歴史的假名遣をめぐつて福田恆存と金田《きんだ》一《いち》京助《きやうすけ》の間で論爭が始まつて、それからしばらくの間、激論が續いた。福田恆存はシェイクスピアの翻譯で知られる英文學者だが、劇團「雲」「欅《けやき》」「昴《すばる》」を主宰した劇作家でもあるとともに、文藝や時事をめぐつて明晰で辛辣な批評を繰り廣げた人物であり、國語國字問題では國語審議會が主導する改革に抗して日本語を擁護しようとする强靱な論陣を張り續けた。昭和三十五年十二月二十五日の日付で刊行された福田の著作『私の國語教室』（新潮社）は、國語國字問題を考へるための今日の古典である。

他方、金田一京助は石川啄木と親密な交友のあつた人物で、アイヌ語の研究で知られる著名な國語學者だが、歴史的假名遣を一千年前の綴りと呼んで退けやうとして福田に對抗した。戰後早々から再三にわたつて國語審議會の委員をつとめ、昭和二十一年の秋、國語審議會が「現代かなづかい」と「當用漢字表」を答申したときの委員でもあり、福田との間で論爭が始まつた時期には第三期國語審議會の副會長であつた。今日では「現代かなづかい」と當用（常用）漢字の枠内で教育を受けた國民が大半を占める時代が出現し、狀勢が落着いて忘れられがちになつてはゐるが、國語國字問題は當時の人々の大きな關心を集めた時事問題であり、昭和二十年代から三十年代にかけて贊否兩論が相次いで、熱氣のあふれる話題だつたのである。

大岡昇平の石井式漢字教育擁護論

朝日新聞が設定した「漢字とカナ」の舞臺に最初に登場したのは作家の大岡昇平であつた。大岡のエッセイは三月八日、九日、十一日（日付は朝日新聞東京本社版による。以下も同樣）と「上」「中」「下」三回にわたつて連載された。見出しを拾ふと、「上」には「漢字はカナよりおぼえやすい」、「中」には「入學後二カ月で百字」「漢字をばりばり讀む小學生」といふ言葉が見られ、最終回の「下」にいたると「音訓表を廢止せよ」と大岡の主張が端的に主張されてゐる。

「漢字はカナよりおぼえやすい」といふときの「カナ」といふのは片假名のことで、大岡はカナモジ偏重の教育について前から疑問を抱いてゐたが、最近の經驗を通じてこの疑問の根據を二つ發見したといふ。當時、刊行されてたちまちベストセラーになつた『記憶術』（心理學者の南博が英語の原書を翻案した。光文社カッパブックスの一冊。昭和三十六年の二月に發行されたばかりである）といふ本があり、大岡が大學二年生の長男と高校二年の長女の三人で一家團欒の「記憶ごつこ」を樂しんだところ、漢字はカナよりも覺えやすいことが明々白々に實證された。これが第一の發見である。

それからさらにもうひとつ、驚くべき證據を見る機會があつた。大岡は國語問題協議會の會員だつたが、この會の事業のひとつとして、昭和三十六年二月十五日、仲間とともに四谷第七小學校に出向いて石井先生の漢字教育を參觀した。小學兒童にいきなり漢字を教へて、教育漢字八百八十一字を三年間で教へてしまふ石井といふ先生が四谷にゐると前から聞いてゐたからである。その大岡たちの眼前に現實に展開されたのは、いたいけな一年生が「電信柱」「歌」「鳥」など約三百の漢字をばりばり讀み書きするといふ、驚くべき光景であつた。これが第二の發見である。

石井先生が使つてゐた教科書は普通の一學年用の檢定濟み教科書だが、當用漢字をあてはめることのできる言葉には、全部漢字が貼りつけてあつた。二月十五日といへば三學期の終りがけのことになるが、このときすでに七歳の子供に對して約四百の漢字が提示されてゐるのであつた。教育漢字八八一字のうちでも第一學年に配當されてゐる字は非常に少なく、昭和三十年の檢定教科書の實例では三十四字、昭和三十六年から實施された學習指導要領で見ると四十六字にすぎなかつたから、一年生の終りで四百字といふのはあまりにもめざましい情景であり、だれの目にもさながら魔法のやうに映じたことであらう。

大岡の批判は國語審議會が制定した當用漢字音訓表にも向けられた。「ヘヤ」といふ言葉を使ふとき、大岡は從來「部屋」と「室」を適當に使ひ分けてゐたが、大岡の家に來る若い編集者が「室を出る」を

「シッヲデル」と讀むのを聞いてびつくりしたことがあるといふ。「室内」は「シツナイ」だが、「室」を單獨で「シツ」と讀むのは大岡の常識になかつたことである。仰天して音訓表を見ると、「室」の訓は「ムロ」のみであり、「ヘヤ」は假名で書くと定められてゐた。若い編集者はまさか「ムロヲデル」とは讀めないので「シツ」と讀んだにすぎなかつたといふわけである。「ヘヤ」の訓を「室」から奪い、「ムロ」などといふほとんど使ふ機會のない訓を殘した理由はだれにもわからない（人名や地名ではときどき使用例に出會ふ。人名では室井《むろい》さん。福岡市には室見川《むろみがわ》がある）。本當は理由なんてないかもしれない。もしあるとすれば、よく使はれる場合に假名を强調することにより、國民になるべく假名を使はせようといふことであらう。日本語を全部假名にしてしまはうといふカナモジ論者の陰謀ではないかといふ疑ひが生じた。「お母さん」から「オカアサン」の訓を奪つたのも同じ理由からであらうと思はれた、といふのが大岡の感慨であつた。

ところが石井先生が教科書に貼りつけた漢字を見ると、「おかあさん」は「お母さん」となつてゐて、それを四谷第七小の學童たちは正しく「オカアサン」と讀んでゐる。これを聞いた大岡たちはかへつて大きな危惧を感じたといふ。音訓表では「母」の音は「ボ」、訓は「ハハ」のひとつづつで、それ以外はすべて假名で書くことになつてゐた。それで、「お母さん」を「オハハサン」ではなくて「オカアサン」と讀むのでは、上級學校に進む試驗などの際に減點されるのではないかと案じられたのである（訓讀みの「オカアサン」は昭和四十八年の改訂音訓表を俟つてやうやく許容された）。大岡の問ひを受けて石井先生は「お母さんを提示したのは今日がはじめてです」と應じ、「試驗的にやつてみたのですが、この生徒が中學へ進むまでには、お母さんをオカアサンと讀んでも誤りではない、といふふうに改正されることを期待してゐます」と言い添へた。

倉石武四郎の漢字廢止論

大岡の三回目の發言が掲載されてから三日後の三月十四日には倉石武四郎が登場し、「大岡提案を讀んで」といふ見出しをつけて發言した。倉石は金田一京助と同じく國語審議會の常連で、「現代かなづかい」と當用漢字表が議決されたときの國語審議會總會にも參加して、どちらにも贊成した（ただし、その場には居合はせず、委任狀を提出した）。三月十四日の時點では第五期國語審議會の副會長（會長は土岐善麿）であつた。著名な中國語學者であり、遠い昔から日本で行はれてきた漢文の訓讀は不完全な翻譯にすぎないとして退けて、中國語をドイツ語やフランス語や英語と同じ外國語と見て中國語の音で音讀するべきだといふ斬新な主張を展開した。漢學を中國語學に轉化しようといふアイデアである。國語國字問題のさなかに書かれてよく讀まれた著作に『漢字の運命』（昭和二十七年、岩波新書）があるが、音訓表を廢止せよといふ大岡の提案を受けて、倉石はこの書物の骨格を繰り返すことによつて對應した。

漢字の勉強をしてゐる間に、漢字の特徴を學ぶとともに、漢字の弊害について深刻な體驗を得たと倉石は說き起し、遠い將來に漢字は音標文字に席を讓るべき「運命」にあることを信ずるやうになつたと明言した。これは『漢字の運命』の基調をなす觀念である。倉石が見るところ、石井方式の漢字敎育に効果があることは間違ひなく、一年生に三十字などと制限するのは疑問がある。兒童の生活に卽した方法でやれば、案外多數の漢字が覺えられることを信じてゐる。昔、幼少にして四書五經（儒敎の根幹をなす九つの書物。「四書」は『大學』『中庸』『論語』『孟子』、「五經」は『易經』『書經』『詩經』『禮記《らいき》』『春秋』を指す）を素讀した時代を考へれば、一年に二五〇字も多いとは言へないと、石井方式の效果をひとまづ肯定した。ただし、字數を誇るだけでは意味がないと倉石はお説教を續けていく。たいせつなのはせつかく覺えた漢字が現在と將來の實生活に役にたつかどうかといふことなのであつて、學校教育は「漢字」の學者の養成をめざしてゐるわけではないからといふのである。さうして一生間に合ふやう、逆にいへば、一生必要な漢字は小學校で覺えてしまふやうにするのが望ましく、そのためには當用漢字をもつと精選し、活用していくのがよいといふのであるから、倉石は漢字の「運命」に殉じて當用漢字表の字數をもつと減らす考へだつたのである。多くの漢字をたやすく覺えるといふことそれ自體を無意味と斷じてゐるわけで、石井方式の根柢を一擧に否定し去らうとする主張である。

倉石は音訓表についても同じアイデアをあてはめて發言した。日本では漢字はあくまでも外來のものである。日本の漢字には中國語の音があり、日本語の訓がある。音もひと通りではなく、同じ漢字にも、輸入した時代に應じて呉音や漢音や唐宋音などいろいろと異なつた音がある（異なる音を假名で書き分けようと工夫して生れたのが字音假名遣である）。訓にいたつては、複雜、いや亂脈をきはめてゐる。だから日本の漢字を減らすためには、字數を減らすこともさることながら、讀み方を減らす工夫をするはうがはるかに重要である。音訓表を作成したねらひはまさにそこにあるのであり、それにはそれで缺陷もあるかもしれないが、「減らす」といふ目的にとつては用法の制限がたいせつであることはいふまでもない。これを大岡のやうに「われわれの言語活動を束縛し、面倒にする以外、なんの效果もない」と言ふのはとてもうなづけない。「言語活動」は「音の世界」にはじまる。これを文として記憶するときに、漢字とカナとを適當にまぜるのが現代の常識である。「漢字を覺える」ことからのみ出發せずに、「音の世界」から考へ直してみるならば、「おかあさん」でわかることをわざわざ「お母さん」と書く必要はないのではないか。同じ「へや」を「室」と「部屋」とに使ひ分けるのは、讀者によけいな負擔をかけるだけなのではないか。

倉石はおほよそこんなふうに大岡に反論した。言葉の歴史や表記法に寄せる思辨的な觀念を排除して、實生活上の便宜を何よりも優先する機能主義的な考へ方であり、そこはかとなく「近代」の匂ひがする。

石井先生の反論

三月二十日、石井先生が「整理すべきは言葉」といふエッセイを書いて倉石に反論した。「漢字はぬれぎぬを着てゐる」といふ、端的に漢字を擁護する見出しも目に留まる。石井先生はこのとき數へて四十三歳。滿年齢ではまだ四十一歳であつた。

音訓の問題については倉石先生と見解を異にする、と石井先生はきつぱりと發言した。音訓といふが、實はこれは言葉である。だから、「漢字にいくつもの音訓がある」といふのは正確な言ひ方ではない。言葉が先にあつて、その言葉に對して文字があるのであるから、漢字にいくつもの讀み方があるのではなくて、いくつもの言葉をひとつの漢字で兼用してゐるといふのが正しい見方なのである。「女親」といふ概念に對して「おかあさん」「はは」「ぼ」といふ言葉が對應し、これを「母」といふひとつの漢字で兼用する。「漢字にいくつもの音訓がある」と言へば繁雜さがいかにも漢字の側にあるやうに聞こえるが、實は眞の責任は言葉のはうにあるのである。ひとつの概念を表すのにいくつもの言葉があるのであるから、繁雜なのは言葉のはうなのであつて、ひとつの概念に對應して複雜に存在する言葉の數々をひとつの漢字によつて統一する働きを、漢字が果たしてゐる。つまり「繁雜な漢字の音訓」などといふのはとんでもないぬれぎぬであり、實は國語の簡易化・能率化に役立つてゐるのである。音訓表は、漢字の働きのおかげで保たれてゐる國語の簡易化・能率化を破壞して、國語を混亂におとしいれるものなのである。

石井先生はこんなふうに論じて漢字のぬれぎぬをはらさうと試みた。「女親」といふ概念に「おかあさん」「はは」「ぼ」といふ言葉が對應し、これを漢字の「母」の一字で象徴するといふ石井先生の例示は明解で、強い說得力を伴つてゐる。漢字のぬれぎぬを十分によくはらすばかりにとどまらず、日本の言葉の表記法に内在する美しい有機的連關をあくまで保持したいといふ願ひまで、讀む者の心に傳はつてくるやうな思ひがする。この論說がきつかけになつて、三月下旬、黎明書房から石井先生に話があり、急遽『私の漢字教室』を刊行することに決まつた。書名は福田恆存の著作『私の國語教室』の題名にあやかつたのである。書名の近くに小さく「石井學級の實驗報告」といふサブタイトルが添へられてゐる。

國語審議會五委員脫會事件

石井先生のエッセイが掲載されてから二日後の三月二十二日の午後、文部省で開かれた國語審議會第四十二回總會の場でひとつの事件が起つた。第五期國語審議會の二年の任期が三月二十三日で切れるのを受けて、前日二十二日の總會で次期委員の銓衡方法をめぐつて話し合ひがもたれたが、意見が對立し、宇野精一（漢學者、東大教授。後、國語問題協議會會長）、船橋聖一（作家）、成瀨正勝（東大教授、近代文學の研究者）、鹽田良平（立教大學教授、國文學者）、山岸德平（實踐女子大學學長、國文學者）の五委員が退場して連名で審議會脱會聲明を發表したのである。聲明の要旨は次の通りである。

(脱會聲明の要旨)

戰後國語審議會によつて推進された國語、國字改革はすべて表音化をめざし、その委員も大部分は表音主義的勢力によつて占められてきた。このままでは國語の混亂はますます激化するばかりで、われわれはその責にたへられない。ここに審議會と絶縁し、今後世論に訴へ強力な運動を展開したい。(朝日新聞東京本社版、昭和三十六年三月二十三日付夕刊。原文の表記は「現代かなづかい」)

新委員銓衡方法は前例を踏襲して行はれ、主だつた五、六人の委員が銓衡委員になつて、次期委員を推薦する。このときは銓衡委員のうち漢字重視の表意派は舟橋聖一のみで、あとは表音派の假名文字論者や漢字廢止論者だつたから、新委員の顔ぶれもおのづと表音派が主導權をにぎることになる。これまでもずつとこんなふうにやつてきたのであるから、表音派優勢の趨勢は永遠に變るはずのない道理である。これでは無意味と見た舟橋たちが銓衡方法の變更を提案したが、決着を見ず、たうとう五委員一同退席といふ事態になつたのである。

五人の委員は近々荒木文部大臣に面會を求め、「國語審議會のめざしてゐるカナ文字、ローマ字化の方針は國語を混亂させるばかりであり、文部省令を改めて國語審議會は解散させるべきだ」と申し入れるといふ構へを示した。これに對し社團法人「日本ローマ字會」(代表、清水正之)と財團法人「日本のローマ字社」(代表、大塚明郎)が、「戰後行はれた一連の國語改革は妥當なもので、社會的に受け入れられてゐる。これを戰前にもどすやうな動きには反對する」といふ趣旨の共同聲明を發表した。カナモジカイ理事長で第五期國語審議會委員でもある松坂忠則も、「審議會解散とはとんでもない。もし審議會がなくなつたら國語の改革もストップする」と反對派を批判する談話を發表した。翌日もそのまた翌日も關連する新聞記事が相次ぐといふありさまで、衆目を集めるにぎやかな話題になつた。三月二十五日には、脱退した委員のひとりの鹽田良平が、朝日新聞の「漢字とカナ」の欄を借りて「國語審議會からなぜ脱會したか」といふ所感を表明した。

岩村清一の漢字假名交じり文廢止論

三月二十九日、「漢字とカナ」欄に、日本生産性本部顧問といふ肩書きをもつ岩村清一のエッセイ「生産性と國字問題」が掲載された。岩村は日本事務能率協會（現在の日本經營協會）の創立者であり、エッセイの主旨もそんな經歴にいかにも相應しい。小見出しに「能率と國際性を……」とあるのを一瞥すれば岩村の言はんとするところはすでに明らかで、特別の説明は不要と思ふ。岩村は國語國字問題の論議がこれまでは主として國語學や文學の見地からだけ行はれてきたと指摘して、超音速のジェット機や電子計算機の時代といふのに漢字假名交じり文などを使つてゐるのでは、日本は世界の進歩から立ち遲れてしまふであらうと主張した。漢字假名交じり文は筆寫をするのに低速で、不便で非能率で、しかも國際性がない。國字に國際性をもたせるためにはどうしても表音化するほかはないといふのであり、テクノロジーの面から見てしばしば繰り返される論評の典型である。

岩村の議論にはもつともさうな感じもたしかにあるが、昭和三十六年から今日にいたるまでおほよそ半世紀ほどの間にテクノロジーがおほいに進歩して、今ではパーソナルコンピューター上で高機能のワードプロセッサーが高速で作動する時代が現出した。その結果、當用漢字表や常用漢字表（昭和五十六年十月公布。一九四五字）を遙かに凌駕する膨大な漢字をやすやすと入力することが可能になり、岩村があれほど忌避した漢字假名交じり文がだれでも自在に書けるやうになつた。日本工業調査會の答申に基づいて制定される日本語の文字コード規格を參照すると、平成十二年に制定され、平成十六年に改正されたJISX0213、通稱JIS2004によれば、第一水準漢字から第四水準漢字まで、優に一萬字を越える漢字が符號化され、コンピューター上で使用することができるのである。ただし、この力を有效に驅使するには、大量の語彙を知り、しかも漢字を讀めなければならないが、それなら石井方式のもつとも得意とするところである。かつてテクノロジーの時代に相應しくないとさんざんに批評され、排斥された漢字だが、テクノロジーの進歩に連れて、書くことよりも讀むことを優先するといふ石井方式の持ち味が生き生きと發揮される時代が訪れたのは皮肉といふほかはない。岩村のやうに、國民の言葉のはうをある一時期のテクノロジーのレベルに合ふやうに調節しやうとするのは本末が轉倒した考へであり、そのテクノロジーの變遷のためにかへつて議論が破綻してしまふのである。

倉石武四郎の説く「漢字の運命」

四月三日、再び倉石武四郎が登場した。「漢字の運命について」といふ人の目を驚かす大仰なタイトルが目立ち、「大處高處の議論を」「無用の抵抗はやめよ」といふ刺激的な小見出しまで添へられてゐるが、五委員の國語審議會脱退事件の影響が倉石の心情に強く反映して、このやうな餘裕のない言葉遣になつて現れたのである。

倉石が開陳したのは、昭和二十七年に出した著作『漢字の運命』（岩波新書）のエッセンスであつた。一九二九年（昭和四年）、北京に滯在中の倉石は北京大學で魯迅の講演を聽く機會があつたといふ。歐米列强の侵略を受けて中國が生死の境にあつたころ、魯迅は中國のかうした實情を分析し、その原因のひとつを中國の文字、すなはち漢字に求め、死の病床で「漢字がほろびなければ、中國はほろびる」と斷言した。中國の文化文明の傳統と近代化を秤にかけ、傳統を打ち捨てて近代化を希求するといふ悲愴な考へを表明したのである。倉石はこのエピソードから說き起し、中國はいつか漢字を振り捨てて音標文字に踏み切るに相違ないと豫測をたて、それは中國のみならず日本を含めて漢字を使用する國民にとつていつか起るべき宿命であると議論を展開した。このやうな現象はあくまで漢字の運命であつて、人間の知惠だけではどうにもならない。漢字は日本でもだんだんちぢまる一方ではないか。この運命に對し、無用の抵抗をすべきではないと信じてゐると倉石は信念を披瀝した。その意味で「漢字とカナ」の問題ももつと大處高處にたつて論じるべきであつて、許容される漢字が八八一字（教育漢字の字數）か、一八五〇字（當用漢字の字數）か、三千字かといふやうなことはいはゆる五十歩百歩にすぎないと考へるといふのであつた。

漢字の本場の中國が漢字を捨てようとしてゐるのであるから、日本も追隨するのが當然とする不可解な議論である。漢字を敵視したのは岩村のやうな能率一點張りの人物ばかりではなく、生涯にわたつて漢字を研究した末に漢字を放棄するべきだといふ考へに到達した、倉石のやうな中國語學者もゐたのである。

日本の敗戰後、中國大陸に成立した政權（中華人民共和國）は、倉石の豫測の通り、當初は漢字追放を企圖したが、この不可能なもくろみはたちまち放棄された。今日の趨勢を見ると、結局實現したのは漢字の字體の極端な簡略化（簡體字と呼ばれる）と、ローマ字を使つて個々の漢字に割り當てられた發音記號（ピンインと呼ばれる）の發明である。簡體字にして書き方を容易にし、ピンインを用ゐて漢字の讀み方を學習するといふアイデアである。簡體字は大きく俯瞰すれば漢字の異體字の一種と見ることも可能だが、ここまで極端に簡略化が行はれると漢字といふよりも符牒と見るはうが相應しい。もはや原形のおもかげを殘さないほどに大きく變形してしまつたが、ともあれ漢字といふシステムは滅びなかつた。中國の文教政策を基礎にして組み立てられた倉石の議論は、當の中國が採用した現實の政策の前に論據が消滅し、說得力を失ふにいたつたのである。

中國には大陸の政權とは別にもうひとつ、大陸から臺灣に移つた政權（中華民國）が存在する。臺灣では今日もなほ漢字の傳統が生き續けてゐて、從來の正字（簡體字に對して繁體字といふ名で呼ばれるやうになつた）がそのまま使はれてゐるが、倉石は臺灣の文教政策には言及してゐない。時の流れが停滯してゐるやうに見えたのであろう。

國語審議會と土岐善麿

四月十日、今度は國語學の大野晋が「愼重を缺く漢字制限」と題するエッセイを書き、當用漢字や教育漢字の選定基準と新字體の決め方に疑問を表明した。漢字撤廢と日本語表記の表音化に反對する議論だが、主張の骨子は國語政策は學問的な調査を踏へて進めるべきだといふことに盡き、他には特に見るべきところはない。「根本的に練り直せ」「意味不明のカタカナ語」といふ見出しが附されてゐる。

朝日新聞學藝欄の「漢字とカナ」のコーナーには國語審議會の方針に贊同する人と反對する人が交互に登場するが、反對の立場の大野晉の次は贊成者の番であり、四月十七日、土岐善磨が「複雜な國語生活を不幸なものにしたくはない」といふ長い標題をもつエッセイを發表した。「國語審議會の「前會長」として」と小見出しが附されてゐるが、土岐はつい先日まで國語審議會の會長だつた人物である。

國語審議會の歴史は昭和九年にさかのぼり、この年の十二月二十一日付の敕令「國語審議會官制」に基づいて、文部大臣への諮問機關として文部省内に國語審議會が設置された。この「官制による國語審議會」の時代は戰後もしばらくの間繼續し、土岐は早い時期から委員のひとりであつた。「現代かなづかい」と當用漢字表が議題にのぼり、可決された昭和二十一年九月と十一月の總會の出席者と委任狀提出者の中にはまだ土岐の名は見られないが、「昭和二十二年七月一日現在」と「昭和二十三年十一月一日現在」の國語審議會名簿にはどちらにも臨時委員として記載されてゐる。戰後四年目の昭和二十四年になると五月三十一日付で法律「文部省設置法」が出され、この法律に基づいて官制による國語審議會は同年六月一日をもつて廢止と決まり、新たに「法律、政令に基づく國語審議會」が發足することになつた。昭和二十四年七月五日付で政令「國語審議會令」と「ローマ字調査審議會令」が公布され、第一期國語審議會が發足した。第一回總會が開催されたのは昭和二十四年十一月十日と記録されてゐる。これが「法律、政令に基づく國語審議會」である。「官制による國語審議會」が諮問機關であつたのに對し、「法律、政令に基づく國語審議會」は建議機關である。土岐はこの新たに發足した國語審議會の第一期の會長であり、以後第五期にいたるまで、十一年あまりにわたつてずつと會長の座にあり續けた。

土岐は「哀果」を名乗る歌人だが、同時に古くからのローマ字運動家でもある人物であり、第一歌集『NAKIWARAI』（泣き笑ひ）はローマ字綴りの一首三行書きといふ異色の作品集であつた。早稲田大學の英文科の出身で、早稲田では若山牧水（歌人）と同期である。晩年の石川啄木とも親密な交友があり、啄木の歿後の第二歌集『悲しき玩具』の出版に盡力したのも土岐である。その土岐が敗戰後の政府主導の國語審議會に樞要の地位を占め、漢字制限や假名遣の表音化など、日本語を破壞するためにひたすら力を注ぎ續けたのである。今日のぼくらの目にはいかにも奇異に映じ、眞に不思議な光景といふほかはない。

ローマ字表記も必ずしも惡いわけではなく、啄木にもローマ字で綴られた日記があるが、啄木のローマ字日記も土岐のローマ字歌集もどことなく祕密めかした風情がかもされておもしろい讀みものである。だが、特殊な効果をねらつた個々人の表記上のアイデアにとどまるならともかく、漢字も平假名も平然と捨て去つてローマ字を國の文字として採用するといふのはあまりにも突飛なアイデアである。ところが日本の敗戰に伴つて、この奇拔なアイデアが本當に實現される可能性が開かれた。終戰の翌年の昭和二十一年四月五日、土岐は「ローマ字運動本部」を組織してみづから會長に就任した。

「漢字とカナ」に寄せられた土岐のエッセイには特に見るべき所見は見あたらない。テーマは標題で盡くされてゐるが、末尾に及んでその標題の言葉が現れて、「どうかわれわれ國民の複雜な國語國字生活を、長い將來にわたつて、「不幸な」ものにしたくない」と結ばれてゐる。漢字も歴史的假名遣も土岐の目には複雜に映じ、このやうな國語生活を強ひられてゐる國民を不幸と見て、不幸な國民を救ひたいといふのが、國語國字の改革に寄せる土岐の願ひだつたのであらう。國語國字は簡單なほどいいといいふほどのことで、能率論の岩村や、中國大陸の文教政策に準じようとする倉石のやうな明確な論據が見られるわけではない。それでも土岐の見るところ、ともあれ當用漢字と「現代かなづかい」はここ十數年來すでに公私各方面に通用し普及した。學校教育でも實績を擧げるやうになつた。だから次の世代はこのまま使つていくはずであらう、と土岐は言ふ。昭和三十六年の時點では反對派の論客も健在でなほ議論が絶えなかつたが、それはそれとして學校教育の現場で普及しつつあるといふ現實の意味は重く、新字體の當用漢字と「現代かなづかい」を知るのみの世代は年々增加して、歳月の流れとともにやがて全國民を覆つてしまふであらうといふのである。「無用な抵抗はやめよ」といふ倉石の頭ごなしの發言に通じる狀勢觀察だが、趨勢の洞察といふ點では正鵠を射てゐるのは間違ひなく、現に今、ぼくらの國語生活はすつかり土岐の言葉の通りになつてゐる。

石井先生の「聲」の欄への投稿

連載企畫「漢字とカナ」からは離れるが、土岐のエッセイを受けて四月二十日付の朝日新聞夕刊の讀者の投書欄「聲」に、「國語生活の幸・不幸」といふ石井先生の投稿が掲載された。土岐は複雜な國語生活を長い將來にわたつて不幸なものにしたくないと論じたが、「國語生活を不幸なものにしたくない」と考へてゐるのは石井先生たちも同じであり、だからこそ國語審議會に反對してゐるのである。では、實際に國語生活を不幸にし、幸福にするのははたしてどちらの側なのであらうか、と石井先生は問ひかけた。土岐のエッセイの中に、「これほど國語國字問題が世論の中に一般化したことは、ぼくの數十年來の經驗からみて、めづらしい現象であり、國民的關心が切實に寄せられる機會を得たことを喜ばずにはゐられない」といふ言葉があるが、石井先生は「私はさうは思はない」と正反對のことを明言した。國語審議會が國語を混亂させるやうなことをしたから議論が沸騰したのである。だから、この事態は決して「喜べる」狀態なのではない。こんなことを言はずに安心して教育指導にだけ專念できるときこそ、眞に「喜ばしい」ときだと思ふといふのが石井先生の意見であつた。土岐と石井先生を隔てる溝は深く、どこを探しても架橋の可能性はまつたく見られない。

議論が沸騰した原因については石井先生の言ふ通りであらう。土岐は議論をするのは喜ばしいことだと言ふが、土岐の見るところ、すでに勝負は決したのである。いまさら議論などするのは實は無意味で、學校教育の現場で實踐が進められてゐる以上、十年、二十年と經つうちに改革された國語國字は自然に定着する道理である。字體が簡略化された末に意味を失つて符牒のやうになつたわづかな漢字と、發音の通りに表記すると言ひながら「は」「へ」「を」などに歴史的假名遣の尻尾を曳く奇妙な假名遣はすつかり國民の間に浸透し、元にもどる道筋はもうどこにも見あたらない。鷗外や漱石の作品を鷗外や漱石が書いた通りの形でそのまま讀むのは至難になつてしまつたが、その代はり、日本の近代が生んだ文藝作品の數々を現在の世代に親しませるといふ美名のもとで、漢字と假名遣を今日通有のものに書き改めた作品群が大量に作られて提供されてゐる。オリジナルの極端な改竄が、國を擧げて堂々と押し進められてゐるのが現在のありのままの姿である。國語生活の單純化はなるほど小さな幸福かもしれないが、その根柢には、歴史の喪失といふ計り知れないほどに大きな不幸が廣がつてゐるのである。

「漢字とカナ」（二）

福田恆存の表音主義批判

土岐善麿の次に登場したのは福田恆存であつた。福田のエッセイは簡潔に「表音主義の誤り」と題されて、五月一日付の朝日新聞に掲載された。「言葉は手段であると同時に目的そのもの」といふ小見出しが添へられてゐる。

表音主義者たちはカナ文字かローマ字による國字の表音化を主張するが、さういふ表音主義が文字言語の本質、ことに國語の成り立ちからいつて不可であり、不可能でもあることを明らかにして、表音主義者の言語觀の誤りを指摘しておきたいと福田は說き起した。福田の見るところ、明治以來の言語學者は西洋の體系をそのまま鵜呑みにして、大きな間違ひを犯してゐる。西洋では、まず言葉がある。言ひ換へると音の集合體があり、それを文字に書き表すことを思ひついて、ローマ字のやうな表音文字を發明した。ところが日本では、和語、すなはち日本でもともと語られてゐた言葉を文字に表さうなどと思ひつかないうちに支那の文字と言葉とが入つてきた。しかも言葉より文字が中心になつて取り入れられ、廣がつていつたのである。つまり文字が、それも表意文字が先にあつて、その音を日本化した言葉、すなはち漢語が後に生じたのである。したがつて漢字を追放することは漢語を追放することになる。言語文字のさういふ發達の歴史が間違つてゐるの何のと言つても、千年にわたる宿命的事實はどうしやうもない。文字は言葉を寫すものといふ西洋の公式ひとつで國字改革を企てる表音主義者には、その事實の意味も重みもわかつてゐないのである。これが、福田のいふ表音主義者たちの誤りである。

西洋で生れた言語理論は西洋の言葉にはあてはまるかもしれないが、日本語にも適用されるとは限らない。日本の言葉を考へていくうへで、日本語の成り立ちに固有の事情を度外視するのは間違つてゐるといふあたりまへの指摘だが、日本の表音主義者たちはさうは思はない。彼らは西洋の言語理論の完全な普遍性を信じてゐたのであらう。

福田の言葉は續き、生きてゐる追放漢字へと及んでいく。「螢光燈」の「螢」の字が當用漢字表にないからといふので「けい光燈」と表記したりしても、漢字制限や漢字追放運動に協力したことにはならない。こんな表記で通用するのは「けい」が「螢」であるといふ讀者の知識に寄り掛かつてゐるからである。あたかも親の遺産で暮らしながら、薄給をものともせずと威張つてゐるやうなものだ。表向き追放された漢字が、陰の實力者として生きてゐることを忘れてゐるのだ。このやうなところには觀念と現實との二重構造が見受けられ、そこから自己欺瞞と僞善が發生するが、さういふ僞善を根柢に据ゑて國語教育が行はれてゐる。

日本のかな文字論者やローマ字論者は、生れたときからだれでもしやべつてゐる國語教育などに手間をかけてゐるひまはない、その時間を割いて理科や社會科の知識を豊かにしなければ歐米に追ひつけないし、中國に追ひつかれてしまふと言ふ。そこで漢字の負擔を輕くし、國語の時間數を減らして、その代り電話の掛け方やダムの驚異を盛り込んだ教科書を押しつけた。その結果、現れたのは極端な學力低下である。國語教育の目的は言葉そのものなのであつて、科學教育や民主主義教育の手段ではない。言葉といふものは考へることそれ自體なのであるから、國語の性格や成り立ちを破壊する文字改革は思考能力そのものを破壞させる。その影響が他の學科全般に及ばずにすむはずがない。

言葉は手段であると同時に目的そのものである。自分の外にある物事を約束に從つて意味する客觀的な記號であると同時に、自分の内にある心の動きを無意識に反射する生き物なのである。一語一語がさういふ兩面の動きをもつてゐる。ある人があるとき「あわてる」ではなく「狼狽する」を選んだことには、意味とは別の世界に、その人、そのときの必然があるはずで、その限りにおいては、彼自身すら十分に自由で意識的ではありえない。彼が言葉を選ぶのではなく、言葉のはうがそのときの彼に近づいてきて、彼を選ぶのである。それなのに薄弱な精神で下手に言葉をいぢくりまはして、この字は要るの要らないの、あの言葉はかう言ひ表せなどと眞顔で審議とやらを始めるから恐ろしい。青少年に古典はおろか戰前の文獻すら讀めなくしてしまふやうな語彙制限、語彙改革の暴擧をいつたいどこの國が行つたのであらう。さういふ愚民政策を民主主義の名においてやつてのけた日本といふ國はまことに不思議な國である。福田はおほよそこんなふうに整然とした論陣を張り、國語審議會の國語國字政策を愚民政策と斷定した。

カナモジカイ理事長松坂忠則

日本は愚民政策をとつてゐるといふ福田の批判に對し、カナモジカイ理事長といふ肩書きをもつ松坂忠則が登場して反論を試みた。「カナモジカイ」は大正九年に設立された「假名文字協會」を前身とする團體で、日本文を左横書きのカタカナで表記することを主張した。松坂は小説を志した時期もあつたやうで、昭和十四年、支那事變のさなかの中國戰線を描いた「火の赤十字」といふ作品が第十回目の直木賞候補作品になつたことがある。そのころからすでにカナモジ論者だつたが、當面は多少の漢字を使ふのも仕方ないといふことであらう、同じカナモジ論者の岡崎常太郎が選んだ當用漢字五百字の枠を設定した。「火の赤十字」もこの枠の中で書かれてゐて、從來なら漢字を使ふのが順當な場面において、使ふべき漢字がこの五百字の當用漢字表に出てゐないときは、片假名で表記するといふほどの信念の持ち主であつた。これに加へて假名遣もまた斬新で、今日のいはゆる「現代かなづかい」がすでに試みられてゐる。

松坂はローマ字論者の土岐と同じく戰後の早い時期から國語審議會の委員であり續け、議論の方向を絕えずリードした。松坂のやうな人物が國の文教政策の前面に出て、日本文の片假名表記への全面的切り換へなどといふ奇矯なアイデアが現實味を滯びた情景はいかにも異樣だが、このやうなところにはやはり敗戰といふ壓倒的な出來事の影を見ないわけにはいかないであらう。國運を賭して國の總力を擧げて戰つた戰ひに敗れ、昭和二十年八月十五日の時點で銃火が終熄した後も、日本は長い間、米軍を主體とする連合軍の占領下に置かれ續け、あらゆる方面で主體性を奪はれてゐた。ローマ字論者や假名文字論者はこの機に乘じ、占領政策の力を背景にして、それまで長期にわたつて抱き續けてきた信念の實現をはかつたのである。

「漢字とカナ」の欄に松坂忠則が寄せたエッセイのタイトルをそのまま再現すると、「コトバモ　モジモ、コクミン　ミンナノ　モノダ」（言葉も文字も、國民みんなのものだ）といふふうであり、片假名を用ゐて分かち書きされてゐる。福田のエッセイからちやうど一週間後の五月八日の紙面に掲載された。本文のほとんどは三月二十二日に起きた國語審議會の五委員脫退問題に向けた批判に終始して、國語國字問題に關する發言はとぼしいが、脱退した舟橋聖一たちの主張が通つて實現したらどうなるのだらうと、疑問が提示される箇所がある。もしそんなことになつたなら、國民はふたたびむづかしい漢字に絶えず惱まされるだらう。小學一年生のときから、またまた「うたふ」だの「そのやうに」だのといふかなづかひを讀み書きさせられることになるだらう。そんなことを覺悟しなければならない、といふのである。言葉は簡單なはうがいいとどこまでも言ひ張るばかりの、強情な言ひ分である。

　福田のいふ愚民政策に反發する言葉もある。松坂の念頭にある愚民政策の中味は福田とは正反對のやうで、戰前の法令や戰時中の大本營發表がさうだつたやうに、漢字をたくさん使つて民衆には讀めないやうにすることこそ、愚民政策なのだと松坂はいふのである。等しく愚民政策といひながら、絶對に相容れない對立がここに現れてゐる。松坂には歴史的意識がなく、國民を低く見て、だれにもわかるやさしい國語と文字を與へるのだといふ。福田は民族の遺産を重く見て、古典への道を開く言葉を國民に教へるのだといふ。眞に愚民政策の名があてはまるのはどちらなのであらうか。

時枝誠記と「かなづかひ」の原理

　松坂のエッセイからまた一週間がすぎ、五月十四日、國語學者の時枝誠記《ときえだもとき》のエッセイ「「かなづかひ」の原理」が掲載された。この時點から振り返つて十五年前のことになるが、昭和二十一年九月二十一日、國語審議會の第十一回總會で「現代かなづかい」が議題にのぼり、議決されたとき、時枝はわずか五人の反對者のひとりであつた。福田恆存の中學時代の先生でもあつた人物である。時枝のエッセイは歴史的假名遣で書かれてゐる。

時枝は福田と同じく西洋の言語學の回想から說き起した。明治以來の國語問題の處理に當つて、その根柢を支配したものは、十九世紀以來のヨーロッパ近代言語學の理論であると時枝は言ふ。この理論では本體的と見られるのは音聲言語（口語、話し言葉）であり、文字言語（文語、書き言葉）は音聲言語を正しく寫すところに效用があるとした。明治以來の國語表音化の運動と漢字排斥運動の根源はこのやうな理論だつたのである。

時枝の言葉は續く。國語問題の處理を支配したもうひとつの重要な思想は、すべての事物を歷史的變遷といふ觀點で觀察し、研究するといふ、これもまた十九世紀以來の歷史主義的な考へ方である。この風潮は言語學にも見られたし、その基礎の上に組織された國語學でも同じことであつた。言語は變遷するものである。その變遷に順應していくことが、國語政策の正しい行き方であるとされた。國語の音韻が時代的に變遷するのは必至であるから、表記をそれに應じて變へていくのは當然のことである。このやうな思考樣式に基いて、假名遣を表音的に改訂することの合理性が主張されたのである。

時枝はこのやうに表音主義の主張の由來を說明し、そのうへで自說を述べて反論を加へた。文字といふものの果す役割はただ音聲言語を模寫するところのみにあるのではない。言語が社會的に果す機能の點から見ると、今日の思想や文化を、二年後の人たちに理解してもらはう、十年後の人々に理解してもらはうとするのも、文字に託された重要な使命である。その場合、文字言語は文字の形象を賴りにして思想を傳へて行くのであり、この點が音聲言語との相違である。だから文字の形象が一定してゐるならば、方言に應じて發音が違つても、時代の變遷につれて發音がずれても、同一の思想を讀み手に理解させることができるのである。言語は思想や文化を傳達し繼承するための手段となるものである。傳達や繼承の媒介となる言語、特に文字が一定であり恆常であることによつて、言葉の機能ははじめて完全に達成されるのであり、「赤」「青」「黃」の交通信號と同じである。

言語が變遷することは自然の理法であつても、それをできるだけ抑制し、言語の機能を保持するやうに努力することは、文化を傳承しようとする人間に課せられた任務である。改革によつて傳承に混亂をきたさないやうに、細心の注意を拂ふことが、國語政策論の根本的態度でなければならない。大水が出て堤防を壞し、田畑を流すのは自然の理法だが、人間はダムを作り、堤防を築き、自然の理法に抵抗する。それが人道である。國語政策に人間文化の立場が無視されてきたことに對し、もつと反省があつてよいのである。

時枝はこんなふうに說き去り說き來たり間然するところがない。時枝や福田の議論にはあたりまへのやうに充滿し、倉石や岩村や土岐や松坂の議論ではまつたく顧みられるところのないものは、民族の思想と文化を守らうとする濃やかな情愛と、繼承しようといふ强固な意志である。議論はどこまでも平行線をたどるばかりであり、どれほど語り合つても互ひに步み寄る氣配は生れない。國語と國字のやうな國の根幹を作る部分をめぐり、かうして熾烈な論戰が繰り廣げられてゐた樣子を振り返れば目を見張るばかりだが、實際にはこのたたかひの勝敗は、日本の敗戰後間もない時期に「現代かなづかい」と當用漢字表が公布された時點ですでに決着を見たのである。時枝や福田が危惧したやうに文化の流れは大きく切斷されてしまひ、漱石も鷗外もオリジナルの形では讀めない世代がすでに國民の大半を占めてゐる。日本の不幸といふほかはない。

連載企畫「漢字とカナ」の終了

三月はじめからこのかた、「漢字とカナ」の欄を舞臺にして八人の論者が三箇月にわたつて展開した誌上論戰も、贊否こもごもの議論が出揃つて、そろそろ終着に近づいたやうな感慨がある。時枝に續き、論戰の口火を切つた大岡昇平が再び登場した。大岡のエッセイにはこれまでの議論を總括するといふ意圖が讀み取れるが、格別目新しい論點はもう見られない。意見は出盡くしたのである。三回の連載になつてゐて、小見出しを拾ふと、六月七日の「上」は「漢字の運命」、六月八日の「中」は「カナモジ論者の誤り」「寛容が日本語の特徴」、六月十日の「下」は「將來のために」「一方的な押しつけは混亂をまねくだけだ」といふふうで、大意を汲むにはこれだけで十分と思ふ。

大岡のエッセイは國語國字改革に反對する側から見たまとめだが、これに對抗するやうにフランス文學の桑原武夫が登場して、改革を肯定する側に立つて發言した。桑原は第二期、第三期の國語審議會の委員であり、第六期にもまた委員になつた人物である。大岡と同じく三回連載で、小見出しを見ると、七月八日の「上」は「社會的・思想的な背景」、七月九日の「中」は「傳統尊重と改革の要請」、七月十日の「下」は「國民の意見、十分に聞け」となつてゐる。長文だが、お馴染みの議論の繰り返しに終始して、獨自の所見は見られない。朝日新聞が企畫した連載「漢字とカナ」はこれで終つた。

『朝日ジャーナル』の誌上座談會

昭和三十六年は、石井先生が提案した漢字教育法が各方面から大きな注目を集め始めた年であつた。朝日新聞社の週刊誌『朝日ジャーナル』も國語問題に熱心で、四月十六日號に「國語問題を考へる」といふ座談會の記録を掲載した。續いて「漢字をめぐる諸問題」といふ座談會が企畫され、その記録が五月二十八日號に掲載されたが、この座談會の四人の出席者のひとりが石井先生であつた。他の三人は、國立國語研究所第二部長の輿水實《こしみづみのる》、中國語學者の藤堂明保《とうだうあきやす》、心理學者の波多野完治《はたのくわんぢ》で、三人とも國語國字の改革論者である。藤堂はこの座談會の時點では國語審議會の委員の經歴はなかつたが、第六期、第七期の委員になつた人物で、漢字の略字の作成を推奬し、漢字制限にも「現代かなづかい」にも全面的に贊意を表明した。波多野は第二期から第五期まで國語審議會委員であつた人物で、この座談會では表音主義の立場に立つて、表意主義的な考へを盛んに批判した。

座談會の終りのあたりで、日本には文盲者がほとんどゐないが、これを實際に可能にしてゐるのはカナモジだと輿水が發言した。子どもが學校に入るととにかくカナだけは一通り教へてしまふ。さうすると幼い子どもでも心に感じたこと、思ふことを表現できるやうになる。漢字の教育をおさへてもカナを先に子どもに教へてしまふのは、さういふ意味がある。これはカナモジ、一般に音標文字といふものの效果である。ただし、音標文字でも語形中心のチャイニーズシステム（漢字的方法）で教へるのでは文盲が發生するから、音節分解を早く取り入れなければならないといふのが輿水の見解であつた。だが、石井先生の實踐によれば、實際には漢字は假名よりもやさしいのである。假名で教へるのでなければ文盲が生じるといふ輿水の意見は、觀念的に考へるとそんな氣もするといふほどのことにすぎないが、他方、この素朴な觀念を打ち破るのもまたむづかしい。古代のギリシアの哲學者アリストテレスは、重いものと輕いものを高所から同時に落すと重いもののはうが先に落ちると考へたが、西洋近代の科學者ガリレオ・ガリレイは、實驗といふ手續きを踏んでアリストテレスの誤つた觀念を覆した。この故事にならふと、石井先生はさながらガリレオのやうであつた。文部省の役人は石井方式の漢字教育を蛇蝎《だかつ》のやうに嫌つたと石井先生は言はれたが、かういふところもガリレオとそつくりである。

近代の日本のはじまりのころからこのかた、漢字の全廢を企圖する表音主義者たちは絶えず「漢字はむづかしい」と言ひ續け、日本の言葉の表記に使ふ文字を平假名や片假名やローマ字にせよと主張した。ところが、石井式漢字教育はこのいかにも自明のやうに見える命題が誤つた觀念にすぎないことを明らかにして、漢字全廢論の根柢を一擧にくつがへしてしまつた。石井先生が戰後の國語國字論爭の場に投じた一石は漢字全廢を推進する側に衝擊を與へ、これを阻止しようとする人々には勇氣を與へ、今日も消えることのない大きな波紋を作り出したのである。

國語國字問題（一）

岡潔と國語國字問題

石井式漢字教育をぼくに紹介してくれたのは岡潔であつた。岡潔は早くから國語國字問題と漢字教育のあり方に深い關心を寄せてゐた。吉川英治を回想する初期のエッセイ「吉川英治さんのこと」（第一エッセイ集『春宵十話』所收）を見ると、文化勳章の親授式のをり、同席した佐藤春夫（作家）に、

あなたは日本語の文章がうまいと思はれてゐるやうだが、新しい假名遣ひでちやんとした日本語

が書けるのですか。また假名遣ひを變へるについて、あなたに相談があつたのですか。

と尋ねたところ、佐藤春夫はこれに應へ、

私は何の相談も受けてゐないから、こんな規約に従ふ必要は認めてゐません。自分の流儀でやつてゐます。

と應じたといふ。歴史的假名遣を守りたいと願ふ岡潔の切實な心情をよく傳へるエピソードである。當用漢字表への不滿も非常に早い時期に表明されてゐる。當用漢字表に殘されたのは「具體的な内容をもつたもの」ばかりであり、「感じをあらはす字」は全部削られてゐる。そんなことをあへてするのは、「やはり人の中心が情緒にあることを知らないからに違ひない」といふのである。これは、昭和三十七年四月十六日、毎日新聞に掲載された連載エッセイ「春宵十話」の第二回「情緒が頭をつくる」の中で語られた言葉である。

「春宵十話」が世に出た年（昭和三十七年）の二月、岡潔に二番目の孫が生れた。名前をつけてくれるやうにと頼まれたので考へたが、當用漢字だけしか使へないといふので閉口した。なぜなら一般的に言つて當用漢字表では「ムードとか、雰圍氣とかをあらはす字」が削られた反面、「虎」や「熊」や「鹿」などのやうに、「具體的な内容をもつたものだけ」が殘されたからであつた。岡潔は「悠久」といふ文字が大好きだつた。しかし「久」のはうは當用漢字にあるにしても、時間を超越した感じをあらはす

「悠」はない。二月生れだから「もえいづる」の意味で「萌」の字を使ひたかつたのだが、當用漢字にはこれもなかつた。これらはみな岡潔が自分で直面して困惑させられた事態である。ついでに言ふと、當用漢字表には「春宵十話」の「宵」の字も見當たらない。

人名用漢字

岡潔を戸惑はせた時點ですでにさうだつたやうに、戰後間もない時期から今日にいたるまで、名前をつけるときに自由に漢字を選ぶことは許されず、出生屆の際に記載できる漢字は戸籍法第五十條で「常用平易な文字を用いなければならない」（原文のまま。「現代かなづかい」で書かれてゐる）と規定され、制限されてゐる。戰後、家族制度の廢止に伴ひ民法の全面的な改正が行はれたが、その際、戸籍法の改訂にあたり、國語審議會の關係者たちの強い希望によつて設けられたといはれる條文である。さうすると「常用平易な文字」の範圍が氣にかかるが、「命令でこれを定める」とされ、戸籍法の施行規則第六十條により、片假名と平假名のほかに、漢字については「昭和二十一年十一月内閣告示第三十二号当用漢字表に掲げる漢字」（原文のまま。正字と新字體が混在してゐる。「掲」と「告」は正字）といふ枠が設けられた。この改訂戸籍法とその施行規則が公布されたのは昭和二十二年の暮のことで、昭和二十三年一月一日から施行された。

「現代かなづかい」と當用漢字表の制定には法的な強制力が伴つてゐたわけではなく、そのためかさほどの國民的關心事にはならなかつた模樣だが、人名に使へる漢字が法的に限定された影響は非常に大きく、岡潔のみならず廣くおほかたの國民の不興を買つた。好みの漢字を選んだ苦心の命名が、漢字制限の枠をはみだして受理されないといふ事件が各地で相次いだのである。政府もこの事態を重く見て、昭和二十六年、人名用漢字別表を公表して對處した。當用漢字表にない九十二個の漢字が新たに人名用として制定されたのである。岡潔の言葉を少し補足すると、「虎」「熊」「鹿」はもともと當用漢字表にはなく、人名用漢字別表に載つてゐる。しかし「悠」の字はここにも見當たらない。もう少し丹念に人名用漢字別表を觀察すると、「虎」「熊」「鹿」のほかに「猪」「蝶」「鯉」「鯛」「鶴」「龜」「龍」などといふ字も目に映る。岡潔はこのやうな趨勢を目の當たりにして、「具體的な内容をもつたものだけ」といふ感慨を抱いたのであらう。

人名用漢字の枠組みはその後も變遷を重ねた。昭和五十一年になつて人名用漢字追加表が出て二十八個の漢字が追加されたが、この表には岡潔の好きな悠久の「悠」の字が出てゐる。昭和五十六年になると人名用漢字別表が發表され、新たに五十四個の漢字が追加された。ところが同時に八個の字が削除されることになり、「悠」はその削除された八字のひとつであつた。ただし、人名用漢字別表とは別に常用漢字表が制定され、「悠」はそこに加へられたため、繼續して人名に使ふことができた。他方、このとき追加された字の中に「萌」があつた。それで、名前に「萌」の一字をもつ人は昭和二十三年より前に生れたか、あるいは昭和五十六年以後に生れたか、いづれかに限定されることになるわけである。

常用漢字表の制定に伴つて當用漢字表は廢止された。

人名用漢字の追加はその後もやや複雜な增減が續き、平成二十三年の時點で八六一字に達した。

人名用漢字にはもうひとつの問題が伴つてゐた。それは漢字の讀み方の問題である。人名用漢字の枠が效力をもちはじめたのと同じ昭和二十三年には、二月十六日付の內閣告示第二號をもつて當用漢字音訓表が公表され、一八五〇個の當用漢字の讀み方が限定された。有名な例に「魚」があり、この漢字の訓讀みが「うお」に制限され、「さかな」と讀むのは禁止されたため、全國の魚屋《さかなや》が困惑したといふ、今も語り草になつてゐる笑ひ話が生れたのはこのときのことである（漫畫の「サザエさん」に出てゐたといふが未確認）。魚屋に「さかなや」とルビが振れるやうになるには、昭和四十八年の増補改訂版の當用漢字音訓表の制定を俟たなければならなかつた。

ところが人名用漢字はこの制限の適用外だつたため、人名用漢字の範圍内で自由に漢字を選んで命名したうへで、音訓表を度外視した好みの讀み方を指定してもさしつかへないことになつた。人名用漢字が無制限だつた時代にはむやみに畫數が多くて讀み方のわかりにくい難解な漢字を使つて名前をつけ、教養があるふりをして自慢する風潮があつたといふ話があり（戰前のジャーナリスト宮武外骨の著作『明治奇聞』に實例が擧げられてゐるのを見たことがある）、漢字制限のひとつの動機になつたともいふが、いよいよ漢字に制限がつけられてみると、今度は讀み方のはうが奔放になり、やさしい漢字に複雑な讀み方を割り當てるといふ風潮が生れた。漢字と漢字の讀み方に寄せる國民の愛着は非常に深く、漢字の使用制限から廢止に進まうとする文部省の當初の意圖は、挫折を餘儀なくされる事態に立ちいたつたのである。

當用漢字字體表

昭和二十四年四月二十八日、當用漢字字體表が公布された。この表で採用された字體は一般に新字體と呼ばれるが、これに對し、それまで用ゐられてゐた字體は舊字體とか「俗字」などと呼ばれるやうになつた。この呼稱は本當は逆で、「新字體」の本性こそ「俗字」にほかならず、今日のいはゆる舊字體は正字と呼ぶのが相應しい。昭和二十四年四月二十八日付で内閣總理大臣、吉田茂の名で公表された「當用漢字字體表の實施に關する件」（昭和二十四年内閣訓令第一號。漢字表記は原文のまま）を見ると、

　漢字を使用する上の複雑さは、その数の多いことや、その読みかたの多様であることによるばかりでなく、字体の不統一や字画の複雑さにもとづくところが少くないから、当用漢字表制定の趣旨を徹底させるためには、さらに漢字の字体を整理して、その標準を定めることが必要である。

（當用漢字の枠内で、「現代かなづかい」と新字體に依據して書かれてゐる。ただし「多様」の「様」の字體は正字で、原文のまま）


といふふうに、當用漢字字體表採擇の主旨が表明されてゐる。内閣告示の形で告示されたので法的強制力はないが、この後、官廳ではもつぱらこの表を基礎にして漢字を使用するとともに、廣く各方面にも使用を勸めて、當用漢字字體表制定の趣旨が徹底するやうに努めてほしいといふ希望が表明された。たとへ强制が伴はなくとも全國の官廳で日常的に使ひ、わけても義務教育でこれを教へるといふ事態が現出したなら、新字體のみを知り正字を知らない人は年々着實に増え續け、正字に通じる人々は自然に減少の一途をたどる道理である。この消息は當用漢字と「現代かなづかい」についても同樣で、かうして半世紀もたたないうちに、日本語の世界はいつのまにか歴史的な大變革を蒙つてしまつたのである。

　略字の選定方針が公表されなかつたのは不審だが、新字體表を概觀しても、一定の基本方針があつたやうな痕跡は見當たらない。同音同義だが形の異なる字、すなはち異體字がいくつもある場合にひとつ

を選んだり、以前からよく使はれてゐた略字や俗字をそのまま採用したり、畫數の多い字の簡略化が行はれたりした。慶應大學の「應」を「応」とするのは部分的な省略の一例で、まあまあわかりやすいが、廣島文理科大學の「廣」が「広」になり、「學」が「学」になつたのは略字が採られた例である。もうひとつの例を擧げると、今日の「多変数関数論」は從來は「夛變數凾數論」「夛變數函數論」と表記された。「變」「數」の略字として手書きの書簡や走り書きのノートなどによく見受けられたのがそれぞれ「変」「数」といふ形の字で、これらはそのまま新字體として採用された。「凾」は「函」の異體字である。「關」と「凾」「函」は意味の上では關係のない字だが、當用漢字表に「凾」「函」がないため、同音の「関」の字で代用したのである。「多」と「夛」では「多」のはうが正字なのではないかと思ふが、以前は活字の世界では異體字の「夛」が使はれ、手書きの手紙などでは「多」が使はれた。非常に多く見られるのは、點や畫の方向を變へたり、畫の長さを變へたり、一點一畫を増減したり、畫の併合や分離を行つたりする事例で、意味のわからない改變が目につくやうに思ふ。「儉約」の「儉」は「倹」になり、「亞細亞」の「亞」は「亜」になつて、當用漢字字體表では「全體として書きやすくなった例」(原文のまま)として擧げられてゐるが、あまりにも無造作な簡略化といふほかはない。

昭和二十一年十一月五日の國語審議會第十二回總會で當用漢字表が決定されたときのことだが、當日の議事要録に井上達二委員の發言が記録されてゐる。井上は明治十四年(一八八一年)開設といふ日本で一番古い歴史をもつ眼科專門病院「井上眼科病院」の院長だが、いかにも眼科醫ならではといふふうに、

近視の豫防から言つて、略體の活字を勸めたい。……專門語はローマ字といつしよに使ふから横

書きになる。すると目の上から言つて、たとへばシンニューの二つの點は横書きだとひとつにするはうが、明るくなつてよみやすくなる。

と言つたのである。この日の總會ではまだ漢字の字體がテーマになつてゐたわけではなかつたから、井上は先んじて一歩を踏み込んだことになるが、漢字を憎み、敵視し、なるべく早く全廢にもつていきたいといふ當時の審議會を覆つてゐた空氣を讀んで迎合したのであらう。シンニューの點の個數は近視豫防とは關係がないと思ふが、その後の成り行きを見ると、この井上眼科醫の安直なアイデアは本當に採用されて、當用漢字の枠内においてシンニューの點がひとつ減らされることになつた。當用漢字以外の漢字にはこの規制は適用されなかつたから、日本の漢字のシンニューの點はひとつのこともあれば二つのこともある。漢字を忌避する心が、日本語の世界に無用の混亂をもたらしたのである。

岡潔の見るところでは、「日本語は物を詳細に述べやうとすると不便だが、簡潔にいひ切らうとすると、世界でこれほどいいことばはない」（「春宵十話」の第二回目「情緒が頭をつくる」より）。そこで「簡潔といふことは、水の流れるやうな勢ひをもつてゐる。だから勢ひのこもつてゐる動詞を削つたり、活用を變へるのにも贊成できない」（同上）といふ發言が生れるが、岡潔の感受性と、長い歲月にわたつて研究ノートを書き續けてきた體驗から取り出された切實な見解である。ここに表明されてゐるのは、言葉が生きる枠をあまり勝手に設定するのは文化上の破壞行爲であるといふ考へであり、共鳴する人も多いと思ふ。

岡潔と石井式漢字教育

國語國字問題に關する岡潔の發言は非常に多い。しばらくエッセイ集から拾ひたいと思ふ。次に擧げるのは國語教育への要請を語る言葉である。詩や歌を教へてほしいといふ。

「國語ではこの國のこまやかな情緒を教へて欲しいと思ふ。」
「詩や歌をはさんで欲しい。詩とは粒子型で情操に働くもの、歌とは波動型で情緒に働くものである。土井晩翠のものは詩、島崎藤村のものは歌である。この人達のものを、少しむつかしくてもよいから、小學校の國語の教科書に入れられないものだらうか。少なくとも中學校の國語の教科書には入れて欲しい。」（『曙』より）

岡潔のいふ「情緒」は「心」と同じ意味である。次に擧げる言葉では、心が大事であるから國語もまた大事であると言はれてゐる。

「それで、國語については專門ではありません。その私がなぜ皆さまがたにお話しようかと思つたかと申しますと、專門に國語をやつてゐるのでない私が見ましても、なおかつ小・中・高等學校における教育で、一番主要な教科を擧げよといふなら、それは國語である、とそんなふうに思へるからであります。」
「人には、心といふものがあります。そして、それが非常にたいせつなのです。心といふものがあって、それが非常にたいせつだといふことは追つて申します。その心を表現しようと思へば、ことばしかない。だから、心が大事ならば、國語が大事に決まつてゐます。私は心が大事だから國語が大事だといつてゐるのです。」（『岡潔集』第五巻所收の講演記録「こころと國語」より。昭和三十八年十月十日、奈良縣高等學校國語分科會總會における講演）

詩を粒子型と波動型に分けるのは岡潔の獨自の分類法だが、『春宵十話』所收の「吉川英治さんのこと」にはもう少し詳しい説明がある。

昔、光の本質をニュートンは粒子だといひ、フィゲンスは波動だと主張した。最近になつてルイ・ド・ブローイーが波動、粒子の二つの性質を兼ね備へてゐると説明してけりがついたが、これを借りて文學を分類すると、文學には波動型のものと粒子型のものとあるといへる。作品にも、作者にもそれはあてはまる。粒子型といふのは、芥川龍之介の使つてゐる「詩」といふ言葉のわかる人、つまり直觀そのものがわかる人である。熱にたとへれば對流、傳導、輻射のうちの輻射である。離れてゐるのに熱い、そんな心のやりとりのできる人のことである。一般的にいへば俳句は粒子型、短歌は波動型といへる。そしてこの分類にあてはめてみれば、佐藤さんは波動型、吉川さんは明らかに粒子型である。その點が私の大好きな芥川と共通してゐるので、吉川さんとよくしやべつてゐたのだらうと思ふ。

漢字の略字の强制に反對する言葉もある。

「今の學校教育の漢字の教へ方は、字數を非常に少なくしか教へないといふだけではなく、略字で書かなければ減點すると言つてゐるのである。こんな風に教へると、字引が引けるやうにならうと思へば相當な意志的努力がいる。それでこの教育を受けた大多數の人は國語がよめなくなつてしまふ。」

「私は一昨昨年《さきをととし》の冬、國字問題の内幕を聞いて、赫怒して東京に行つて演說し、歸るや血を吐いて胃を切つて貰つたのであるが、日本國民はこの問題をどう思つてゐるのであらうか。大體かやうな問題は日本國民全體の問題である。日本語で書かれたものが次の世代の人に讀めなくなるやうにしたいといふのならば、當然先づ國民投票に問ふてその贊成を得なければならない。」（『昭和への遺書』より）

昭和四十一年に刊行された自傳的エッセイ『春の草　私の生ひ立ち』（第六エッセイ集。日本經濟新聞社）を見ると、石井先生の名前と石井式漢字教育が具體的に語られてゐる。

いまの漢字教育は、小學校一年生から五年生まで年々記憶力が減退していくのと逆に、だんだんむづかしい字をたくさん教へていくといふことをやつてゐる。石井勳といふ先生が、東京四谷第七小學校で、丸暗記の上手な低學年の間にたくさんの漢字を教へ、上級に進むにつれて減らしていくといふ方法をとつたところ、子供は今の二倍の漢字を覺えることができたといふ實驗をしてゐる。これは當然のことなのです。

ここに紹介されてゐる石井方式は石井先生が提唱した石井方式とは少しちがふのではないかといふ氣もするが、ともあれ一見して、岡潔は石井先生に出會つたことがあるのかもしれないと思はせるに足る書きつぷりである。ぼくは小柳陽太郎先生（國民文化研究會の副理事長。福岡市在住）に教へられて、この重大な出來事が本當にあつたことを知るに至つたが、さらにさかのぼつてこの事實を小柳先生にお傳へしたのは、石井先生の愛弟子の土屋《つちや》秀宇《ひでを》先生である。ぼくは石井先生の御自宅に電話してインタビューを試みて、これを確認した。福岡市のパピヨン24で開催された石井式漢字教育の夏季指導者研修會の初級講座開講に先立つこと三箇月、平成十年四月二十一日のお晝すぎのことであつた。

國語國字問題（二）

漢字廢止論のいろいろ

國語國字問題の起原は古く、明治維新前夜の慶應二年（一八六六年）十二月、前島來輔《まへじまらいすけ》（後の前島密《ひそか》）が、徳川幕府の最後の將軍慶喜《よしのぶ》に「漢字御廢止之儀《かんじごはいしのぎ》」を建白したあたりまでさかのぼることができるであらう。前島は日本語表記を平假名のみにすることを主張した。明治維新後も大いに論じられ、森有禮《もりありのり》の英語採用論（明治五年）とか、西周《にしあまね》の「洋字ヲ以テ國語ヲ書スルノ論」（明治七年三月發行の『明六雜誌』第一號に掲載された）などが現れた。時代は下つて昭和二十一年にも志賀直哉（作家）のフランス語採用論（雜誌『改造』四月號に掲載されたエッセイ「國語問題」で表明された）などが登場したが、外國語をもつて國語とするといふアイデアはやはり突飛であり、現實との乖離がはなはだしすぎたため力をもたなかつたと思ふ。そこまではいかないまでも漢字を廢止して平假名や片假名、あるいはローマ字のみによつて國文をつづるといふ提案は當初からあり、根強く繰り返された。西周の論説「洋字ヲ以テ國語ヲ書スルノ論」はローマ字論であり、西村茂樹の「開化ノ度ニ因テ改文字ヲ發スベキノ論」（西周の論説と同じ『明六雜誌』第一號に掲載された）は、まず假名文字を採用し、ゆくゆくローマ字に變更していくといふ漸進主義の主張である。矢田部良吉「羅馬字ヲ以テ日本語ヲ綴ルノ説」（明治十五年四月）はローマ字論である。このやうな風潮の中で、「かなのくわい（假名の會）」（明治十六年七月）や「羅馬字會（ローマ字會）」（明治十八年一月）が相次いで設立された。「かなのくわい」は日本語の表記から漢字を全廢することをめざす假名文字論者の大同團結が實現して結成された團體で、有栖川宮威仁親王《ありすがわのみやたけひと》が會長である。日本初の國語辭典『言海』を編纂した大槻文彦《おほつきふみひこ》も「かなのくわい」の會員で、假名氣違ひと自稱するほどの假名文字論者であつた。

それにしても漢字廢止などといふ日本文化の根柢を破壞する行爲としか思へない異様な企畫がなぜ芽生え、しかも國策として積極的に推進されたのであらうか。本當の理由は必ずしも定かとは言へないが、日本文化をヨーロッパ文化よりも下位と見て劣等感を抱き、日本を歐米の標準に合はせようとする強い意志が働いてゐたのはたしかなやうである。漢字のやうな表意文字よりヨーロッパ語のやうな表音文字のはうがすぐれてゐると見るのは、それはそれでひとつの判斷である。ラテン文字でいふと、英語もフランス語もドイツ語もイタリア語も、表記に使はれる文字は基本的にわずかに二十六個のアルファベットにすぎず、いつたいいくつあるのか定かではないほどの漢字（諸橋轍次が編纂した『大漢和辭典』には親文字五萬餘字、熟語五十三萬餘語が收錄されたといふ）を使用する日本語表記に比して、はるかに簡便な感じがするのは間違ひない。

簡單で便利といふのは近代の原理である。それに、遠い昔、中國大陸の文明圏から漢字を取り入れたやうに、今度はヨーロッパの言語に規範を求め、言語表記の表音化をめざすのにためらふいはれはない。日本の歷史的遺產を劣惡と見てきれいに捨て去り、歐米の優秀な文物に取り換へるのを當然視する考へも有力だつたであらう。安直にすぎるやうな感じはたしかにあるが、その文化破壞の情熱の根柢には、「歐米列强に負けまい」「植民地にされるまい」といふ心情が控へてゐたのかもしれず、それならそれで漢字全廢運動は憂國の心情に支へられてゐたと見ることも可能である。根柢に流れてゐるのは、歐米を純粹な近代と見て、歐米の流儀をそのまま模倣することにより早く近代國家群の仲間入りをしようといふ文明開化のアイデアであり、非常に率直な近代主義的方針である。木に竹を繼ぐやうな無謀な試みであり、實際には實現の見込みは薄く、長い年月にわたつていたづらに混亂を引き起す結果になつた。

占領政策下の表音主義者たち

漢字の廢止とともに、「發音の通りにつづる」といふ方式を主張する假名遣の改訂も國策と見て間違ひなく、國語調査委員會、臨時國語調査會、國語審議會などが次々と設置された。提案は相次いで打ち出されたが、民間の識者の間に反對の聲が強く、なかなか實現にいたらなかつた。ところが大東亞戰爭（現在の通稱は太平洋戰爭）の終結の直後、國語審議會が「現代かなづかい」と當用漢字表（一八五〇字）を議決し、文部大臣に答申した。「現代かなづかい」の議決は昭和二十一年九月二十一日、當用漢字表の議決は同年十一月五日と記録されてゐる。これを受けて新聞發表と閣議決定が續いた。當用漢字表については内閣訓令第七號と内閣告示第三十二號、「現代かなづかい」については内閣訓令第八號と内閣告示第三十三號をもつて公布され、ともに十一月十六日付の官報の號外に掲載されたのである。

日本の表音主義者たちは、混亂期のため反對の聲が分散してゐる時期をねらひ、國語審議會に集結して戰前からの懸案事項を一氣に強行したのである。敗戰後の被占領期をねらつたことといひ、一片の内閣訓令、告示をもつて長年の大問題を處理したことといひ、あまりにも強引な措置であり、國語國字の改革改變に寄せるきはめて強い執念が感じられて無氣味なほどである。彼らはどうしてこれほどの熱意がもてたのであらう。想像はあれこれと可能だが、彼らの心事を思へば謎は深まるばかりであり、本當のところはよくわからない。

大東亞戰爭の敗戰後、占領下の日本の占領政策の中樞機關は連合國軍最高司令官總司令部（General Headquarters/Supreme Commander for the Allied Powers：ＧＨＱ／ＳＣＡＰ（ジー・エイチ・キュー／スキャップ）と略稱されるが、日本では普通ＧＨＱ（ジー・エイチ・キュー）と呼ばれた）の統治下に置かれたが、總司令部の中に民間情報教育局（Civil Information & Educational Section：ＣＩＥまたはＣＩＥＳと略稱する）が設置され、そこに教育課があり、ロバート・キング・ホールといふ人が占領初期の教育課の中心人物であつた。ホールは教育學博士といふ肩書きをもつ人で、早くから日本の國語改革に情熱があり、日本の國字をローマ字にしようといふ構想を抱いていた。昭和二十一年三月、連合國軍總司令部の招聘を受けて、ジョージ・D・ストダードを團長とする二十七名のアメリカの教育使節團が日本に派遣されるといふ出來事があつたが、これを演出したのはホールであつた。一行は二組に分れて三月五日と六日に東京に到着し、三月いつぱい日本滯在を續け、三月三十日、報告書をまとめて最高司令官のマッカーサー元帥に提出した。漢字全廢と國字のローマ字化を推奬するのが報告書の骨子であり、ホールの意圖によく沿つてゐる。日本のローマ字主義者たちをはじめとして、片假名論者や平假名論者たちが國語審議會の主導權をにぎつた背景には、國語のローマ字化を迫るアメリカの占領政策が控へてゐたのである。

國語審議會には民間情報教育局に所屬する人物がしばしば參加した。昭和二十三年六月一日の第十四回總會で當用漢字字體表が議案になつたとき、民間情報教育局の「江」といふ人物が出席したと記録されてゐる。どのやうな人物か不明だが、中華民國の人であらう。昭和二十四年四月十八日の第十六回總會にはマグレール博士が出席して挨拶した。同年七月三十日の第十七回總會にも、ストランカー博士が出席し、挨拶してゐる。國語國字問題では明治のはじめから激越な對立が打ち續いたが、大東亞戰爭の敗戰に伴つて均衡が破れ、急速に一方の側に傾いていつた。アメリカの占領政策と日本國内の表音主義者たちの思惑が合致して、日本の言葉の姿形は極端な變容を強ひられたのである。國の根幹の彩りを左右するこの深刻なたたかひの眞の勝利者たちを呼ぶには、「近代」の名をもつてするのがもつとも相應しいであらう。

「現代かなづかい」の制定まで

昭和二十一年九月二十一日、文部省の大臣次官會議室において、「現代かなづかい」に關する件を議題にして國語審議會の第十一回總會が開催された。午後四時から七時まで、三時間に及ぶ會合であつた。この時期の國語審議會の會長は安倍能成であり、委員總數は會長を含めて七十名。この日の出席者は四十八名。缺席者は二十二名で、そのうち委任狀を提出した委員は十四名である。安倍は夏目漱石門下の哲學者で、第一高等學校の校長として戰中戰後の困難な一時期を乘り切つた經驗をもつ人物である。出席者の中に、途中で退席して議決の際に不在だつた者が四名ゐたため（議決に參加しないといふ形で暗に反對の意を表したのであらう）、實際に議決に參加した出席者は四十四名になつた。そのうち原案に贊成した者は四十一名、反對したのは小宮豐隆《こみやとよたか》（安倍の古い友人で、漱石門下のドイツ文學者）、藤村作《ふじむらつくる》（國文學者）、關口泰《せきぐちたい》（山の隨筆家としても知られたジャーナリスト。朝日新聞の論說委員）の三名であつた。缺席委員の中では、委任狀提出者十四名のうち、原案贊成者は十二名。反對した二名は諸橋轍次と時枝誠記であつた。委員總數の過半を越える總計五十三名の贊成を得て議題は原案通り採擇され、假名遣の變更が決定された。

國語審議會の中に「かなづかいに關する主査委員會」が設置され、二十名の委員で構成された。委員長は臺北帝大の元の總長の安藤正次で、他の十九名の主査委員の中に金田一京助、山本有三、松坂忠則、藤村作、時枝誠記、村岡花子などの名前が見える。委員長の安藤はミタカ國語研究所の所長であつた。ミタカ國語研究所といふのは昭和二十年十二月に山本有三が東京三鷹の自宅を所在地にして創設した研究所で、山本はこの研究所に據點を置いて、民間情報教育局のホールと連絡を取り合つて國語改革運動を押し進めたのである。

昭和二十一年九月二十一日は土曜日であつた。議案採擇を受けて、週明けの月曜日の九月二十三日、「現代かなづかい」が安倍會長の名をもつて文部大臣の田中耕太郎(昭和三十五年、岡潔といっしょに文化勲章を受章した)に答申され、翌二十四日の新聞に要點が掲載された。一例として朝日新聞を參照すると、「新かなづかい」といふ見出し(右横書き、すなはち右から左方向に向かふ横書きで書かれてゐる)記事があり、「書き方は發音通りに」「漢字整理と一緒に明春から」といふ小見出しがぼくらの目に留まる。

日本の國語表記に革命をもたらした第十一回總會の議事要錄を見よう。小宮委員が、「もつと案を練つたはうがよい」と前置きしたうへで、「この案作成の基礎となつた考へ方についてうかがひたい」と問ふたところ、主査委員長の安藤が答辨して、「現代語といふのは、だいたい現代人の現代生活に現れてくる現代東京を中心とする國語の標準語である。統一の法則は語を構成する音を端的に文字にあらはさうとする點にある。發音の正訛については、歴史的變遷の結果を認め、現在廣く行はれてゐるものを本則とした」と説明した。ここで表明されたのは、現時點での東京言葉を標準語と見て、平假名を音標文字として使ふといふ考へである。

假名遣主査委員の村岡花子も發言した。村岡は石井先生と同じ山梨縣甲府市に生れた人で、兒童文學作家である。有名な翻譯者でもあり、モンゴメリの『赤毛のアン』のほか、ジーン・ウェブスターの『あしながおじさん』、バーネットの『小公子』と『小公女』、ディケンズの『クリスマスキャロル』、ウィーダの『フランダースの犬』、それにマーク・トウェインの『王子と乞食』など、よく知られた作品が揃つてゐる。その村岡委員は、「現代かなづかい」が「は」「へ」「を」の用法に歴史的假名遣の痕跡

を留めてゐるところに着目し、

助詞ハ、ヘ、ヲをもとのままとしたことは、個人的感情としてはうれしいが、發音通りワ、エ、オとするのが本當と思ふ。

と所感を述べた。「は」「へ」「を」が保留されたのは個人的にはうれしいといふのであるから、村岡の心情には、歴史的假名遣に寄せるいくばくかの愛着もあつたのであらう。それにもかかはらず、本當は「わ」「え」「お」とするべきだと論理上の正論めいたひとことをわざわざ言ひ添へたのは、「現代かなづかい」を推進しようとする審議會の流れに迎合したのである。この村岡の發言に對し、安藤委員長は「ごもつともであるが」と受けて、

ごもつともであるが、この新假名遣を廣めるためには現實の社會習慣の抵抗を考へなければならない。助詞がその最難關である。ハ、ヘ、ヲのうち、「ヘ」は一番變へやすい。「ヲ」は語の頭につく「オ」と混同するのでもつとも困る。「ハ」はその中間にある。漸進的に行きたい考へである。

と經緯を語り、「は」「へ」「を」を保存したのは便宜的な措置にすぎないとして諒解を求めた。「現代かなづかい」は假名遣改訂の終着點ではなく、安藤たちは假名遣の表音化をさらに徹底して押し進めようと企圖してゐたのである。

時枝誠記は朝日新聞の「漢字とカナ」欄に掲載したエッセイ「「かなづかひ」の原理」において「は」「へ」「を」の問題に觸れて、こんなふうに語つた。

今日、助詞の「は」「を」「へ」が舊かなづかひのままに保存されてゐることに對して、表音かなづかひ論者は不徹底であるとして攻撃するのであるが、これらの文字は決して表音の役目をしてゐるのではなく、これらの文字の形象、視覺印象が、それぞれの助詞の意味に直ちに結びつくのであつて、もしこれらの助詞を、「わ」「お」「え」とする時、それらはより正確に發音を模寫してゐる點で、合理的に見えるのであるが、それだからといつて、これらの文字がより直接的に助詞の意味を喚起するとは言へないのである。新かなづかひの制定の時に、これらの助詞の表音的改訂に抵抗があつたのは、傳統主義者の勝利といふことではなく、文字言語の機能に對する意識が自然にさうさせたのであると見る必要があるのである。

言葉は現在を生きてゐる人たちだけのものではない。今日ぼくらが日々親しんでゐる言葉には、かつて日本の言葉を話し、今はもうゐないすべての人たちの肉聲が堆積し、融け合つて、美しい綾模様を織り成してゐる。遠い萬葉の歌人たちや、平安の物語や日記の作者たちや、芭蕉や蕪村や、漱石や鷗外や、ぼくらの祖父や祖母や父や母の聲が絶え間なく響いてゐる。言葉には言葉自身の生命があり、長い期間にわたつて變容を重ねながら、しかもつねに同じひとつの命であり續けてゐるのである。時枝誠記の言葉に沿へば、日本語に特有の文字言語の機能こそ、言葉が生きてゐることの明白な證《あかし》である。カナモジカイの松坂忠則は「言葉も文字も國民みんなのものだ」と主張したが、便宜主義に終始した松坂の念頭にあつたのは、松坂と同じ時代を生きてゐる國民だけだつたのであらう。

歷史の一時點での便宜をはからうとする考へで言葉を改變すれば、言葉の生命は失はれてしまふ。改變を强行しようとしても、文字機能の剝奪のやうな殺人に等しい行爲には、いくぶんかのためらひの心が生れるのもまた自然である。「現代かなづかい」の制定に當り、村岡花子は助詞「は」「へ」「を」の用法に歷史的假名遣の殘滓が認められることを指摘して、「個人的感情としてはうれしい」と論理上矛楯をはらむ言葉を口にしたが、率直で素直な心情の吐露と見なければならないであらう。假名遣主査委員長の安藤は、「は」「へ」「を」を殘したのは社會習慣の抵抗を考慮したうへでの便宜的な措置であるかのやうに辨明した。安藤は安藤で日本語の命の抵抗を感じとり、心理上無言の壓迫を受け、一擧に押しつぶすことができなかつたといふのが本當のところだつたのではあるまいか。

こんな議論が重ねられて、若干の質疑も出たものの、當初から決まつてゐた大勢がくつがへることはなかつた。最後に安倍會長が、

いろいろ個人的な意見はあると思ふが、今日これくらゐのところが教科書にも使ひ、一般に行はせるのにもまづ適當なものと認める。原案採決に贊成の方は御起立を願ひたい。

と發言し、採決が行はれ、「現代かなづかい」の答申が議決された。安倍はオールドリベラリストと呼ばれた人で、教育者としても令名が高いが、取りまとめ役といふか、妥協を旨とする發言が目立ち、國

語國字問題については格別の識見をもたなかつたやうである。

「現代かなづかい」の諸相

「現代かなづかい」でよく問題になるのが「ぢ」と「じ」、「づ」と「ず」の使ひ分けだが、内閣告示の「細則」の「第三」に「ぢ、づはじ、ずと書く」と原則が明記されてゐる。そのうへで「ただし」として、二種類の例外事項が特記された。ひとつは二語の連合により濁るもので、これらは「ぢ」「づ」と書くことになつた。二語連合の例として擧げられたのは、「はなぢ（鼻血）」「もらいぢち（もらひ乳）」「ひぢりめん（緋縮緬）」「ちかぢか（近々）」「みそづけ（味噌漬）」「みかづき（三日月）」「ひきづな（引綱）」「つねづね（常々）」「いれぢえ（入智慧）」「ちゃのみぢゃわん（茶飲茶碗）」である。もうひとつの例外は同音の連呼によつて生じたもので、これらも「ぢ」「づ」と書くこととされ、諸例として「ちぢみ（縮み）」「ちぢむ（縮む）」「つづみ（鼓）」「つづら（葛籠）」「つづく（續く）」「つづる（綴る）」が擧げられた。ところがこの流儀で表記すると、「差詰め」は二語連合ではないと判定して「さしずめ」だが、「大詰め」は「大」と「詰め」の連合と見て「おおづめ」と書くことになつて、同じ漢字「詰」の假名表記が「ず」になつたり「づ」になつたりするところにわかりにくい感じがある。「ず」に統一するつもりで原則をたてたものの、文字機能の抵抗に出會つて「おおずめ」と書くことに踏み切れなかつたのである。歴史的假名遣ならどちらも「づ」を使ふが、漢字が同じなのであるからこのはうがずつと簡明である。「地球」は「ちきゅう（ちきう）」であるから、歴史的假名遣なら「地面」は「ぢめん」と表記されるにもかかはらず、「現代かなづかい」では原則に從つて「じめん」になつた。同じ漢字「地」が「ち」になつたり「じ」になつたりするのは不合理と思ふが、「現代かなづかい」にはこんな非論理的な事象があちこちに現れる。歴史の重層を無視し、目先の小さな形式論理を押し立てて、言葉の生命をもてあそばうとするから矛楯が生れるのである。

二語の連合といつても人により見方が別れることもあり、整然と判別されるわけではないから議論が生じるのである。別の種類の例を擧げると、「かたづく（片付く）」「くちづて（口傳）」「ことづて（言傳）」「ひとづて（人傳）」「たづな（手綱）」などは迷ひがちな例だが、「現代かなづかい」の時點では二語連合による濁りと見てこのまま溫存された。ところがその後も國語審議會で議論が續いたやうで、昭和三十年十一月十日の第三期國語審議會第二十九回總會に提出された參考資料「現代かなづかいの適用について」を見ると、歴史的假名遣の「づ」が捨てられて「かたずく」「くちずて」「ことずて」「ひとずて」「たずな」と表記することに決められた。すなはち、今度はこれらは二語の連合ではなく、ひとつの言葉と見ることにしたのである。ただし、「もとづく（基づく）」は「もとずく」ではなくて「もとづく」のままになつた。これは明らかにひとつの言葉なのであるから、「現代かなづかい」の原則に從つて「もとずく」とするのが本當だが、この言葉には「告示のまへがきにも用ゐられてゐるから」といふ特殊な事情が介在してゐたのである。

「告示」といふのは、昭和二十一年十一月十六日付で内閣總理大臣吉田茂の名をもつて「各官廳」に宛てて公布された「内閣訓令」のことである。それは「現代かなづかい」の實施に關する訓令で、從來の假名遣の複雜さと使用上の困難を指摘し、現代語の音に「もとづいて」整理することの有益さ（教育上の負擔を輕くすること、國民の生活能率をあげること、文化水準を高めることが列擧された）が述べられてゐる。

この時點ですでに「現代かなづかい」で書かれてゐるが、なぜか書き間違へて「もとづいて」のみ歴史的假名遣のままになつた。「現代かなづかい」の基本方針に從ふなら、「づ」を「ず」に變えて「もとずいて」と表記するのがあるべき姿である。間違ひを正して原則に立ち返ればよささうに思ふが、さうはならず、間違ひを例外扱ひにしてそのまま受け入れることになつたのである。國の言葉よりも片々たる訓令文書の缺陷を覆ひ隱す手に出たわけであり、いかにも不可解な事態といふほかはない。

國語審議會第二十九回總會での激論

昭和三十年十一月十日の國語審議會（第三期）第二十九回總會では、「現代かなづかい」の調整をめぐつてわりと激しいやりとりがあつた。土岐會長が、意見があれば述べるやうにとうながしたのを受け、時枝誠記が「報告の終りの部分に不審がある」と前置きして發言した。報告といふのは第一部會（表記に關する部會）の會長の原富男の報告のことで、原は

なにぶんにも、「現代かなづかい」は、成立當時の事情によつて、歴史的假名遣との對比の上に組み立てられ、部分的に舊假名遣の殘存した箇所もあり、これらは成立當時においてはやむをえない處置であつたが、今日では、現代語音に基づいて、これらに整理を加へる必要があると考へられる。

と言つたのである。必ずしも意味が明瞭とは言ひ難い發言だが、これを踏まへたうへで、時枝の言葉は

こんなふうに續いていく。

「現代かなづかい」は、成立當時の事情によつて、特別の事情があつたと言ふが、事實が違ふであらう。「現代かなづかい」を決めていくのは、舊假名遣を「現代かなづかい」に修正していくといふ方向にあるのである。別の原則にたつて決めるのなら別だが、歴史的變遷によつて改めていくなら現狀修正の線で今までのもののどこを修正するかといふ點にもつていくべきである。現代語音に基く整理が必要であるといふのは疑問を生じる。現代語音に基いてなら別個の原則によるもので、それならば全面的に改めなければならない。原則ががたがたしてゐる。個別的に申せば、「かたずく」を決める時の考へ方に問題がある。「かたをつける」「かたがついた」といふ言葉が一方にあるから、その連關を考へるべきである。これは二語連合にしたはうが體系が整ふと思ふ。このはうが便利で使ひよい。

「かたづく」と「かたずく」のどちらを採るかといふ問題は難問で、いろいろな議論が出たやうである。文部省の廣田事務官が引き取つて、「かたをつける」といふから「づ」がいいのではないかといふ意見もあつたが、「かたずく」は一語と見ていいのではないかと認定して「ず」になつた、と説明を加へた。歴史的假名遣から一歩でも離れたいといふ心理がつねに働いてゐたのであらう。時枝は、「みかづき」と似てゐると指摘して、教育の現場で迷ひが起るだらうと言ひ添へた。すると松坂忠則が補足發言を行つた。「かたずく」はずいぶん問題になつたが、「仕事がかたずく」「娘がかたずく」のうち、娘のはうは一語の意識で「かたずく」（嫁）である。それぞれの意識によることではあるが、いづれも同じやうに普遍化し、一定したはうがいいといふ考へから、物よりも人を尊重するといふことで、娘が「かたずく」のはうに寄せて「かたずく」としたのである。これが松坂の解説だが、場當たり的といふか、なるべく統一して「ず」を採用したいといふ意圖をもつたうへで、思ひつきの理由をくつつけたやうな感じがする。言葉といふものに拂ふべき敬意を持ち合はせてゐなかつたのであらう。

このやりとりを受けて、今度は中島健藏（フランス文學者、國立國語研究所評議員）が口をはさんだ。この問題はいつまでやつてもきりがない。原則を決められないだらうか。二語の連濁の場合など、原則論に立つて處理すべきである。便宜的にやることは贊成だが、目の子でやるときりがない。抽象的になつてもいいから、原則を立ててやればある程度採むことができる。原則を立ててやることを進めていただきたい。中島はおほよそこんなふうに發言した。科學的な原則を立ててさへすれば解決するといふ意見だが、生きた言葉を天下りに制御する科學的原則などといふものが存在しうるはずはなく、實際にだれも見つけることができないからいつまでも議論が絶えないのである。中島の言ひ分もまた素人の思ひつきにすぎず、松坂の發言と同レベルである。

こんな趨勢に反撥して、作家の舟橋聖一が長廣舌をふるつた。默つて聞いてゐられない切羽詰まつた心境に追ひ込まれたのであらう。舟橋は井伊直弼の生涯を中心に据ゑて幕末の動亂を描いた作品『花の生涯』の作者である。

反對意見について、部會長の報告では、具體的に示されてゐないので補足する。わたくしを除いて多くの意見は、現代語音に基いて整理を加へる必要があり、「は・へ」も發音どおり「わ・え」にしようといふ空氣がある。「は・へ」だけは、今まで通りにしたいといふ意見が、わたくしと二、三の委員にあつた。「は・へ」を「わ・え」にするといふ革命的な處置をするのは國語の混亂を招くものである。「は」を「わ」にすることはどうしても同意できない。これがこれを防ぐために反對した根本である。「ぢ」「じ」の、「れんちゅう」も「れんぢゅう」、「つまる」を「づまる」としたいと思つたが、これは壓倒的多數で現代語音による整理がされ、わたくしひとりの反對では及びもつかないことである。わたくしは極右的な存在と見られて當惑してゐる。さういふわけでなく、わたくしは文學をやつてゐるので科學的でないのだと思ふ。「現代かなづかい」は曖昧で、どうしても未練を殘して、「は」は「わ」にならない。下村先生（下村宏。號は海南。終戰時の鈴木内閣の國務相兼情報局總裁。第二期、三期、第四期の國語審議會委員）も、ほかはみな贊成するが、「は」は「わ」にすることができないと言はれた。これは文學者と科學者との對立がはつきり出たものである。當用漢字についても同じことで、科學者だけが集つて國語を決める。ここに出たとき、科學者でないので纎々として舊態に心をひかれ、少數意見を出すので部會がまとまらない。かうした少數意見が出て障害になり、強い革命的意見の松坂委員などと對立して一方をじやますることになり、中島委員の言はれたやうに原則を決めて科學的にやるといふことになれば、文學者は必要ない。國語審議會は進歩的であることを喜んでゐる。かうした進歩的な審議會に敬意は拂ふが、わたくしは文學者として未練を感じてゐるのではなく、古い語彙を殘したいのである。當用漢字で書けず、現代かなづかいでぎくしやくするものが非常に多いので、これを國語審議會で考へてほしいので申し上げた。

舟橋の發言は文學者の立場に由來しておのづと流出するものであり、言葉に寄せる愛情が強く感じ取れるやうに思ふ。松坂や中島などとは大本《おほもと》が食ひ違つてゐるのであるから、どれほど議論を重ねても歩み寄りの餘地は皆無であり、この懸隔のはなはだしさが具現して、昭和三十六年三月末の「（第五期國語審議會からの）五委員の脱退事件」が引き起されたのである。

假名遣の問題はその後も長い尾を引いて論じられ續けたが、昭和六十一年になつて「現代かなづかい」が改訂されて、新たに「現代仮名遣い」が公布された（昭和六十一年七月一日付の内閣訓令、告示）。昭和三十年の時點から數へると三十年後のことになるが、この「現代仮名遣い」では「ことずて」や「ひとずて」や「たずな」の「ず」は二語の連合によつて生じた「づ」と見ることにして「ことづて」「ひとづて」「たづな」と書くことになつた。かつてあれほど論議の的になつた「かたずく」はまた舊來の「かたづく」になり、歴史的假名遣に回歸した。ただし「じめん（地面）」は「じめん」のままに留まつた。中島健藏が待ち望んでゐた原則はいつまでも立てられず、改訂を重ねるごとに假名遣はますます複雜になり、日本語は混迷の度を深めていくばかりであつた。

國語國字問題（三）

山本有三のルビ廢止論

「現代かなづかい」が閣議で決定されたのと同じ昭和二十一年十一月五日、文部省の四階の大臣次官會議室で國語審議會の第十二回總會が開催された。この日の議題は「當用漢字表に關する件」で、午後一時から四時半まで續き、當用漢字表の答申が議決された。委員總數は會長の安倍能成を含めて七十一名で、出席者三十六名、缺席者三十五名と記錄されてゐる。これに加へて出席者の中に途中で退席した者が四名あつたため、實際に議決に參加した委員は三十二名になつたが、ともあれ滿場一致で可決された。缺席者が異樣に多い點が目を引くが、委任狀を託した缺席者もあり、有效委任狀を提出した者のうち十四名が贊成した。七十一名の委員のうち、四十六名が贊意を表明したことになる。

當用漢字表を實際に作成し、原案として第十二回總會に提出したのは「漢字に關する主査委員會」であつた。委員は十八名で、委員長は作家の山本有三である。山本有三は本名を勇造といひ、栃木縣下都賀郡栃木町（現在は栃木市）に生れた人で、『路傍の石』や『眞實一路』の著者として名高い文學者だが、同時に日本語表記からルビすなはち漢字の振假名の廢絕を訴へるなど、早くから特異な言動が目立つた人物でもあつた。ルビがあればむづかしい漢字が頻出する文章でも容易に讀めるし、そのうちルビなしでも自然に讀めるやうになつて教育上の高い效果も見込まれると思はれるが、それは漢字教育の促進といふ見地からのことであり、漢字廢絕を目論む立場からすればルビなどはかへつて邪魔になる道理である。石井式漢字教育が漢字全廢論者たちに疎まれたのと同じである。

昭和十三年、山本は『戰爭と二人の婦人』といふ作品を岩波書店から刊行した。二人の婦人といふのは赤十字運動に盡力したアメリカの看護婦クララ・バートンと、『アンクル・トムの小屋』の作者ストウ夫人のことで、傳記作品だが、この本にはルビがまつたく使はれてゐなかつた。當時の常識に眞つ向から挑む姿勢を鮮明にしたわけであり、刮目に値する出來事であつた。あまつさへ山本はこの書物に

「この本を出版するに當つて——國語に對する一つの意見」と題する後記を寄せて、「私は考へるところがあつて、この書物では、いつさい、ふり假名を使はないことにいたしました」と宣言した。さうして、「文明國でありながら、その國の文字を使つて書いた文章が、そのまゝではその國民の大多數のものには讀むことが出來ないで、いつたん書いた文章の横に、もう一つ別な文字を列べて書かなければならないといふことは、國語として名譽のことでせうか」、「こんななさけない國字の使ひ方をしてゐるのは、文明國として實に恥かしいことだといはなければなりません」とたたみかけ、「近頃私はルビを見ると、黒い蟲の行列のやうな氣がしてたまりません。なぜ、あのやうな不愉快な小蟲を、文章の横に這ひまはらしておくのでせう」と、ルビを不愉快な小蟲扱ひするありさまであつた。

このやうな山本の言葉には合點のいかないところがあるが、ともあれ山本は國字を改變して國民の大多數がたやすく讀めるやうにしたいと考へたのである。山本は二つの方法を提案した。第一の方法は漢字を廢してすべての文字を假名で書くことで、これが一番根本的な改善策だが、急に實行に移すのはむづかしさうである。第二の方法はルビをやめること、言ひ換へると「あの小さい、みにくい蟲」を退治してしまふことで、山本はさしあたつてこれを實踐したのである。ルビをやめるといふのは文章の見かけをよくするためといふばかりではなく、振假名がなくなつても誰にでも讀めるやうな文章を書くといふ點に眞意があつた。ところが、それなら究極のねらひは第一の方法と同じことで、山本は本當は假名を國字にして、漢字は一擧に全廢とまではいかないまでもせいぜい補助に使ふ程度にとどめたかつたのである。

漢字主査委員會の委員長として、當用漢字表の原案作成に深く携はつたのも山本であつた。新しく作成される漢字表を當用漢字表と呼ぶことを提案したのも山本で、「當用」は「日常の使用にあてる」の意であつたといふ。當用漢字表には一八五〇字の漢字が記載されたが、山本は第二十回目の漢字主査委員會で發言し、當用漢字表は社會情勢に應じて數年ごとに修正し、將來は別に作る教育漢字表と同程度の字數に近づけたいといふ希望を表明した。一八五〇字といふのも多すぎるくらゐの氣持ちで、漢字は少なければ少ないほどいいといふ考へだつたのである。

當用漢字ないないづくしの歌

漢字主査委員十八名の中には安藤正次、時枝誠記、村岡花子、谷川徹三といふ名前も見える。「現代かなづかい」の制定に反對した五人のうち、漢字主査委員でもある時枝誠記は第十二回總會には缺席し、委任狀も提出しなかつた。小宮豐隆、諸橋轍次、關口泰は缺席した。もうひとり、藤村作は出席し、議論に加はつた。議決は滿場一致で決まり、藤村も強ひて反對の意志表示はしなかつたやうだが、このときの總會の議事要録を參照すると、藤村が當用漢字表を疑問視してゐた樣子が目に見えるやうである。藤村は「不審の點をうかがひたい」と前置きしたうへで、六個に分けて質問した。

第一、一般國民をこの漢字表に從はせるやう、なんらかの方法で拘束するのか。それともなるべく希望する程度か。

第二、二字以上の漢字で書く言葉のうち、當用漢字表にない字があれば、その字だけ假名で書くのか。それとも言葉全部を假名書きにするのか。

第三、「現代かなづかい」は現代語音を基準として現代語を書き表すといふが、それを實行すると、仙臺の「しつや(質屋)」の看板のやうな滑稽が多く起ると思ふ。……元の假名遣で「あたたかい」の語は現代語だと「あたたかい」か「あつたかい」か書くのに迷ふ。學校はガクコウかガッコウか。先生、生徒はセンセイ、セイトか、センセエ、セエトか。髪結はカミユイか、カミイイか、カミイか。

第四、「現代かなづかい」では、今までと活用が變るが、文法の亂れをどう説明するのか。

第五、話し言葉の整理統一が必要と思ふが、當局ではその教育をどうするのか。

第六、當用漢字表中、簡易字體を認めてゐるが、筆寫體としてはもつと認めてよいと思ふ。

藤村の質問のうち、三つについて、漢字主査委員長の山本有三が返答した。第一番目の國民を拘束するのかどうかといふ質問については、拘束はできないとしたうへで、講演會、講習會を通じて手引を作り、新聞社や雜誌社にも協力をお願ひしていくといふ。第二の問題のその後の成り行きを觀察すると、藤村の危惧した通りの狀況が實際に現れて今日に及んでゐる。だが、漢字といふものをもともと嫌ふ山本はこんなことにはこだはらない。「惡辣」の「辣」は當用漢字表にはないが、これを「惡らつ」と書いても「あくらつ」と書いてもどちらでもかまはない。人それぞれの好みにまかせるのみのことだ。さうすれば自然に一般的なスタイルができていく、と山本は言ふ。耳で聞いてわからないものは、そのまま假名書きにしないで、わかる言葉に言ひ換へたいとも山本は附言したが、これでは日本語の語彙は減少するばかりであらう。

第六番目の漢字の筆寫體の簡易字體についての質問に對しては、それなら活字體のみならば原案のままでよいのか、と山本は反問した。藤村は、活字はむしろ込み入つてゐても、今まで見なれたものでよいと思ふと所見を述べた。藤村は手紙など筆寫の世界と活字の世界を區別して、筆寫體には略字を大幅に許してもよいと思ふといふ考へなのである。すると山本は、これは慣れの問題ゆゑ、活字も畫の少ないはうがよいと思ふと言ひ返した。簡單なやりとりだが、兩者の對立がくつきりと際立つた場面である。

そこにミタカ國語研究所の所長で假名遣主査委員長でもある安藤正次が口をはさみ、藤村作の質問のうち、山本が答へなかつたものについて辨明を試みた。藤村の第三番目の質問は漢字ではなく假名遣に關するものだが、「發音の通りに書く」といふ「現代かなづかい」の基本方針に向けられた素朴で根本的な疑問である。發音の通りに書くなどといふことはそもそもできないのではないか、と藤村は言ふのである。しかし安藤にはそんな疑問は微塵もない。現代語音に基づいて書くといふのは方言のまま書くといふことを意味するのではない、と安藤は言ふ。アッタカイ、アタタカイはいづれも現代に生きてゐる語であるから、それぞれそのままに書く。學校はガッコウと書くのが正しい。鐵道、鐵橋はテツドウ、テッキョウと正しい書き方を教へれば、學童がテツキヨオと讀むやうなことはない。先生、生徒はセンセイ、セイトと書くのが正しい。普通教育普及の結果、言語に對する國民の常識はだいたいできてゐるとみてよいのであつて、正しい現代語音に基づいて書くことは不可能でもなく、便利でもあると信ずると安藤は主張した。だが、本當に發音のままに書くといふのであれば、藤村が指摘した通り、表記は絶えず搖れ動いて一定することはない。これに對し、安藤の言ふやうに「言語に對する國民の常識」と「正しい現代語音」といふありもしないものを假想して表記を確定するといふのであれば、まつたく新たに假名遣の原理を定めるのと同じことになるのではあるまいか。

藤村の第四番目の質問は、「現代かなづかい」にすると今までと活用が變り、文法の亂れが生じるが、これをどう說明するのかといふものであつた。安藤はこれにも動ぜず、文法の變化については調査は一應できてゐると平然と答へるのみである。文法の亂れは國語の根幹を搖する深刻な問題だが、安藤はさほど關心がなかつたのであらう。第五番目の話し言葉の整理統一の必要性とその教育に關する質問についても安藤の姿勢は同樣で、話し方の教育は假名遣の問題でもなく、審議會の問題でもない。師範教育は教育刷新委員會の問題であると答へて議論に應じなかつた。

漢字主査委員のひとりでもある村岡花子の發言も記錄されてゐる。村岡は「婦人代表として言ふ」と前置きしたうへで、

婦人を向上させるために、字をやさしくして、高級な論說も樂に讀めるやうにすることが望ましい。また、文字をやさしくすれば、聞いてわからない言葉が減つて、婦人文化が高まると思ふ。

と言つた。國字の簡易化は婦人文化の向上に寄與するといふ主旨であり、なんだか安直な感じのする所見である。福田恆存なら、國字の簡易化などは婦人文化の向上ではなく、かへつて婦人の愚民化政策だと一蹴するところだが、カナモジカイの松坂忠則はさうではない。村岡の言葉を受け、松坂は三年前にカナモジカイから漢字を五百字に制限する案を提出したことを回想し、今度の漢字表には五百字案の中にあつた「也」と「僕」の二字がなくなつてゐるといふ事實を指摘した。さうして「五百字案がまだ不

十分だつたと思つて赤面した」などと言ひ、二つの希望を付け加へた。ひとつは、當用漢字表を出版方面に廣めるために、國語審議會の會長の名で執筆者業界へ協力を求めてもらひたいといふこと、もうひとつは、當用漢字の當用（サシアタリ）の名をうれしく思ふとして、今後いかにして漢字を減らすか、常置委員會を設けてあへて婦人のためのみならず、一般大衆のためにも字數を減らすやうにしてもらひたいといふことであつた。漢字を忌み嫌ふ執念の强さが感じられる願ひである。松坂には何かしらさうせざるをえない事情があつたのであらう。

朝日新聞を參照すると、十一月七日の紙面に當用漢字表が掲載されてゐる。「使へる漢字を千八百五十字に制限」といふ見出しがつき、制定にいたるまでの簡單な經緯が報告され、日本語表記の面での今後の見通しが表明されてゐるが、この日の紙面の中で、この記事のみ、すでに見出しと本文の雙方が「現代かなづかい」で表記された。十一月十二日、當用漢字表が閣議で決定され、十一月十六日、「現代かなづかい」とともに内閣訓令・告示により公布された。新聞の對應は早く、朝日新聞では十一月二十一日の紙面から全面的に「現代かなづかい」による表記に切り換へられた。ただし使用された漢字が嚴格に當用漢字表の枠内におさまつてゐるわけではなく、交ぜ書きも見當たらない。たとへば「膨脹《ばうちやう》」といふ言葉が見られるが、「膨」も「脹」も當用漢字表にない漢字である。

公文書の表記の變遷を觀察すると、「現代かなづかい」と當用漢字表の公布の十三日前の十一月三日に日本國憲法が公布されたが、この憲法は歴史的假名遣で書かれてゐる。憲法公布の時點ではまだ「現代かなづかい」は出てゐないのであるから當然のことのやうに思はれるが、漢字についてはさうではなく、當用漢字表の公布の前といふのに憲法に使はれた漢字はすべて當用漢字表におさまつてゐる。いかにも不可解な事態だが、當用漢字表の制定と憲法制定が同時期に平行して進んだことでもあり、當用漢字表のはうをうまく調節したのである。國語問題協議會の會員の竹内輝芳（言語學者）の手になるといはれる「當用漢字ないないづくし」といふ戯歌《ざれうた》があり、

犬があつて猫がなく、鶏があつて兎なく、馬があつても鹿がない。松があつて杉がなく、桃があつて栗がなく、柿もない。梅があつても鶯がなく、竹があつても雀がない。我があつても汝なく、彼があつて誰がない。好きになれても嫌へない。才があつても智まではない。服があつても靴がない。坊主があつても袈裟がない。衣はあるが袖がなく、身頃なく、頭があつて頸がなく、皮膚はあつても肌がなく、目があつても瞳なく、瞼もなければ眉もない。鼻があつても頬がない。舌があつても唇がなく、額があつても顎がない。心肺あつて肋骨なく、肝あつて脾臓なく、膀胱もなければ腎もない。腸管あるのに蠕動なく、吸収できても排泄できない。指があつても爪がなく、腰があつても股もなければ尻もなく、脚があつても膝もなく、脛もない。髪はあるのに櫛がない。さてはかつらか、禿が見えない。湯があつても石鹸がない。道理で泡も立たない。手を洗つても手拭がない。釜がないのに飯がある。食はうと思つたら、茶碗も椀箸もない。膳もない。鍋がないから汁もない。菜があつても皿がない。肉はあつても漬物がない。貝があるのに殻がない。塩があつても味噌がなく、醤油もない。お茶があつても茶壺も急須も茶托もない。家があつても塀がなく、柱があつても桁がない。屋根があつても瓦なく、門があつても扉がない。……

（林武『國語の建設』（講談社）より）

などと歌はれてゐるが、當用漢字表にはこの字がなぜと思ふやうな親しみの深い字が闕如してゐて驚かされることがしばしばあるのは本當で、この歌の通りである。

當用漢字表の公布が行はれた昭和二十一年十一月十六日付の内閣告示に、法令、公文書、新聞、雑誌および一般社會で使用する漢字の範圍を示したのが當用漢字表であるといふ文言があるが、「猫」「兎」「鹿」「杉」など一般社會で普通に使はれる字がない反面、「拷問《がうもん》」の「拷」や「虞美人草《ぐびじんさう》」の「虞」など、いかにもむづかしさうな字が記載されてゐる。そのわけはこれらがいはゆる憲法漢字だからであり、「拷」は二回、「虞」はたつた一回だけ憲法に出てゐるのである。憲法が當用漢字表をはみ出してはまづいのではないかといふやうな本末を轉倒した配慮がなされたのであり、このやうな事情に思ひいたると、當用漢字選定の際の基準の曖昧さがつくづく諒解されるのである。

當用漢字音訓表と當用漢字別表

「現代かなづかい」が議決されてからおよそ一年後の昭和二十二年九月二十九日、文部省の第一會議室を會場にして、國語審議會第十三回總會が開催された。議案は當用漢字音訓表と當用漢字別表（教育漢字表のこと）で、午後一時半から五時まで三時間半にわたつて議論が續いた。國語審議會の會長は依然として安倍能成であり、會長以下、委員と臨時委員を合せて委員總數は六十七名。議決の際の着席者はわずか二十九名だつたが、缺席者の中に有效委任狀を提出した者が二十一名あり、合計五十名が議決に參加したことになる。どちらの議案も原案通りに可決されたが、贊成者と反對者の正確な人數はわからない。「現代かなづかい」に反對した五人の委員のうち、小宮豐隆、藤村作、諸橋轍次、關口泰は缺席した。委任狀も提出しなかつた。時枝誠記も缺席したが、委任狀を提出した。贊否は不明だが、たぶん反對したのではないかと思ふ。「當用漢字音訓整理に關する主査委員會」の委員長はまたも山本有三である。ただし山本はこの年の春、昭和二十二年四月に行はれた第一回參議院選擧に立候補して當選したため（昭和二十八年まで參議院議員）、國語審議會を退いたやうで、「昭和二十二年七月一日現在」の委員名簿にも名前の記載がない。安藤正次が「當用漢字音訓整理に關する主査委員會」の後任の委員長に就任し、第十三回總會に臨んだ。安藤は「義務教育用漢字主査委員會」の委員長でもあつた。

議事要錄の記事を見ると、倉石武四郎委員の長い所見表明が目に留まる。倉石は「別表中にみえてゐる漢字の中に、まだ減らしてよいものがありはしないか」と問題を提起して、「天」の「あめ」などのやうな舊訓が採つてあることや、新しい訓と思はれるもの、たとへば「怒」の「いかる」が採られてゐるのに「おこる」が捨ててあることを指摘した。次に當て字を問題にして、不必要なものを採らないことに贊成し、「柄」の訓讀み「がら」が採つてあることに反對した。こんな例のやうに、はつきり當て字と言へるものは捨てるべきではないかといふのである。それから、異字同訓もまつたく省かれたのではないとすればと前置きして、「善」にも「よい」といふ訓を採つたらどうかと提案した。善と惡などのやうに對照的な言葉は覺えやすいからといふのが理由である。次いで特殊なものとして「普請」を例に擧げ、これを「ふしん」と讀むのは多少古くなつてゐる言葉であることでもあり、漢字を當てる必要はないと思ふといふ意見を述べた。最後に、副詞的なものを省くのは當用漢字表の方針であることを再確認したうへで、「全く」が訓として採られてゐるならば、「專ら」「先ず」なども、今日の狀況を考慮して認めてはどうかと提案した。漢字を減らすといふ基本方針を堅持したうへで、細かな點であれこれ思ひつくままに口にしたやうな印象がある。

このやうな倉石の發言に對して安藤委員長が答へたが、新舊の間に一線を畫することはなかなかむづかしい、「おこる」を採るかどうかといふことは「危」の「あぶない」を捨てるかどうかといふのと伯仲する問題であると思ふと意味のないことを言ひ、「御意見は將來の參考としたい」と引き取っておしまひにした。

國語協會（國語政策支援團體）の常任理事でもある石黑修委員も長々と發言した。開口一番「當用漢字の音訓を整理されたのは、佛に魂を與へたものである」と言つたのは、當用漢字表を佛と見て、音訓表をその魂に見立てたのである。それからいくつかの點について所見を表明した。まず候文《さうらふぶん》を取り上げて、現在では候文は公用文としては用ゐられなくなつてゐるが、一部では今もなほ實際に相當に行はれてゐる。そこで、この音訓表の發表に伴つて候文を認めないことにするといふのではないなら、「候」に「そうろう（さうらふ）」、「到」に「いたす」、「仕」に「つかまつる」の訓を一應認めてはどうか。これが石黑の第一の意見である。

次に石黑は、憲法に使はれてゐるために採用された音訓がいくつかあると指摘した。漢字制限と憲法が連動してゐたことを傳へる興味深い證言である。例として擧げられたのは「但（ただし）」「再（ふたたび）」「又（また）」「且（かつ）」などで、これらを認めるのであれば「或（あるいは）」「例（たとえば、歴史的假名遣では「たとへば」）」「卽（すなわち、歴史的假名遣では「すなはち」）」も認めることとし、前者を認めないのであれば後者も認めないことしたらどうかと石黑は提案した。それから次に、減らしたらどうかと思ふものを擧げた。「穗」の「すい」、「澁」の「じゅう（歴史的假名遣では「じふ」）」などを使ふ語彙は多少あるにはあるが、ほかとの釣合ひを考へるとなくてもよいといふのであつた。

最後に人名用漢字に言及し、當用漢字が國民常用の漢字の標準となるとすると、名前もそれによつて付けることになるが、名前の付け方の指導的なものが發表されるならばとにかく、「忠」に「ただ」、「義」に「よし」、「定」に「さだ」、「博」に「ひろ」を與へることを考慮する必要はないかといふ意見を述べた。人名用漢字については昭和二十六年になつて人名用漢字別表が公布され、對處された。

元誠之小學校校長といふ肩書きをもつ前田捨松委員も發言した。誠之小學校は東京都文京區の東京大學の近くにある區立小學校で、古い歴史をもち、東京都下でもつとも有名な小學校に數へられてゐる。その小學校の元の校長先生の前田委員は、この音訓表は非常によく調べてあつて結構だと思ふと賞讃し、續いて音訓表の趣意書きにはなるべく世間に廣く使用するものとあるといふ點を確認した。さうして「役」に例をとり、この漢字の「えき」といふ音は廣く使はれてゐるとは言へないと指摘して、このやうな例は整理したら結構と思ふと所見を披瀝した。

このころの國語審議會の審議の模樣は萬事こんなふうで、倉石も安藤も石黑も前田もみなこぞつて日本の言葉をもてあそび、その場の思ひつきを思ひつくままに平然と述べたてた。だいぶ後のことになるが、昭和三十六年五月一日の朝日新聞の「漢字とカナ」欄に寄せたエッセイ「表音主義の誤り」の中で、福田恆存は「言葉は自分の内にある心の動きを無意識に反射する生き物なのである」と指摘し、それにもかかはらず薄弱な精神でもつて下手に言葉をいぢくりまはし、この字は要るの要らないの、あの言葉はかう言ひ表せなどと眞顔で審議とやらを始めるから恐ろしいと批評した。國語審議會の審議の場では、まさしく福田の言ふ通りの恐るべき情景が絶え間なく繰り廣げられてゐたのである。

當用漢字字體表（續）

昭和二十四年四月二十八日には當用漢字字體表が公布され（内閣訓令第一號、同告示第一號。この日の官報號外に掲載された）、漢字の形の日本式簡略化が定められたが、國語審議會で議決され、文部大臣に答申されたのは一年近く前のことで、昭和二十三年六月一日の第十四回總會においてこの議案はすでに片付いてゐた。答申から公布にいたるまで、大きな隔たりがあるのは不可解だが、理由はわからない。第十四回總會は文部省の第一會議室で開催され、午後一時半から四時半まで三時間に及んだ。安倍會長以下、委員總數六十七名。出席委員は三十名だが、そのうち二名は途中で退席した。缺席者のうち、有效委任狀を提出した者が十八名あり、議決の際の着席者數と合はせて四十六名が議決に參加した。議案は當用漢字字體表である。原案作成は「字體整理に關する主査委員會」で、主査委員は十名。會長はまたしても安藤正次で、松坂忠則も主査委員であつた。原案通り可決されたが、贊否それぞれの人數はわからない。「現代かなづかい」に反對した五人の委員は今度もまた積極的に參加する構へを見せなかつた。審議會の方向は審議する前から決まつてゐて、細かな議論があるとしても大勢に影響はなく、おほむね主査委員會の原案を諒承する手續きを踏むだけの形式的な會議の場になつてゐたのである。小宮豐隆、藤村作、關口泰、諸橋轍次は缺席し、委任狀も未提出である。時枝誠記は委任狀を提出して缺席した。

議事要錄を參照すると個々の漢字の新字體をめぐつて瑣末なやりとりが見られるが、ほかに安藤會長の發言が記錄されてゐる。安藤は、「今度の決定は行きすぎだとの非難があるのではないかと思はれる」と前置きして、略字についてはどれが適當かといふのは主觀的ではあるが、みんなの意見でこの邊でよくはないかといふことで決まつた案がこれであると說明した。當用漢字表と字體の修正の時期が將來あると思ふといふ見通しの表明もあつた。
佐野利器《さのとしかた》委員は家屋耐震構造論で有名な建築學者だが、新字體の制定を歡迎し、

教養のある人でもウソ字を書くことがこれまで多かつた。これは不勉强のせいではなく、日本字が悪いからである。今回の提案はまことに喜ばしい。ぜひ、さつそく廣く行はれるやうに手配を願ひたい。もつと簡單な案が後日示されたら、そのときも贊成したい。この案の成立の機會に委員として贊成する機會を得たことを喜ぶ。

と發言した。たいていの委員がさうだつたやうに、情況に迎合しただけの無意味な發言である。安藤は「御贊成をえてありがたい」とこれに應じた。さらに、委員ではないが幹事として會議に同席してゐた文部省教科書局國語課長の釘元久春が補足説明を行つた。それによると、新聞社各社は新字體が採擇されたらさつそく實行に移したいとのことで、だいたい三年で大小の活字全部が改まるといふ。印刷業界では、新字體の活字が全國に行きわたるには十五年くらゐかかるが、熱心に支持してゐるといふことであつた。かうして公教育の教科書はもとより、新聞も出版もみなこぞつて新字體の當用漢字表と「現代かなづかい」の制約のもとで記述されることになつた。日本の國語國字の趨勢は定まつたのである。見識をもち抵抗する人たちも少なくなかつたが、大きく改竄された國語と國字は時の經過とともに年々着實に新世代に浸透していつた。眞に革命といふほかはない大變事であつた。

保田與重郎の所論

岡潔の晩年最大の親友になつた保田與重郎は戰後、鄉里の奈良縣櫻井市にもどり、同人誌『祖國』（まさき會祖國社發行）に據つて力のある言論を繰り廣げた。『祖國』は昭和二十四年九月發行の創刊號（第一巻一號）から昭和三十年二月發行の第七巻一號（終刊）まで繼續したが、保田は昭和二十五年新年號から昭和二十九年四月號まで四年餘にわたつて無署名の時評「祖國正論」を書き續けた。國語國字問題に寄せる關心もきはめて深く、保田の筆はしばしば辛辣な批評になつて現れた。しばらく保田の言葉を拾ひたいと思ふ。

『祖國』昭和二十五年十月號の「祖國正論」の一節は「新假名遣を停止せよ」と題されてゐる。

「新假名遣は美しくないとか、不用意だとかいふよりも、第一の缺點は正確でないのである。言葉の正確さと、美しさと、ニューアンスを尊ぶ文學者は、一人としてこれを使用しないことからみてもすぐわかる。」

（「現代かなづかい」に文法の亂れが發生し、正確さを缺くことはだれの目にも明白な事實であり、保田はその點を指摘したのである。契冲や宣長など先人の學問により作られた正確な假名遣を捨て去つて、わざわざ不正確な假名遣に變更するといふのは、確かに理解を絶する事態である。當用漢字表が審議された國語審議會第十二回總會の場で藤村作委員が、「現代かなづかい」では今までと活用が變るが、文法の亂れをどう説明するのか、と質問したことがあるが、安藤正次は「文法の變化については調査は一應できてゐる」と答へるのみであり、假名遣の正確さといふことにまつたく無關心であつた。）

「新假名遣を使用して都合よいのは、新聞など活字を扱ふところ位である。これによつて起る現象は、まづ國語の文法の一貫した正確さが失はれる。文法が正しくなければ、文章は通じない。中頃戰國の世に入つて、國語文法の亂れたのを難波の契沖阿闍梨がまづ出で、相つぐ國學者の努力によつて、漸く文法古にかへり、國語は整然と體系づけられたのである。この文法に從つて、我々は千年前の人のかいたものを正しくよみ、古人が如何に正確に國語をしるしたかを知つたのである。」

「この戰國亂世の時代の隱遁詩人――連歌俳諧師といはれる人々は、この亂世に國語の紊るゝをうれひ、「俳諧の益は俗語を正すにあり」との信條をたて、俗耳に入り易い俳諧を以て諸國を廻遊し、正確な國語を民衆に教へんとした。これが芭蕉時代まで、すべての俳諧師の意識にあつた彼らの生成の信條である。」

「新假名遣を子供に教へることによつて、古い古典は申すに及ばず、漱石鷗外といつた最近の文人らの作品さへ、すでによみ難い親しみ難いといふ結果をひき起す事實が、すでにいくらか現れてゐる。」

「新假名遣の强行によつて起ることは、日本の次代は、ある程度廣範圍に、祖先と切りはなされるのである。過去の文物からひき離して左翼的出版物だけをよめるといふやうにしやうとしてゐたわけである。これは誰が考へ、どういふ連中が結托したか誰でも知つてゐることだ。」

（ここで保田が憂慮した事態はその後も增殖を續けた。古典を自由に讀める世代はすでに消失し、代つて古典の現代語への書き換へが盛大に行はれる時代が現出した。）

「言葉の紊れることが、亂世の始りであると、かの北畠親房も論破してゐる。新假名遣は一部文部官僚や文士では山本有三などが結托し、學者文人間の一般的論議をへずに專斷强行した左翼的謀略である。」

（保田が指摘したのは「現代かなづかい」の制定の政治的性格である。その意味は、歴史的意識の遮斷が企圖されたといふことであらう。）

二箇月後の『祖國』昭和二十五年十二月號でも、「新假名遣は自主的に停止すべし」いふ標題のもとで再度假名遣の問題が論じられた。

「新假名遣の缺點は、第一に正確でないことである。第二に古典と傳統のモラルにつながらないことである。第三に美しくないことである。」

「この故に正統的に日本文學に志をむけてきた文學者は、誰一人としてこれを採用してゐない。谷崎潤一郎の如きはこれを採用する新聞紙に執筆を拒絶してゐる。」

「文學者のみならず、多くの文學と美に關心をもつ學者も亦、新假名遣を拒否してゐる。日本民族が永續する限り、必ず正統假名遣は永續するのである。これは日本を一貫する言葉の天造のおきてだからである。だから國語を學的に考へる立場に於ては、新假名遣がなくなることは、太陽を見る如き事實である。新假名遣の實施は、「政治的」なものである。」

（今日の情況を見ると「現代かなづかい」はすっかり定着したが、歴史的假名遣もまた完全に消滅したわけではない。ごくわづかではあるが、保田與重郎や小林秀雄の全集のやうに、歴史的假名遣と正漢字で表記された大きな出版物も現れてゐる。）

「我々は誤つた文法で、日本民族の永遠に傳へる詩文學をしるすことはしない。後代の校訂者を患すことは、彼らのために勞力の無駄だからである。」

次に擧げるのは『祖國』昭和二十八年三月號の「祖國正論」からの引用である。

「新聞が假名遣に關して、反對の立場の人々の寄稿を一切拒否したといふことは、これ以上の言論斷壓はないのである。これ以上に言論の自由を阻んだ事例は過去にもない。こゝで反對の立場といふのは、本來の文法に從つたものといふことである。新假名遣は不完全不合理にして、その制定と強制は、權力への媚態によつて、學的合理的なる自由の檢討を經ずして行はれた。言論の自由を云ふ新聞が、卒先して權力に媚びることは、法外のことであり、豫想外の珍事であつた。」

（谷崎潤一郎が朝日新聞に書いた作品が、歴史的假名遣で書かれてゐるといふ理由で掲載を拒否されるといふ事件があつた。小泉信三はこれを『文藝春秋』昭和二十八年二月號に寄せたエッセイで取り上げて、「法外の行爲」と非難し、新聞社が「蒼惶として一方の立場をとつたのは輕卒、不見識の極みである」と批判した。）

「今日、新假名遣を使用せぬ人は、誠實で合理的だからである。事大主義の追從性を嫌つてゐるからだけではない。もつと深い重大な理由がある。」

「もつと深い重大な理由」といふ言葉には謎めいた感じがあるが、次に『祖國』昭和二十八年七月號から引用する言葉と合はせれば、おのづとうなづかれるやうに思ふ。歴史の斷絶を繰り返し嘆く保田の嘆きは平板ではなく、慟哭《どうこく》といふ言葉がぴつたりあてはまる。

「こゝに於て問題としたいことは、新假名遣のみを學んだ兒童が、古典はともかく、明治大正昭和といふ現代の文物をよむ上で文法上からくる困難を味つてゐるといふことと共に、現在の常識を培ふ上で、中庸の教養を育くむ文章をよむ上でも大きい抵抗にあふといふ、いたましい事實である。」

「文部省官僚の便乘的强制政策である新假名遣を使ふといふことを、民族の誇りが許さないのである。我々は一葉、紅葉、藤村、鷗外、露伴、漱石が使つて、各々の國民的名作を描いた文法を守ることは、國民的民族的文化の、今日の自主獨立の使命と考へてゐる。しかもそれは合理的で正しいのである。これは安逸ではなく努力である。國語をほしいいまゝにくづす代りに、堅く守り樹てる意味である。」

國語を守らうとする强い心情が讀む者の心に傳はつて、しみじみとぼくらの胸を打つ。保田の心には民族と民族文化を守りたいといふ「願ひ」があつたのであらう。

占領政策下に强力に押し進められた國語の崩壞過程は、敗戰の巨大さから派生した壯大な物語であつた。大東亞戰爭のたたかひは英米を相手にして戰はれたが、國語をめぐる攻防はもつぱら國內で戰はれた。明治維新の前後にまでさかのぼる早い時期から國論が割れ、きびしい對立が打ち續いた。契冲や宣長など江戶期の國學の遺產は明治新政府に繼承され、教育の現場では歷史的假名遣が採られたが、政府の文教政策は早々と方向を變へ、これをくつがへさうとする試みが始められた。それは歐米のコピーに徹して早い近代化をめざさうとする試みであり、そこには國民的民族的文化を守らうとする願ひはない。保田の作品『現代畸人傳』（昭和四十年、新潮社）の中に「大東亞戰爭は、内に於て東洋と西洋がたたかつたのである」といふ不思議な言葉が見られるが、近代化の方針をめぐる爭ひは七十年餘にわたつて決着をみないままに繼續し、英米とのたたかひに敗れた瞬間にたちまち一方の側に傾斜した。國内の歐米同化主義とアメリカの占領政策が合致して、日本は民族と民族文化を放棄する道を選擇したのである。

國が滅びれば言葉は失はれてしまふ。「現代かなづかい」と當用漢字表と別表（教育漢字表）と音訓表と字體表は、國運を賭したたたかひに敗れた國の悲しみを映す鏡である。

心の珠《たま》を磨く

安岡正篤との交友

岡潔と石井先生の最初の出會ひの場を用意してくれたのは安岡正篤《やすをかまさひろ》（東洋思想家）であつた。「春宵十話」が公表されて間もない昭和三十七年五月十二日、岡は和歌山縣師友協會第五回總會に招かれて、「日本の教育」といふ講演を行つた。會場は和歌山市の阪和銀行四階大會議室である。安岡の講演「學問と風流」もあつた。總會終了後、新和歌浦のホテル岡徳樓に二次會の席が設けられ、岡は一夕、安岡と歡談のひとときをもつた。これが、安岡との交友の端緒である。岡は大酒し、（三高ではなくて）一高

安岡正篤と岡潔（昭和三十七年五月十二日）

［上］　和歌山縣師友協會第五回總會

［下］　新和歌浦「ホテル岡德樓」にて

（前列中央が安岡と岡。岡の左隣はみち夫人）

の寮歌を最後まで歌つたといふ。この和歌山行にはみちさんも同行した。

和歌山縣師友協會は企業、會社の社長や重役などの幹部たち、各種の學校の校長、市町村長、縣市町の課長以上の幹部たち、各種の團體の長、婦人會長、男女青年團の團長などで組織され、會員數は約五百人である。會長は縣知事の小野眞次で、全國師友協會會長の安岡正篤は和歌山縣師友協會の顧問でもあつた。

安岡正篤は大東亞戰爭の終戰にあたり、迫水久常《さこみづひさつね》（終戰時に鈴木貫太郎が組閣した内閣の書記官長）が書いた「終戰の詔書」の草案に筆を入れたことで知られる思想家である。明治三十一年二月十三日、岡潔と同じ大阪市に生れた。岡潔より三つ年上である。堀田家に生れ、後、安岡家に養子に入り、大阪府四條《しでう》畷《なはて》中學から第一高等學校（第一部丙類、獨法科）に進み、東京帝大（法學部政治學科）を卒業した。四條畷のたたかひで楠木正行《くすのきまさつら》とともに討ち死にした堀田彌五郎（尾張國中島郡堀田村の領主）の流れを汲む人物である。昭和七年一月、國維會設立。また、金鷄學院、日本農士學校を主催した。昭和二十四年九月には師友會を創立し、東京日本工業倶樂部で設立、發起人會が開催された。機關誌は『師友』である。昭和二十九年六月一日、師友會は「全國師友協會」と改稱され、機關誌も『師と友』と改められた。その後、全國各地に次々と師友協會が結成された。和歌山市市民會館において和歌山縣師友協會發會式が行はれたのは昭和三十三年三月八日のことであつた。

岡潔と安岡正篤の交友は岡德樓での初對面以後もしばらく續いた。昭和四十二年六月二十一日には、岡は大阪の毎日會館ホールで行はれた關西師友協會創立十周年記念・明治百年大講演會に招かれて、安岡ともども講演を行つた。翌昭和四十三年八月一日、大東亞戰爭の敗戰を受けて自決した人たちの消息を集めて『世紀の自決』（編者は額田坦。芙蓉書房出版）といふ書物が編纂され、刊行された。この本は構成が少し變つてゐて、序文が二つあり、安岡の「序」と竝んで岡の「序文」が寄せられた。これも安岡との交友から生れた出來事であらう。

岡潔と石井先生の出會ひ

安岡正篤との初對面からまもない同年昭和三十七年の夏、八月十三日から十六日にかけて東京武藏野市小金井の青年研修道場「浴恩館」を會場にして、全國師友協會と關西師友協會が主催して第五回目の全國師道研修大會が開催された。安岡は「師と友の道――小學抄、友經」を四日間にわたつて講じたが、ほかにもいろいろな講演が企畫された。岡潔はひとりで會場に現れて、「ちよつと來てみた」と言つたといふが、安岡の招待を受けたのであらう。二日目の八月十四日の講演は安岡正篤、石井先生、荒木萬《あらきま》壽夫《すを》（この當時、文部大臣）の順で行はれた。石井先生の講演の題目は「漢字教育の一私案」であつた。安岡は石井方式の漢字教育に理解を示し、かうして發言の場を提供してくれたのである。

浴恩館は昭和六年に建設された青年團の指導者養成所であり、日本青年館の分館である。下村湖人（作家）は昭和八年から十二年まで所長を務め、附隨する「空林莊」といふ講師宿舍で生活し、ここで『次郎物語』の執筆を始めた。現在、かつての浴恩館の建物は小金井市の浴恩館公園内にあり、文化財センターとして使はれてゐる。

石井先生の講演が終り、質疑應答の時間に移つたとき、眞つ先に質問したのが岡潔であつた。石井先生はこのとき數へて四十四歲。明治三十四年生れの岡は數えて六十二歲であつた。

岡潔は、「あなたは當用漢字の制定をどう思ふか」と、單刀直入に質問した。石井先生は、この必ずしも正體の知れない質問者の眞意をはかりかねたのであらう、いくぶん曖昧に返答した。すると岡は、「贊成なのか、反對なのか、はつきりせよ」と、舌鋒鋭く追ひ打ちをかけてきた。そこで石井先生は聲を勵まして、「大反對です。許すことができません」と、今度は一點のかげりも見られないほどに明快に發言した。岡は滿足さうにうなづいて、「そこがだいじなところだ」と言つたといふ。質問のやうでもあり詰問のやうでもあり、勵ましの言葉をかけたやうでもあり、半世紀ほども前の兩先生の風貌を彷彿とさせて、ぼくらの心に今もあざやかな印象を刻む問答である。

質疑應答も終了し、石井先生が講師控室におもむくと、岡と安岡と荒木文部大臣が話をしてゐた。「數學は生命の燃焼である」といふ、岡の有名な言葉が記録されたのはこのときで、同席してゐた伊與《いよ》田覺《たさとる》の證言が遺されてゐる。

昭和三十五年十一月三日、岡潔が文化勳章を受章したときの皇居での出來事である。荒木文部大臣は主務大臣として親授式に侍立したが、式の後、陪食の席上、天皇陛下（昭和天皇）に岡を紹介申し上げようとして、適當な言葉が見つからずに困惑してゐたさうである。そこに陛下から「數學はどういふ學問か」と率直な御下問があり、岡は卽座に

　　數學とは生命の燃焼であります。

と奉答した。荒木文部大臣がこのエピソードをみなに披瀝したところ、岡は、

そんなことがあつたのか覺えてゐないが、ただあのときはたいへんあがつてゐたので本當のことを言つたのでせう。

と事もなげに話したので、一同は思はず大きな聲をあげて笑ひ合つたといふ。これは伊與田覺のエッセイ「岡潔を偲ぶ」(『關西師友』昭和五十三年六月號)に紹介されてゐる話である。伊與田覺は安岡の高弟で、現在、大阪府四條畷市の成人教學研修所の學監である。

文藝春秋社の週刊誌『週刊文春』昭和三十五年十一月二十一日號を參照すると、「ある文化勳章の言行錄」といふ記事が目に留まる。岡は陛下の印象を聞かれて、

陛下を見ると目がつぶれると聞かされて育つたんですが、そんなことはなかつた。アハハハ。

などと答へてゐる。續いて陛下の質問に話がおよび、岡は、

陛下の質問についてですか。それがねえ。わからなかつたんですよ。ナントカ、ナントカの? つて、語尾の〝の〟だけは聞こえたんですがね。たぶん私の經歷のことをお尋ねなんだ、と思つてペラペラおしやべりをしたんですが……。

と發言した。伊與田覺の傳へるところによれば、このとき岡は「數學は生命の燃燒であります」と平生

の心情をそのまま申し上げたことになる。しかしこの『週刊文春』の談話の様子を見るとやはり緊張の極みにあつたやうで、この美しい言葉が思はず口をついて出たことを、當の本人の岡は本當におぼえてゐなかつたかのやうである。

ややあつて安岡正篤は、この機會に岡潔と話し合ふ機會をもたせやうといふ心遣ひからであらう、岡を宿泊先のホテルにお送りするやうにと石井先生に申しつけた（この時期の岡は、上京するとよく駒込千駄木町の岡田家に逗留したが、ホテルに泊まることもあつたのかもしれない）。石井先生は喜んで車に同乗し、車中で、今度はのびのびとくつろいで話をした。岡は先ほどのわづかな對話を通じて、石井先生の仕事の値打ちをすつかり理解した様子で、

あなたのやつてゐることはたいへん大事だ。本當に大事だ。

と、力強く言つた。さうして數學者の岡は「小學校では數學より國語が大事だ」と強調し、

漢字は心の珠《たま》を磨く道具です。

といふ美しい言葉を口にした。この言葉は今も石井式漢字教育に心を寄せる人々の間で語り繼がれてゐる。數學の岡潔と漢字教育の石井先生。昭和三十七年八月十四日の浴恩館は深い意義に富む、眞に特異な出會ひの場だつたのである。

【エピローグ】國語問題協議會での講演「日本語の讀めない日本人」

武藏野の雜木林に立つ浴恩館での出會ひから三年の歳月が流れ、昭和四十年秋十一月、岡と石井先生が東京で再會する機會が訪れた。昭和四十年八月十六日、岡は京都に出て小林秀雄と對談し、それから五日後の八月二十一日、みちさんといつしよに九州方面に旅立つた。行く先は大分縣別府市城島高原の「ホテルきじま」で、國民文化研究會（理事長は小田村寅二郎）の第十回合宿教室において講演を行ふためであつた。この年の合宿教室は二十日から二十四日まで四泊五日の日程で、岡は三人の招聘講師のひとりとして三日目の二十二日の午後、「日本的情緒について」といふ題目を掲げて一時間二十分にわたつて講話を行つた。講話の終了後、質疑應答の時間があり、續いて他の二人の招聘講師、木内信胤《きうちのぶたね》と花見達二（政治評論家）とともにパネル・ディスカッションに參加して、「國語・國字問題および今後の教育について」といふテーマで語り合つた。歴史的假名遣を復活すべきであることが、三者三樣ながら共通に力說されたといふ。木内信胤は著名な經濟評論家だが、國語國字問題に見識があり、國語問題協議會の設立時には常任理事に就任した人物であつた（昭和五十年から平成五年までは會長）。

昭和四十年九月十五日、國語問題協議會の第六十三回理事會において、講演會開催にあたり、講師の人選が檢討された。この日までに四名の講師が決定されたが、あと一名について岡潔の講演を要望する理事が多く、正式に依賴することに決まつた。同時に評議員就任も要請された。木内を通じて合宿教室における岡の講演の樣子が傳へられたこととも相俟つて、國語問題協議會の内部で岡の評價が高まつてゐたのである。九月十八日、岡潔から講演受諾の通知が屆き、同時に評議員就任の件についても承諾の返答があつた。岡潔は岡潔で講演に熱意があり、上京に備へて靜養につとめたといふ。

岡が上京したのは十一月五日であつた。翌六日の午後、朝日新聞社講堂で行はれた國語問題協議會主催の第七回國語問題講演會で、「日本語の讀めない日本人」といふ題目を掲げて講演を行つた。岡がここで石井先生に再會したのは間違ひないが、どのやうな言葉が交はされたのか、殘されてゐる記錄は何もない。このときの講演會の講師は岡潔のほかに村松嘉津《かつ》（滞佛二十年の佛文學者）、荒木萬壽夫（前文部大臣）、植松正（刑法學者）、菅原通濟《すがはらつうさい》（本名は「すがはら・みちなり」、實業家）、吉田富三（癌研究所長、「吉田肉腫」で知られる癌の研究者）、福田恆存であつた。岡は他の講演も聽き、それから總會に出席した。

講演會は一時にはじまり四時半に及んだが、十二時半ころ會場はすでにほぼ滿員になり、開會一時すぎには超滿員のため入場止めといふ大盛會になつた。會場に入りきれない人たちに一時半、二時、二時十分と三度陳謝し、住所氏名を書いてもらひ、後日講演會の集錄ができ次第送ることを約束して引き取つてもらつた。講演會終了後、五時から朝日新聞社八階のレストラン「アラスカ」で國語問題協議會總會が開催された。出席者は四十五名。開會後ただちに自己紹介が始まつたものの、名士多數出席のため、自己紹介に終始してそのまま閉會になるといふありさまであつた。岡は吉田富三と隣り合はせの席に座り、親しく言葉を交はした。

岡の東京逗留は國語問題講演會での講演の後もなほ數日續いた。十一月七日には妹の岡田泰子さんと連れ立つて有樂町の日活ホテルに行き、鈴木大拙と會ひ、翌八日には神奈川縣藤澤市に出向き、前年十月に設立されたばかりの神奈川縣教育センター（現在の神奈川縣立總合教育センターの前身）で「日本人と西歐文明」といふ題目で講演した。このときの聽衆の中に『腦の話』（岩波新書）の著者の時實利彦《ときざねとしひこ》がゐて、講演終了後、江の島で一夕會食のひとときをすごした。時實利彦との對談の記錄は、「人間に還れ」といふ標題が附されて月刊誌『自由』昭和四十一年一月號に掲載された。この日は大磯在住の舊友、秋月康夫を訪問し、秋月家に一泊した。新幹線「ひかり」で歸宅の途についたのは翌九日のことであつた。

第二章

駒込千駄木町の一夜

國民文化研究會

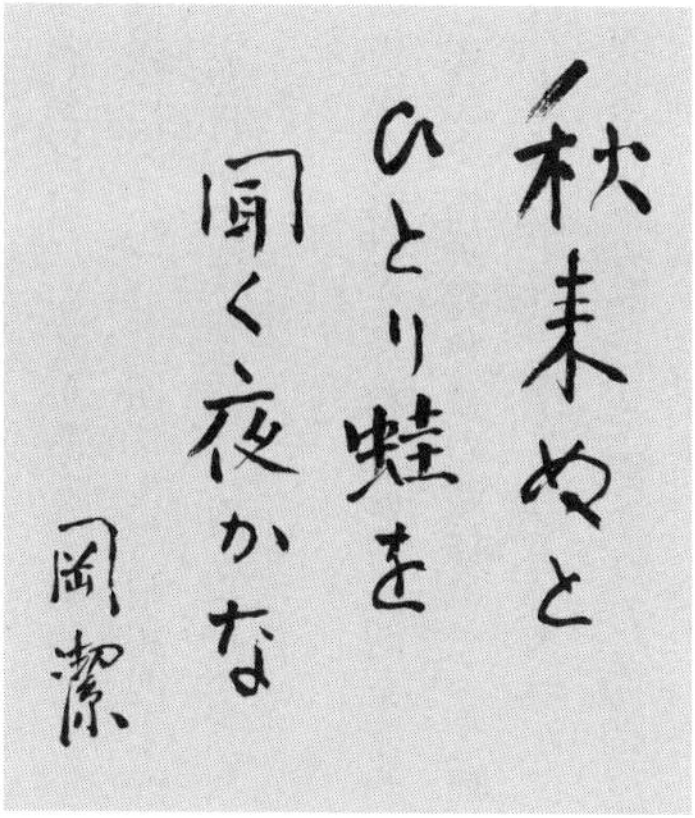

小田村寅二郎と夜久正雄の訪問を受ける

岡潔の晩年は交友の範圍が大きく廣がり、エッセイの執筆や講演や對談がひきもきらず、多忙な日々が打ち續いたが、昭和四十年と昭和四十四年の夏、二度にわたつて國民文化研究會（國文研と略稱する）の合宿教室に招かれて、各地から參集した大學生たちを前にして講義を行つたことがある。昭和四十年の夏の講義は小林秀雄との對談の直後のことで、題目は「日本的情緒について」。四年後の昭和四十四年の講義では、「歐米は間違つてゐる」といふきはめて刺激に滿ちた題目が掲げられた。兩々相俟つて、晩年の岡の思想をよく象徵する講義であつた。

岡潔の評傳を書くため、フィールドワークと稱して岡にゆかりの方々の消息を尋ねる旅の生活を開始したのは、平成八年二月はじめのことであつた。當初、ぼくは岡と國民文化研究會との關係について何も知るところはなかつたが、調査を始めてからまだ日の淺い平成八年十月二十日、早くもよいきつかけに惠まれた。この日は日曜日であつた。ぼくは洛西三尾町身余堂《しんよどう》（保田與重郎の私邸）で開かれた「風日《ふうじつ》」の歌會「炫火忌《かぎろひ》」に出席し、保田與重郎を圍む方々にお會ひした。風日といふのは昭和三十二年に保田が始めた歌の結社で、毎月第三日曜に（一月の例外ひとつを除いて）身余堂で歌會が開かれてゐる。保田自身は昭和五十六年十月四日、岡潔より二年七箇月ほど後に世を去つたから、それから今日にいたるまで、風日歌會の主催者は一貫して奥樣の保田典子さんである。さうして「炫火忌」といへば、保田が亡くなつた月を回想して、十月の歌會に特別に與へられる呼稱にほかならない。

保田與重郎

風日歌會の會場は新年一月だけは身余堂ではなく、滋賀縣大津の義仲《ぎちゆう》寺に場所を移し、境内の茶室「無名庵」で開催される。義仲寺は木曾義仲の墓地の所在地で、松尾芭蕉の墓もここにある。保田は衰退の影が射してゐた義仲寺の復興に盡力した人で、境内に、再建にいたる經緯を記した「昭和再建の碑」が建てられてゐる。保田が亡くなつたをり、通夜と密葬が行はれたのも義仲寺である。本葬は鄕里の奈良縣櫻井市の來迎寺で行はれ、櫻井市營墓地にお墓が建てられた。これを本墓として、義仲寺にも分墓がある。保田は木曾義仲と芭蕉とともにこれからの日本の歴史を生きていくことになる。

保田與重郎は晩年の岡潔（單に「岡潔の晩年」と言へば、昭和三十七年春四月の連載エッセイ「春宵十話」以降といふほどの意味である）と親密な交際のあつた人で、胡蘭成《こらんせい》とともに、岡潔の人生を語るうへで不可缺の人物である。文藝批評家であり、文明評論家であり、ドイツ浪曼派の文藝に通じ、歌人でもある文學者だが、そのやうに言ふだけではどうも物足らない感じがある。「昭和の國學者」と認識するのが、おそらくもつとも保田に相應しいであらう。

平成八年十月、ぼくは最初に出席した風日歌會「炫火忌」で知り合つた人（仲田さんといふ人）に國民文化研究會の名を教へられ、しかも國文研と岡潔との間に確かに成立してゐたはずの、何かしらめざましい關係の存在を示唆していただいた。國文研では每夏全國の大學生たちに呼び掛けて一堂に集め、

「學生青年合宿教室」と稱する泊まり込みの勉强會を開催する。岡潔はその合宿教室に何度か足を運び、講義を行つたといふのである。仲田さん自身は合宿教室に出向いたことはないが、參加した友人を知つてゐるといふ。仲田さんは鹿兒島大學を出た人で、鹿大には川井修治といふ國文研を創始したグループに所屬する教官がゐたため、國文研のうはさを耳にする機會があつたのである。

この天啓に勵まされて國文研を知る努力を重ねていくと、岡と國文研の關係を明示する具體相が次第に明らかになつていき、それまでが無知だつただけにかへつて目の覺めるやうなおもしろさを感じたものであつた。

岡潔と國文研の一番はじめの關はりの場となつたのは、昭和四十年夏、大分縣別府市城島高原の「ホテルきじま」で開催された第十回目の合宿教室であつた。岡は合宿三日目の八月二十二日、三人の招聘講師のひとりとして講話「日本的情緒について」を行つてゐる（「講義」ではなく「講話」とされたのは、氣樂に自由に話してほしいといふほどの配慮があつたためと思はれるが、實際には「講義」と同じであつた）。

岡の講話は參加者のそれぞれに強い感銘を與へたと傳へられてゐるが、その印象が持續してゐたためであらう、翌春昭和四十一年三月二十九日午後、奈良藥師寺養徳院僧房で行はれた國文研の女子合宿の參加者の面々が、自宅で靜養中（前年末、胃潰瘍のため、胃の五分の四を切除した）の岡を訪問し、どてら姿の岡を圍んで玄關先でみなで寫眞を撮るといふ出來事があつた。女學生たちの間には長内俊平《をさないしゆんぺい》（當時、國文研事務局長）先生のお子さんの姿も見えたといふ。このかはいらしいエピソードをぼくに教へてくれたのは國文研の小柳陽太郎先生であつた。

昭和四十四年夏、岡潔は熊本縣阿蘇内牧溫泉の「ホテル大觀」における合宿教室に再度出講し、三日目の八月九日、「歐米は間違つてゐる」といふ（「講話」ではなくて）講義を行つた。この講義の錄音テープは、そのやうなものが存在することは早くから知られながらも長らく行方不明になつてゐたが、平成十年の年が明けて早々、國文研事務局長の山口秀範が小田村寅二郎《おだむらとらじらう》（國文研理事長）の協力を得て探索したところ、新潮社の倉庫にあることが判明した。舊式のオープンリール式テープであつた。

國文研の合宿教室に骨身を惜しまずに協力した人に文藝批評の小林秀雄がゐるが、新潮社で小林秀雄の講義錄をカセット・テープに收錄して販賣するといふ企畫が持ち上がつたをり、小田村は小林秀雄の講演テープといつしよに岡潔の講演テープも新潮社にわたした。岡の講演記錄も世に出てほしいといふ配慮からの行爲だが、このはうは日の目をみないまま忘れられて時が過ぎていつた。ところが同じ小林秀雄の講演を今度はコンパクト・ディスクの形にするといふ企畫が新たに起り、新潮社が國文研にコンタクトをとつてきた。元になるテープの所有者が國文研なので、諒解を求めてきたのである。そこで小田村は、この新たな要請に快く應へるとともに、岡の講演テープも新潮社にあるはずだと力強く主張した（これはその場にゐあはせた山口さんにうかがつた話である）。時代が變遷し、若い擔當者はもう岡潔の名前も知らないふうではあつたが、はたして小田村の言ふ通りに事が運ばれて、阿蘇内牧溫泉での講演以來、この閒、實に二十九年ぶりといふ大發見に至つたのである。

小林秀雄は岡潔が文化勳章を受けたときの選考委員のひとりであり、岡の生涯の親友「雪の博士」こと中谷宇吉郎とも親しいおつきあひがあつた人でもあり、何かにつけて岡とゆかりの深い人物である。國文研の合宿教室には昭和三十六年から昭和五十三年にかけて五回にわたつて足を運び、

昭和三十六年「現代の思想」（第六回。雲仙）

昭和三十九年「常識について」（第九回。櫻島）
昭和四十五年「文學の雜感」（第十五回。雲仙）
昭和四十九年「信ずることと知ること」（第十九回。霧島）
昭和五十三年の最後の講義「感想　本居宣長をめぐつて」（第二十三回。阿蘇）

といふふうに、そのをりをりに念頭を占めてゐた問題をテーマに据ゑて感銘の深い講義を重ねていつた。岡潔の合宿教室出講といふ出來事の背景に、小林秀雄と國文研の間に成立してゐた緊密な關係が控へてゐたと想像しても、あながち的外れとは言へないやうに思ふ。これらの講演は（昭和三十九年の「常識について」のほかは）新潮社から刊行された「小林秀雄講演ＣＤ全集」（全十巻）で今も聽くことができる。

合宿教室出講に先立つて、昭和四十年二月中ころ、小田村寅二郎と夜久正雄《やくまさお》（小田村の一高入學以來の古い友人で、國文學者）が連れ立つて奈良に岡潔を訪問し、出講のお願ひ方々、朝十時半から午後三時過ぎまで長々と語り合つたことがある。岡は講義を引き受けて、「日本的情緒について」といふ題目を提示した。

このときの訪問の樣子は小田村寅二郎のエッセイ「岡潔先生を奈良のお宅に訪ねて」（國文研叢書27『學問・人生・祖國　小田村寅二郎選集』所收）と夜久正雄のエッセイ「小林秀雄ノート　聖德太子と小林秀雄と岡潔」（『アカネ』復刊第十六號）に描かれてゐるが、それによると、岡家のたたずまひはとても文化勳章を受けた人の住ひとは思へないほどお粗末で、ここが岡潔の住居とはどうしても受け取れず、何度も表札を確かめたほどだつたといふ。

番地をたよりに訪ねて行くと、立派な二階建ての建物があつた。定めしこれが岡家であらうと思つたのは間違ひで、その家のすぐ前の、軒の低い小さな家が岡潔のお宅なのであつた。文化勲章のをり「六疊二間の文化勲章」とマスコミにはやされたあの家で、所在地は奈良市内の法蓮佐保田町六百八番地であつた。

ガタピシの古ぼけた安普請で、陽に焼けた紙障子だけが部屋の縁についてゐて、猫の額《ひたひ》ほどの庭先には向ひの家の裏口と洗濯物がのぞいてゐた。小田村と夜久ははじめ軒先から聲をかけ、それからあらためて玄關から入つた。玄關は幅六尺、奥行き三尺の土間に上り縁がついてゐるので、履物を脱ぐにも氣を使ふほどであつた。岡潔は着物姿だつたが、食べ物のかすがあちこちにこびりついてピカピカに光つてゐるといふふうで、異様な感じが漂つてゐた。

夜久正雄の歌

某月某日　小田村寅二郎兄と岡潔先生を訪ねて（連作十一首のうち四首）

幼兒の手をひく人に道とへばねんごろにしもみちびきたまふ

軒ひくくさ庭ことなきみすまひの南ひらけて梅の花咲けり

南に奈良國原はひらけたれこの小さき家に君住みたまふか

みことばのひと言ひと言おのづから聖徳太子のみ言にかよふ

小田村と夜久は小さな家の六疊間に通された。お晝前の十時半ころ岡家に到着し、それから晝食をはさんで鼎談《ていだん》が進み、おいとましたころは三時を過ぎてゐた。この間、何度も辭去を申し出たものの、お別れの挨拶がまた話の續きに變るといふありさまで、たいへんな長居になつたのである。

この長丁場の歡談のさなか、聖德太子が話題にのぼる場面が現はれた。夜久正雄が聖德太子の著作『勝鬘經《しようまんきやう》義疏《ぎしよ》』序說に見られる聖德太子の言葉「心《こころ》疑ひなきを得んとは神情開朗にして小乘の疑滯《ぎたい》なきなり」を申し述べたところ、岡潔はひとつひとつの言葉の意味合ひを夜久に尋ねて確かめて、それから、

何といふ素晴しい言葉ですか。そんな言葉が日本にあつたのですか。私は、日本の昔にはきつと、いい言葉があるはずだ、と思ひながら、數學者ですのでそれを知らないのです。いい言葉を教へてくださつて有難いと思ひます。「神情」……全く自己本位のセンスがとれてゐる言葉ですね。「開朗」……何といふ清々しい力強い表現でせうか。對象物の中に融け込んでゐる心境ですね。そして、「小乘の疑滯なきなり」と言はれたのですか。全く、その通りでなければいけないと思ひます。


と繰り返し口にした。これは小田村が記錄した岡の言葉である。

「神情」は「眞情」に通じてゐる、とぼくは思ふ。「春宵十話」のころの岡はしきりに「情緒」を語り、晚年の岡は繰り返し「眞情」を語つたが、その「眞情」の歷史的根柢を教へてゐるやうに思はれて、深遠な感動を呼び覺ます力のある插話である。

小田村と夜久は初對面の岡とこのやうに言葉を交した。道を求める熾烈な心なくして、どうしてかうした對話ができるものであらうかと、小田村は痛感したといふ。半年後の夏八月の合宿教室はこのとき

すでに始つてゐたのである。

小田村事件

小田村寅二郎の生年は大正三年。生地は東京の四谷だが、父祖の地は山口の萩である。曾祖父は小田村伊之助といふ人で、吉田松陰の親しい友であり、松陰の妹の壽《ひさ》さんと結婚した。この壽さんが小田村の曾祖母である。「寅二郎」といふ名前は松陰の通稱「寅次郎」にあやかつたのであらう。明治維新の後、小田村伊之助は改名して楫取素彦《かとりもとひこ》と名乘り、群馬縣令、宮中顧問官などの顯職を歴任した。小田村は東京府立第一中學校（現在の日比谷高校）を卒業し、昭和八年、第一高等學校（一高と略稱する）文科丙類に入學した。夜久正雄と同期である。一高には「昭信會」といふ文化團體があり、小田村と夜久は十人ほどの同期生とともに入會した。昭信會のリーダーは五年先輩の田所廣泰といふ人で、小田村が一高に入學したときは東大法學部の學生だつたが、會の繼承に意を注ぎ、小田村たち後輩を熱心に指導した。小田村が入學したころの一高の所在地は駒場ではなく本郷向ケ丘の彌生町で、東大の本郷キャンパスと隣合せだつたため、田所たち先輩はひんぱんに一高の寮を訪問することができたのである。この時期は西寮十三番が昭信會の會室であつた。

ちやうど一高の駒場移轉の話が進行してゐた時期であつた。小田村寅二郎は一年の後半期から「駒場移轉準備委員會」の委員になり、それから委員長に就任した。昭和十年、いよいよ向ケ丘から駒場に移轉することになり、九月十四日、校長以下教職員および全校生徒千名が全行程を徒歩で行進するといふ壯擧が敢行された。このとき「第一高等學校第百三十七期寄宿寮委員會」の委員長の小田村は旗手をつとめ、一高校旗「護國旗」の正旗（正旗と副旗があつた。副旗は駒場移轉の後に昭和十五年九月になつて作られた）を奉持して先頭に立つた。

昭和十二年春、小田村は東京帝國大學法學部に入學した。ところが、翌昭和十三年九月、後に「小田村事件」と呼ばれることになる事件が起り、そのために無期停學處分を受けた。當初から退學處分を前提にしたと見られる措置であり、はたして昭和十五年十一月十六日付で退學處分が決定した。

小田村事件のきつかけは一篇のエッセイであつた。昭和十三年夏、東京帝大法學部第二學年に在籍中の小田村は宗教團體「生長の家」（昭和五年、谷口雅春が創立した）の月刊綜合誌『いのち』から原稿の依頼を受け、これに應じて「東大法學部における講義と學生思想生活――精神科學の實人生的綜合的見地より――」といふエッセイを書き上げた。このエッセイが『いのち』九月號に掲載され、書店に竝んだのが八月上旬。翌九月、法學部長の田中耕太郎から呼び出しを受け、學部長室に出向いた小田村寅二郎に浴びせられたのは、「君は、外部と通謀して恩師を誹謗したのだ。それで子弟道に反するとは思はないのか」といふ問答無用の糾彈であつた。

田中法學部長のいふ「外部との通謀」といふのは民間の雜誌にエッセイを掲載したことを指し、「恩師を誹謗した」といふのは、法學部の講義內容を紹介し、講義を擔當する教官の實名を出して批判を加へたといふ一事を指してゐる。

小田村は法學部の諸先生の講義の模様を具體的に紹介した。「社會政策」の河合榮治郎教授は、四月二十日の開講の辭において「マルキストが從來自由主義者を敵視したのは誤りであつた」と明言し、「我々は（自由主義者の意）今こそマルキストと手を握り、共に人民戰線として右翼に砲彈を打込まねばならぬ」と熱烈な語調で所見を表明した。

「國際法」の横田喜三郎教授は、「世界の文明國と云へば英米佛を擧げねばならぬ。日本精神の世界的優位性をよく最近は云ふけれども、日本やイタリーの文化などはブラジルの文化に比すべきものである」といふ話をした。口調には侮蔑的嘲笑が含まれてゐた。三月に行はれた國際法第一部の試驗のをり、横田教授が「國家が古くなつた條約の拘束を免れたいと思ふ時、其處に如何なる方法があるか」といふ問題を出したところ、「かかる場合には自國が當事國以外の第三國に併合せられゝばそれでよい」といふ主旨の答案が十以上もあつた。横田教授は爆笑しながらこの話を紹介し、「如何に純粹法學と云つても之では餘りひどい」と言つた。その笑聲に和して、數百の學生が大講堂でどつと爆笑した。

「帝國憲法」の講義を擔當したのは宮澤俊義教授であつた。前年度の講義では三百頁のテキスト『憲法講義案』が準備されたが、そこには「統治大權の歸屬問題」への論及がまつたく見られなかつた。宮澤教授の得意とする帝國議會の事項に關してはテキスト全體の四分の一が費やされたが、このテキストには統治權上の最重大條項である憲法第四條、すなはち「天皇ハ國ノ元首ニシテ統治權ヲ總覽シ此ノ憲法ノ條規ニ依リ之ヲ行フ」といふ條文が記載されてゐないのである。こんなことでは東大法學部では帝國憲法の講義が行はれてゐないと言はれても仕方がないといふのが、法學部二年生の小田村寅二郎の所感であつた。

「政治學」講座擔當の矢部貞治助教授のテキストは『歐州政治原理講義案』と題されてゐた。二百頁に及ぶ詳細な講義案だが、すべて西洋政治原理の追求に當てられてゐて、日本の政治原理への論及はまつたくなされてゐなかつた。東大法學部は日本の政治家を養成するべき立場にあるにもかかわらず、西洋政治學の講義があるのみで日本政治學に關する講座が存在しないのが現實である。小田村にとつてこの事實もまた、東大法學部に憲法講義が存在しなかつたこととともに、はつきりと指摘しておかなければならないことなのであつた。一學生が教官の實名を擧げて講義内容を世にさらし、眞つ向から批判を加へたのである。田中法學部長の目にはにはかには信じがたいほどの暴擧と映じ、大學から放逐しないではおかないと決意したのであらう。

國民文化研究會

國民文化研究會の結成は昭和三十一年一月にさかのぼり、發起人名簿にはおよそ三十名ほどの名が記載されてゐる。同年八月には早くも「現代日本の直面せる諸問題」といふ大きなテーマを掲げて「全九州學生青年霧島合同合宿」が開催された。十九日から二十二日まで、三泊四日の日程で一堂に會し、講義を聽講し、研究を發表し、同信の友と語り合ふのである。合宿地は鹿兒島縣霧島神宮前の霧島研修館(現在の霧島民藝館)。參加者は九十二名。終了後、『混迷の時代に指標を求めて』といふ册子が作成され、合宿における研修の模様が報告された。これが國文研の合宿教室のはじまりである。

この第一回目の合宿教室に「全九州」といふ言葉が冠されてゐることからも推察されるやうに、國文研の創設メンバーは九州中國地區に在住の人たちであつた。參加者勸誘のための案内書を執筆したのは鹿兒島大學の川井修治である。

翌昭和三十二年夏、「動亂の世界における日本の進路」といふテーマのもとで第二回目の合宿教室が開催された。何かしら都合があつたのであらう、今度は福岡市と岡山市の二手に分れることになつた。八月二十日から二十三日までは福岡市百道《ももち》の社會教育會館、八月二十四日から二十六日までは岡山市の護國神社が會場となり、それぞれ約百三十名、約六十名の參加者があつた。合宿終了後、研修記録が編纂されたが、福岡の記録は『民族自立のために』、岡山の記録は『民族復興の根柢を培ふもの』と題されている。

年に一度の合宿が軌道に乘りはじめ、昭和三十三年の夏、佐賀市の春日道場（佐賀縣社會教育會館）を會場に定めて第三回目の合宿教室が開催された。二つのテーマが設定された。ひとつは「國民共同體の政治的基底」といふもので、「黨派・イデオロギー・壓力團體に捉はれざる國民的統一の根柢を何處に求むべきか」といふサブタイトルが附されてゐる。もうひとつのテーマは「現代教育の基本的課題」で、サブタイトルは「戰前・戰後教育の根本的反省と將來の指標」といふのである。八月二十一日から二十四日までで、今度もまた三泊四日の日程であつた。參加者總數七十二名で、そのうち學生は十八名。『民族の明日を求めて』といふタイトルの研修記録が刊行された。國文研とはどのやうな性格の團體なのか、はじめの三回の合宿のテーマを一瞥するだけでも充分によく實體が傳はつてくるやうに思ふ。國文研は日本を愛し、日本への回歸を憧憬する人たちの集りなのである。

小田村寅二郎は當初から合宿での講義を擔當し、東京で資金づくりに盡力するなどして協力したが、三年ほど過ぎたあたりから理事長に就任した。それから平成十一年六月四日、數へて八十六歳で亡くなるまで、一貫して國文研の代表であり續けた。

國文研の源流をたどる

「生長の家」の雜誌『いのち』から「小田村事件」の原因となつたエッセイの原稿の依賴を受けたのは昭和十三年六月だが、ちやうどそのころ小田村は東大法學部の先輩の田所廣泰をリーダーとする仲間たちとはからつて、「東大精神科學研究會」(昭和十二年創立)といふ學內團體を創立した。東大が公認する團體であるから教官に會長になつてもらはなければならないが、これは經濟學部の土方成美にお願ひした。昭和十三年九月には「東大文化科學研究會」が創立されたが、これは學外團體である。昭和十五年五月に創立された「日本學生協會」も學外の組織だが、東大の枠を大きくこえて全國各地の高校、大學ほか各種の學校へと參加者の規模が擴大した。これらはみな戰後の國文研の源流と見るべき戰前の學生運動である。小田村には多くの同信の仲間がゐたのである。

一高昭信會、東大精神科學研究會、東大文化科學研究會、それに日本學生協會はいはば「戰前の國文研」であり、戰後の國文研と同樣、學內もしくは全國各地の學生を結集して合宿といふ形の研修會をしばしば開催した。戰後の國文研の合宿は三泊四日もしくは四泊五日ほどであり、それでも相當な重量感があるが、戰前の合宿の規模の大きいことは比較を絶してゐる。一例を擧げると、一高昭信會は年に二回、春と夏に合宿を行つたが、昭和十三年春の合宿は相州鎌倉町（現在の鎌倉市）材木座の補陀洛寺《ふだらくじ》の本堂を借りて會場にして、三月二十八日から四月十日まで、實に二週間に及んだ。この合宿を回想する小田村のエッセイ「鎌倉合宿記」（『學問・人生・祖國　小田村寅二郎選集』國民文化研究會、昭和六十一年。初出誌は一高昭信會の機關誌『伊都之男建《いつのをたけび》』昭和十三年四月號）によると、室内に明治天皇と聖徳太子の寫眞を掲げ、吉田松陰の『講孟餘話』と黑上正一郎《くろかみまさいちろう》（一高昭信會の創立者）の著作『聖徳太子の信仰思想と日本文化創業』、それに『古事記』の讀み合せを行ひ、『明治天皇御集』を共同で研究したといふ。合宿三日目には東大生の田所廣泰が來訪し、源實朝の歌集『金槐和歌集』を中心にした研究を發表するといふ一幕もあつた。

昭和十四年の夏には東大文化科學研究會が主催して、七月十七日から二十五日まで、八泊九日といふ長期にわたつて「全國學生夏季合同訓練合宿」が開催された。支那事變（戰後の通稱は日中戰爭）が發生してからちやうど二年目の夏であつた。場所は神奈川縣高座郡麻溝村（現在の相模原市）原當麻《はらたいま》の無量光寺。合宿本部長は田所廣泰である。參加校は計二十六校におよび、百三十名ほどの學生が參集するといふ盛況であつた。

初日の午前中、田所廣泰により「我等の進路」と題して二時間半に及ぶ講義が行はれた。ほかに高嶋辰彦（陸軍軍人）、中河與一（作家。『天の夕顏』の作者）、仁宮武夫（外交官）、三井甲之（正岡子規の流を汲む歌人）、蓑田胸喜《みのだむねき》（思想家。國士館專門學校教授。三井とともに原理日本社を創立した）、葛西千秋（文部省教學局部長）、小林捷治（侯爵。美術團體「大潮會」會長）が講師として來會した。

昭和十五年夏、今度は日本學生協會が主催して信州の菅平高原において「全日本學生夏季合同合宿」

(「菅平大合宿」と略稱する)が開催された。七月十六日から二十五日まで、九泊十日に及ぶ長丁場で、社會人十餘名を除いて在學生だけで高校大學ほか各種の學校八十四校から三百九十一名の參加者があつた。三井甲之は自作の長詩「祖國禮拜」を朗々と讀み上げて、「精神科學とはそもそもいかなる學問か」といふテーマで講義を行つた。蓑田胸喜はマルキシズムとナチズムに批判を加へた。當時は戰時下の物資闕乏のため統制經濟政策が實施されてゐたが、山本勝一(經濟學者)は統制經濟政策が計畫經濟政策に移行しかねない徴候を指摘して警鐘を鳴らした。富塚清(機械工學者)は「日本科學工業の發展」といふ題目を立てて講義を行つた。今では半ば傳説と化してゐる大合宿であつた。

沼波瓊音と一高瑞穗會

昭和三十一年に成立した國文研の源流を探索して昭和十二年創立の「東大精神科學研究會」へと話が及んだが、この源流の奥底にはなほもうひとつの源流が存在する。それは「一高瑞穗《みづほ》會」と「一高昭信會」といふ、一高の二つの文化團體である。瑞穗會の創立は大正十五年二月二十一日(この日は紀元節である)。昭信會は昭和三年九月から設立準備が始められ、翌昭和四年二月三日、「一高昭信會」といふ名稱が決定した後、同年五月五日、發會式が行はれた。

瑞穗會の創立者は一高の國文學の教授、沼波瓊音《ぬなみけいおん》(本名は武夫)である。沼波は明治十年十月一日、名古屋市に生れ、東京帝大文科大學國文科を卒業した。東京帝大には結成されてまもない筑波會といふ俳句結社（筑波會が主催した第一回目の句會がもたれたのは明治二十九年二月二日、場所は團子坂の酒竹亭と記録されてゐる）があり、沼波も參加して句作を始めた。『瓊音句集』（大正二年、新潮社）に收録された一句「化粧下手の娘かはゆし秋祭」。

沼波は俳諧研究に造詣があり、一高では俳諧史を講義したが、同時に日本の近代の現狀に憂ひをもつ人物であつた。瑞穗會の結成に向つたのもそのためで、沼波が執筆した瑞穗會の「趣意書」には當時の沼波の心情が率直に表明されてゐる。しばらく「趣意書」から沼波の言葉を拾ひたいと思ふ。

「破壞主義の跳梁、唯物論の瀰漫《びまん》、軟文學《なんぶんがく》の跋扈《ばつこ》、風紀の頽廢、これ實に日本國の現狀にして、同時に我が向陵《かうりよう》（「向陵」は一高の通稱。一高の所在地が向ケ丘と呼ばれてゐたことによる）の現狀なり。」

「手を懷《ふところ》にしてこれを傍觀するは人に非ず。ただ口に憤り筆に慨して止《や》むは丈夫《ますらを》の事に非ず。我等今深く反省して既往の怠慢を悔ゆ。」

「抑《そもそも》向陵を清むるは卽ち日本國を清むる所以なり。向陵を强大ならしむるは日本國を强大ならしむる所以なり。我等齡《よはひ》なほ若く智《ち》淺く識《しき》低しと雖《いへど》も、憂國の至情、回天の壯志、佛々《ふつふつ》禁ずる能はず。回天結盟爰《ここ》に起《た》つて事に從はんとす。もとより矛《ほこ》を執つて姦《かん》を斬るは我等が事に非ず。正義を街頭に叫んで衆を激するは我等が事に非ず。學窓堆書《たいしよ》の裡《うち》、我等が爲さむと欲するは、爲さざるべからずと信ずるは、根本の確立なり。」

「卽ち皇國千古一貫の生命たる日本精神の正しき把持《はじ》是《これ》なり。」

「世上《せじやう》學者無きに非ず。然れども學科の過度なる細分は、極めて狹小なる局部的ものしりを產むに至り、核心の體得、總括の識見、まして況《いは》んや實踐躬行《きゆうかう》の如き、これ等尊き風姿は、最高學府に求むとも、纔《わづか》に二三を數ふるに過ぎず。かるが故に學徒愈《いよいよ》增して國家愈《いよいよ》危《あやふ》く、圖書益《ますます》刊《かん》せられて世道益《ますます》墮《だ》す。盲目的なる排外、物狂ほしき自國侮辱、歴史の無視、道德の蹂躙《じうりん》、正邪審判の顚倒《てんたう》等、四顧《しこ》皆然らざるなきに至る。」

瑞穗會結成に寄せる沼波の心情は、「皇國千古一貫の生命たる日本精神の正しき把持是《はじこれ》なり」といふ言葉によく象徴されてゐると思ふ。盲目的な排外と物狂ほしい自國侮蔑をともに排し、學問の狹小な細分化を退け、日本精神を回想して新な學問の確立を目指さうといふところに沼波の眞意があり、一高の生徒の中に同志を求めようといふのであつた。後年の小田村寅二郎の東大法學部批判にそのまま通ふ心情である。

黑上正一郎と一高昭信會

黑上正一郎

瑞穗會が結成されてから一年半がすぎたころ、昭和二年七月十九日に沼波瓊音は滿四十九歳で病歿した。だが、瑞穗會は沼波の歿後も存續した。

瑞穗會の會員の中に黑上正一郎《くろかみまさいちらう》といふ人がゐた。瑞穗會の趣意書に「向陵を淸むるは卽ち日本國を淸

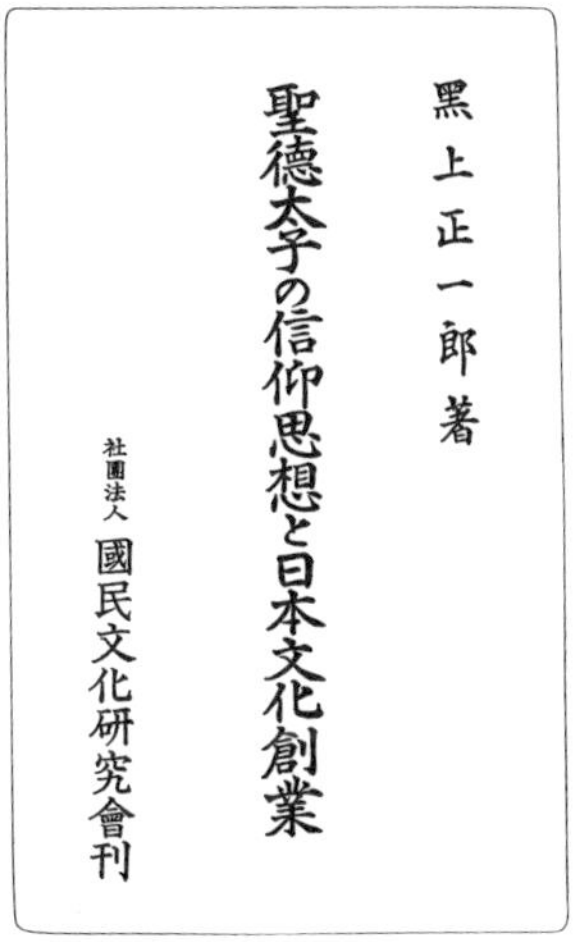
黑上正一郎著
聖德太子の信仰思想と日本文化創業
社團法人 國民文化研究會刊

黑上正一郎と著書『聖德太子の信仰思想と日本文化創業』
（國民文化研究會、昭和十年）

むる所以なり。向陵を強大ならしむるは日本國を強大ならしむる所以なり」とあることからも諒解されるやうに、一高を日本といふ國家の礎石と見て、向陵に集ふ青年たちの日本精神の覺醒を促さうとするところに瑞穗會の本來のねらひがあり、そのため會員は一高生とするのが原則であつた。會則にも「會員ハ第一高等學校生徒ヲ以テ組織ス」と明記されてゐる通りである。ところがこの條文には「但し書き」があり、「但シ其他廣ク同志ヲ加フルコトアルベシ」と言ひ添へられてゐた。一高生を中心に据ゑながらも、廣く天下に人材を求めようとする沼波の志は一高の枠内に限定されてゐたわけではない。黑上正一郎は一高生ではなかつたが、沼波と親交を結び、會則の「但し書き」により瑞穗會に入會した。

黑上正一郎は明治三十三年九月二十四日、四國の德島市西船場町に生れた。父は益二、母は住惠。商家の一人息子である。「正一郎」の「正」は楠木正成の「正」にあやかつてゐるといふ。大正二年三月、新町尋常小學校を卒業し、同年四月、德島縣師範學校附屬小學校高等科第一學年に入學した。翌大正三年、附屬小學校の推薦を受けて德島縣立商業學校に入學。大正八年三月、商業學校を卒へて地元の阿波商業銀行に就職したが、大正十三年、數へて二十五歳のとき銀行を辭めて上京し、どの學校にも所屬せずに獨學で聖德太子の研究に打ち込んで獨自の學風を形成した。

獨學といつても、それは高校や大學に在籍しなかつたといふことであり、學問の師匠はゐた。小田村寅二郎の著作『昭和史に刻むわれらが道統』（日本教文社、昭和五十三年六月十五日）を參照すると、黑上の師として聖德太子研究の方面では入澤宗壽《いりさはむねとし》、藤原猶雪《ふぢはらいうせつ》、井上右近の名が擧げられてゐる。學校でたまたま遭遇した教師ではなく、心の赴くところ、師事したいと願ふ師を求めたのである。

入澤宗壽は鳥取縣出身の東京帝大の教育學者である。教育學の方面で優に百冊をこえる著作がある。藤原猶雪は愛知縣出身の東洋大學の佛教學者で、眞宗大谷派の僧侶でもあつた人物であり、聖德太子傳をはじめ、日本佛教史の著作がある。

井上右近は龍谷大學の佛教學者で、眞宗西本願寺派の僧侶でもあり、『聖德太子研究』『三經義疏の綜合的研究』など、聖德太子に關する著作がある。黑上正一郎は大谷大學の橋川正《はしかわただす》といふ佛教學者と親しく、その橋川を通じて井上を知つたやうである。大正九年六月二十七日付で橋川に當てた黑上の手紙に「あひまつりしその日よ」と歌ふ連作歌五首が書き留められてゐる。黑上はこのとき京都で井上に會つたのである。

あひまつりしその日よ空はうすぐもり大《おほ》比叡がねはほのにけむりし
みことばにつながりを得て一信海にわれも入らむとおもふよろこび
こののぞみわれはもてりと思ふごとわれ生くらくのこゝちするかも
あゝ一信海われもつながらむと求むるこゝろそのこゝろにこそわれは生くるか
ありとおもへどなきかとおもふ悲しみよおなじなげきをおもひたまふらむ

大正九年六月の黑上は滿十九歳であり、まだ阿波商業銀行に勤務を續けてゐた時期であつた。橋川とはどうして知り合つたのか、その消息は不明である。井上は三井甲之が主宰した文藝誌『人生と表現』の愛讀者でもあり、その三井甲之は黑上正一郎の思想方面の師であつた。井上とともに寄せ書きをして山梨在住の三井甲之のもとに送付したことがあり、それが黑上と三井の交友のはじまりである。井上は蓑田胸喜が主催する原理日本社の同人である。

信仰の師は近角《ちかずみ》常観《じやうかん》といふ人であつた。近角常観は眞宗大谷派の僧侶である。明治三年四月二十四日、滋賀縣の西源寺に生れ、上京して第一高等中學（第一高等學校の前身）と東京帝大に學んだが、清澤滿之たちが決起して東本願寺の改革運動を起したとき、東大に在學中の近角も呼應して奔走したといふエピソードが殘されてゐる。近角は本郷森川町に求道學舍と求道會館を設立し、親鸞の宗教精神を説いた。求道會館が完成したのは大正四年である。上京し本郷に下宿した黑上正一郎も求道會館に足を運び、近角と知り合つたのであらう。

瑞穗會會員の藤井信男の追悼文「黑上正一郎先生を偲ぶ」（『伊都《いつ》之《の》男建《をたけび》』黑上正一郎先生遺著『聖德太子の

信仰思想と日本文化創業』發行記念號所收。昭和十年七月二十日發行）には、黑上が求道會館に近角を訪ねたときの情景が描かれてゐる。ある日、一青年が求道會館を訪れて案内を請ひ、近角に會ふとただちに「佛は實在するや、否や」と尋ねたといふ。近角はこれに應へ、懇ろに親鸞の教へを說き、また聖德太子の「世間虛假、唯佛是眞」を教へた。この一青年が黑上であるといふのである。黑上の年譜を見ると、大正八年秋、まだ阿波商業銀行に勤務してゐた時期のことだが、上京したといふ記錄が目に留る。近角に會ふために上京したのかもしれないとも思ふ。後年、銀行を退職して上京した際に本鄉に下宿を定めたのも、あるいは近角の近くにゐたいと願つたのであらう。

日本精神史は沼波瓊音と松本彥次郎《まつもとひこじらう》に學んだ。松本彥次郎は青森の人で、はじめ第六高等學校、後に東京文理科大學に奉職し、日本文化史を硏究した人で、『鎌倉時代に於ける新佛教の發展』『鎌倉時代史』『日本文化史論』などの著作がある。三井甲之の雜誌『人生と表現』の創刊時の協力者であり、河東碧梧桐門下の俳人でもあつた。松本も原理日本社の同人である。

黑上は大正九年に京都で井上右近に會つたが、同じ大正九年には松本との面會も實現した。次に擧げるのは松本を訪ねた際の感慨を歌ふ連作歌の冒頭の三首である。

あひまつらん時はちかづく汽車まどに雲かゝる比叡を仰ぎみるかも
汽車降りてみ家にいそぐこの大路けむりて朝の山はみゆるも
うつしよにかくあひまつるよろこびにいくたびも君とかたりまつりし

黒上の年譜を参照すると、大正十四年八月一日から五日まで、徳島縣撫養夏期大學において松本彦次郎の講義「日本文化史論」を聽講したといふ。このとき黒上は滿二十四歳である。早くから師を求める心が強く働いてゐたのであらう。

梅木紹男との友情

東京高等師範學校の生徒時代に黒上正一郎と面識のあつた副島羊吉郎の回想によると、黒上はよく「自分は思想を三井（甲之）さんから、信仰を近角常観師から、友情を梅木君から學んだ」と語つてゐたといふ。「梅木君」といふのは黒上の同鄕の友人の梅木紹男《うめきつぐを》のことで、單身上京した黒上正一郎を沼波瓊音に紹介する役割を果したと見られる人物である。

梅木紹男の生地は四國松山だが、徳島の梅木家に養子に入り、梅木姓になつた。舊姓はわからない。梅木と黒上は徳島市の新町尋常小學校の同窓で、黒上のはうが一年上であつた。大正八年、岡潔が和歌山縣粉河中學から三高に入學したのと同じ年に、梅木は徳島縣徳島中學から一高に進んだ。岡潔は理科、梅木は文科である。この年の高校入試の問題は全國同一であつたから、岡と梅木は別の場所（岡は京都で。梅木は東京で）で同じ日に同じ問題に取り組んでゐたわけである。岡は粉河中學を五年で卒業して受驗したが、ちやうどこの年から高等學校の入學試驗の制度が變り、中學を四年まで修了した時點で受驗できるやうになつた。梅木は中學四年修了で受驗して合格したいはゆる「四修《よんしゆう》」の秀才であつた。四修に對し、五年で卒業して合格した高校生は「五卒《ごそつ》」と呼ばれた。岡が京大講師時代に數學を教へた物理の湯川秀樹と朝永振一郎は京都府立一中の同窓で、朝永の方が一年先輩だが、朝永は五卒、湯川は四修で同じ大正十二年にいつしよに三高に入學した。岡の親友の秋月康夫は大阪の天王寺中學から四修で三高に入り、岡の同期生になつた。

一高に入學した梅木は野球部に所屬して活躍したが、第二學年の終りがけのころから病氣になり、數年に及ぶ療養の日々の後、いつたん退學を餘儀なくされた。それから復學し、昭和二年春、卒業したが、入學から卒業まで八年間を要したのである。この間に沼波瓊音と出會ひ、瑞穗會に入會した。黑上正一郎も入會したが、梅木が黑上を沼波に紹介したと見て間違ひないと思ふ。

一高を卒業した梅木は昭和二年、東京帝大に進んだ。所屬は文學部哲學科である。

翌昭和三年五月には瑞穗會において黑上正一郎の「聖德太子の人生觀と日本文化」といふ連續講義が開始された。大きな反響があり、聽講した一高生たちの間で黑上を中心とする「新しい文化團體」を結成しようといふ氣運が高まつた。黑上もこれに應へ、親友の梅木と語り合ひ、相談を重ねた。發足當時の會員として新井兼吉、河野稔、市川安司、それに田所廣泰といふ四人の一高生の名前が記錄されてゐる。四人とも一年生である。黑上の人柄と學問に梅木の企畫力と構想力が具體的な形を與へ、四人の一高生が結集するといふふうに事が運ばれて一高昭信會が結成された。だが、この時期の梅木の所在地は東京ではなかつた。東大に在學中の梅木は再び病を得て、鄉里の四國德島の板野郡撫養《むや》町（現在は鳴門市）岡崎で療養の日々を送つてゐたのである。

田所廣泰たち四人の一高生が新しい文化團體の設立に向けて準備を開始したのは、昭和三年九月と記錄されてゐる。「一高昭信會」といふ名稱が決定したのは昭和四年二月三日。三月二十七日、黑上正一郎と四人の一高生は東京を發ち、關西四國方面に向つた。二十九日、大阪府河內郡太子町の磯長《しなが》山叡福寺の聖徳太子廟に參詣し、昭信會の設立を報告した。それから四國に移り、數日、德島の黑上家に逗留した。四月六日、撫養町岡崎行。療養中の梅木に面會した。梅木は黑上とともに昭信會の創立者であり、四人の一高生にとつて唯一の一高の先輩であつた。歸途、十一日、再び聖德太子廟參詣。奈良の法隆寺にも足をのばし、それから歸京した。

歸京すると新學期であつた。四人ともそろつて進級して二年生になり、いよいよ昭信會の實際運動に立たうとした矢先の四月十六日の朝、梅木の訃報が屆いた。梅木は三日前の四月十三日に亡くなつたのである。二十八歳であつた。

四月十三日といへば黑上たちの一行は歸京の途上であつた。訃報を受けて黑上は再び德島に向つた。黑上の心情は重松鷹泰に當てた手紙に書き留められた歌々に寫されてゐる。次に擧げる歌三首は四月二十八日付の書簡からの引用である

はらからとよばれし契りふかけれどこの世の緣のはかなかりしか
裏山の若葉の光仰ぎつも涙のおのづから湧きいづるかな
かなしくも雄々しくましし みいのちのあとをつたへむ共につとめて

葬儀の後、黑上は梅木の遺骨をもつて梅木の故郷の松山に行つた。歸途、六月二日付の書簡に記された歌五首。

熊山の土あたらしき奥津城に涙おのづからわきいづるかな
夢にだにかたりあはんとねがへどもうつそみ我はせむすべもなし
はらからのかたりましける故さとのその山河をみればかなしも
山々のみどりあらたにもゆれどもわがはらからはかへりこぬかな
雄々しくもかなしくまししみいのちのあとをつがなむ殘る我らは

重松鷹泰は昭和三年三月、一高を卒業し、撫養町に近い大津村（現在は鳴門市）の小學校に勤務した。一時的な勤務だつたやうで、年の暮れの近くに歸京したが、この間、梅木と黑上をひんぱんに訪ね、親しく交流した。岡崎の梅木のところには毎日のやうに自轉車で通つた。徳島の黑上家はちよつと遠かつたが、日曜を待つて訪問した。黑上はそのつど仕事の合間を見ては燒餠屋に案内してくれたり、眉山《びざん》（徳島市の山。どの方向からも眉の形に見えるのでこの名があるといふ）の見える部屋で話を聞かせてくれたりした。

黑上は梅木のことを梅木以外の人の前では「梅木さん」「梅木君」「紹男さん」などと呼び、自分の母に對しては「紹男さん、紹男さん」と呼んだが、梅木本人に向ふと「コ」といふ不思議な愛稱で呼んだ。「子供」の略なのだといふ。梅木のはうでは黑上を「テン」と呼んだ。これは「天狗さん」といふ意とのことだが、どうしてこのやうな呼び名になつたのか、由來はわからない。二人で話をするときは、「なあテン」「コよ」と呼び合ふといふふうで、知らないものの目には兄弟か、少くともいとこくらゐに見えたといふ。消息を承知してゐた重松でさへも、徳島に行つてはじめの一、二か月くらゐは親戚にちがひないと思つたほどである。

昭和三年五月はじめ、黒上は上京することになつた。このときの梅木との別れの情景も美しい。病床に臥す梅木の病状はよいとはいへず、黒上にも梅木にもこれがこの世での最後の別れになるのではないかといふ不安があつた。梅木は乗合自動車の發着所まで見送りに出た。にこにことほほ笑みながら「コよ、大事な」と黒上が言ふと、「わかつとる」「テンも氣をつけてな」と梅木が應じた。黒上は自動車の最後部に乗り、窓ガラス越しに見えなくなるまで手を振つたり顔をしかめて見せたりした。

友のたよりを歌ふ梅木紹男の歌六首

暖き秋の日うけてしみじみと友の便りを繰返し讀む
病して心はいたく淋しかるを友のなさけにはげまさるゝかな
秋日さす南の窓にかたよりて友のことゞも思ひつめけり
繰返し繰返し讀みし友の文兩手にいたゞきしばし目をつむる
合掌し瞑目しつ友々の文枕頭に感謝に泣きぬ
友々の心こめたる文讀みて病める心によろこびあらしむ

昭和四年五月五日は一高昭信會の發會式であつた。新一年生の會員も加はり、みなで明治神宮に參拜し、それから一高にもどり、寮内で聖德太子と明治天皇の御影のもとに發會式を擧行した。

六日後の五月十一日には東京高等師範學校でも「東京高等師範學校信和會」が發足した。東京高師の信和會は一高昭信會と主旨を同じくする學内文化團體である。創始者は昭信會の創立者でもある黑上正一郎で、趣意書を執筆したのも黑上である。信和會の會員はなぜかみな數學科の學生であつた。

五月十五日、第一回例會。例會は週に一度で、毎回、黑上が「聖德太子の信仰思想と日本文化」といふ題目を立てて講義を行つた。八月には德島縣南部の由岐海岸において昭信會の最初の合宿が擧行された。諸事はやうやく順調に運びはじめたやうに思はれたが、昭信會には不幸な出來事が絶えなかつた。瑞穂會を創設した沼波瓊音は瑞穂會が發足してほどなく亡くなつたが、草創期の昭信會でも早世する會員が相次いだのである。

創設者の梅木は發會式を目前にして病歿したが、もうひとりの創設者の黑上もまた胸部に疾患を得て昭和四年の年末十二月に歸鄕した。德島の實家で療養生活に入つたのである。昭和五年九月十一日、在京の昭信會會員たちに重態の報を告げる人があつた（藤井信男であらう）。次いで十三日、危篤との急報があり、二十一日、訃報が届いた。滿三十一歳の誕生日の三日前のことであつた。一高昭信會の會員八名と東京高師信和會の會員二名の十名が東京を發つて德島に向ひ、葬儀に參列した。九月二十七日、德島市南佐古の淸水寺において告別式。同寺に葬られた。昭和八年四月、丈餘の石碑「黑上君之碑」が墓石の横に建立された。

黑上正一郎を偲ぶ市川安司の歌七首

師のきみののこしゝみ文よみまつりいましし昔をつねにしぬびき
みをしへを仰ぎまつりては師のきみのけふもいますかに我はつとめぬ

志とげたまはずてゆきまし丶みこ丶ろのうちぞかなしかりける
のこしまし丶み教仰ぎわがどちはみ民の責務果しゆかなむ
學校の門邊に立ちてほ丶ゑみて送り給ひし師のきみおもほゆ
みふみよみをろがみまつれば師のきみのみこゑの耳にあるこ丶ちする
四國なる阿波の山べに眠りますみたまのみまへに新ぶみ捧げむ

田所廣泰の歌「黒上先生」十首

師の君をいたも戀へども在りし日のいや年さかりゆく悲しさよ
み書くりかへし讀みは來つれどしたはしきみ聲きかずに五とせすぎし
なつかしく笑ませる君にいめのほか語りまつりしときはなかりき
朝な夕な机の上の師の君の寫しゑをがみ來は來たれども
われら稚きこ丶ろに堪へしこれの世の重き悲しみ消ゆるときあらじ
よろこびの去らば去りなむうつし世のつきぬ苦しみに貫き生きむ
み國いまたゞならざるになぐさまむことは求めず生きゆくあひだ
二日あはぬとたよりによびて語らし丶そのみたよりはいまもよめども
徳島のみ家にかくりたまひにしことあまりにもまことにしあれば
いく千とせこのようつるとも君にあひしありし日こ丶にまたかへらめや

昭和六年、一高昭信會の草創期の會員四名のうち新井兼吉、市川安司、田所廣泰の三名は東大に進學したが、河野稔は病氣のため千葉縣市川の自宅で療養を續けた。結核のため大學進學を斷念し、一高に留年したのである。昭和七年一月十日、東大在學中の新井が急逝した。原因は不明である。翌十一日、河野の病歿を傳へる電報が屆いた。二日續けて二人の創立會員が失はれたのであり、しかも田所もまた病氣療養中であつた。市川の消息はわからない。

河野稔の歌二首（昭和七年一月、急逝の直前に詠まれた歌）

ともどもに一つ潮にとけいりて國につくさむわざをみがかむ
新しき年をむかへて國のためつとむる友の身をいのるかな

新井兼吉の長詩「つづく歌」より（昭和五年七月中旬、静岡縣見島の龍澤寺において二週間にわたる自炊合宿が行はれた。そのをりの作品）

まことの生活より生《な》り出づるしきしまの大和の國の
ことのはのうつしき力を
思はずや君、
あゝ
天地も動かすといふ
大和言葉のうつしき力

そが力ある生活に
わが身を歿しなむ。

まことの歌は
まことの生活より
力ある生に戰ひ生くるとき
をのづからま珠となりて
生り出でむ。

たゆまず泣く蟬の聲よ
耳に堪へがたきそが力
ちさき身體をしぼりてなかずや
かの蟬は。
あゝ
思ふにまかせぬ人の世よ、
わが行手ながむれば
千重にかさなり
百重に寄する、

まこと荒浪迫らずや、
お丶
改革の使命に
身内はたぎるよ、
されど
汝が行ひは！
過ぎゆく日々は惜しきになぞ
かくたゆげなるわが身よ、——
青年の大いなる使命果すべき
力あらば我を引きた丶しめよ、……
……
歌よ、詩よ、
我はいかにそを欲りするよ、
そが生りいでむ
まことの生活を、
まことの歌は生活よりぞ
まことの歌は生りいでむ
そを願ひつ

力なくまたも倒るゝ、
あゝ
我に
與へよ
まことの歌を、詩を！
……

黑上の遺著『聖德太子の信仰思想と日本文化創業』
聖德太子に惹き寄せられてやまない黑上の心情は、長詩「磯長參籠《しながさんろう》」によく現れてゐる。大正九年、滿十九歲もしくは滿二十歲の作品である。

一
御墓山《みはかやま》の茂木がもと
御廟のまへに蟲なきしきる
しづかなる夜半なりき
おほまへの砂地にぬかづきまつり
念《おも》ひまつる太子のみ言《こと》
戀慕渴仰つきざる思ひの

わが胸ぬちにみちわたりしか

二

陵《みささぎ》のおほまへに燈をともし
憲章を誦しまつり夜は更けぬ
久遠劫《くをんごふ》よりこの世まで
あはれみましますおほみめぐみよ
念ひまつる我等がこゝろは
和國の教主聖徳皇と
その一語にきはめしめらるゝか

三

彼海非本とのたまひし
祖國憶念と
共にこれ凡夫おほせましゝ
内的平等感と
そを統べしむる歸命三寳の原理を示したまひし
十七憲章の和の、また片岡山のみうたの

悲痛なることばのリズムよ
いま胸のうちに生きしめらるゝ
（「彼海非本」。『法華義疏』「序品」に「此れは是れ大倭國上宮王の私集にして海の彼《かなた》の本に非ず」と出てゐる。）

四

その夜ひろげし憲章のすりぶみは
君がたまひしそれなりしか
そのみこゝろにつらなりまつる
そはまた通ふ、古への名もなき民の
「日月 輝《ひかり》を失ひて天地旣に崩れぬべし
今より以後誰をか恃《たの》まんや」とふ
悲痛なる言靈《ことだま》よ
あゝその不思議の開展よ

黑上が德島の鄉里で療養生活を續けてゐる時期のことになるが、在京の昭信會會員たちは黑上の著作『聖德太子の信仰思想と日本文化創業』を作成し、昭和五年五月の時點で刊行した。療養生活に入る前の昭和四年、黑上は昭信會の例會で聖德太子をテーマにして講演を續けるとともに、『國語と國文學』（東京大學國語國文學會、至文堂）誌上に「聖德太子の人生宗教と國民精神」といふ論攷を三回（二、三、五月號）、「聖德太子三經義疏の國文學的研究特に法華義疏の獨創的内容を論ず」といふ論攷を四回（七、八、十一、十二月號）にわたつて連載した。多少の違ひはあるが、おほむね昭信會例會における講義内容と同じである。

第一論攷「聖德太子の人生宗教と國民精神」は「東洋文化の傳統及び理想を正しく現實に把持するものは我日本である」といふ鮮明な宣言とともに說き起され、續いて、

大乘佛教及び儒教の如き東亞大陸の代表的文化はすでにその本國に於て衰頽せるに拘らず、共に我國土に朝宗《てうそう》（「幾筋もの河川が海に流れ入る」の意）して國民生活の體驗に融化せられ、その生命を持續開展せしめられて居る。日本文化とは實に東洋文化の綜合としてのそれであつて、それは西洋文化と對照補足せらるべき世界文化の重大要素であり、この文化を把持する我國民は、更に東西文化融合の世界的使命を有するのである。

と主旨が展開する。日本の國民生活は外來文化との接觸によつて前後二回にわたつて重大な轉機に遭遇したと、黒上は歷史的認識を表明した。二大轉機のひとつは先に東洋文化を攝取した推古朝であり、もうひとつは後に歐州文化を輸入した明治時代である。この二度の重大轉機に當り、國民はそのつど指導的人格を國民生活の核心である皇室に仰いだ。

指導的人格は偉人天才であり、國民文化の史的展開の背後には偉人天才の努力と指導がある。だが、偉人天才とは單なる英雄偉人を指すのではないと黒上は言ふ。偉人天才とは、「眞の苦惱濁亂の人生に

徹し、蒼生の共に歸趨すべき大道を體得して、之を實生活の複雜關聯と不斷轉化の裡に實現せられたる、綜合的指導精神の具現者」のことであり、明治時代でいへば明治天皇が該當する。さうして明治天皇を思ふ心をもつて歴史の流を回想すると、推古朝の聖德太子が懷かしく憶念されるのである。日本と日本國民に課せられた「東西文化融合の世界的使命」の自覺と、日本史に具現した二度の重大轉機の認識が、黑上の聖德太子研究の根幹である。

黑上の論文が『國語と國文學』誌上に現れた昭和四年は明治元年から數へると六十二年目になるが、黑上には重大轉機は依然として繼續してゐるといふ自覺があつたのであらう。轉機の重大さの自覺は世界的使命の自覺であり、同時に國家的危機の自覺でもある。東西文化融合の理念の根柢には西洋との對決の契機が横たはり、黑上の紡ぐ言葉の絲には尋常ではない緊迫した心情がみなぎつてゐる。このあたりの消息は岡潔の數學研究の姿に通じてゐる。

黑上はこれらの講演や論攷を基礎にして『聖德太子と世界的日本精神』といふ著作の刊行を企圖してゐたが、病《やまひ》に妨げられて果せなかつた。そこで病氣の全癒するまでの間、週に一度の例會のをりに使ふための暫定的なテキストを發行することになつた。黑上がそのやうな意圖を昭信會の會員たちに傳へたのは昭和五年二月。これを受けて、田所たちは黑上の一聯の原稿を土臺にして、黑上の指示を受けつつ一冊の書物を編纂したのである。德島と東京の間で頻繁に手紙が交されたのであらう。

黑上の著作『聖德太子の信仰思想と日本文化創業』の最初の形は手書きの謄寫版刷の書物であつた。昭和五年五月發行。『原理日本』昭和五年九月號に田所廣泰による紹介記事があり、「六月十五日夜」といふ日付が附されてゐる。菊判二七六頁（序文六頁、凡例二頁、目次二十五頁、本文二七六頁。菊判は本のサイズのひとつで、縦二一八ミリ、横一五二ミリ）。細部に立ち入つた精密な目次がついてゐるが、これは昭信會の會員が作成したのである。三年後の昭和八年五月に増刷が出て（五月刊行と推定される）、その際、誤謬の訂正が行はれた。また、再版の抜き刷り「聖徳太子の人生觀と國家統治」も發行された。

黒上の歿後、昭和九年秋、徳島の黒上の生家から遺著出版の意嚮が表明された。これを受けて、昭信會の會員たちは新たに出版の準備に取り掛かつた。この努力は結實し、昭和十年七月二十一日付で活字で組まれた新版が刊行された。發行元は第一高等學校昭信會である。目次を全面的に改訂し、三井甲之に閲讀を依頼した。佛典の校合と訓讀については藤原猶雪の校訂をお願ひした。巻頭に三井甲之が「序」と「附記」を寄せてゐるが、續いて「はしがき」が配置され、その末尾には「昭和五年二月」といふ日付とともに「著者」といふ言葉が明記されてゐる。「昭和五年二月」といへば黒上はまだ存命であり、「著者」は黒上正一郎その人である。だが、この著作は黒上の歿後に編まれたのである。

いくぶん不可解な印象の伴ふ光景だが、事の發端は昭和五年二月にさかのぼる。黒上の命を受けて謄寫刷本を作成することになつたとき、名前はわからないが、徳島に見舞ひに訪れた昭信會の會員が、黒上の口づから傳へられた言葉があつた。それを寫し、執筆者をあへて「著者」と記すことにしたのである。その「はしがき」の主旨は諸先達への謝辭である。多年にわたり指導を受けたのは「人生と表現」社の先輩三井甲之、松本彦次郎、蓑田胸喜の三人であること、聖徳太子の三經義疏の研究については井上右近に教へられるところが多かつたこと、藤原猶雪には日ごろから啓發されてゐること、引用した「片岡山の歌」（聖徳太子が片岡山で飢ゑた旅人に出會ひ、あはれんで詠んだ歌）については、志田義秀（富山縣出身の國文學者。俳人。東京帝大や國學院大學で俳諧史を講じた）の論文「聖徳太子の御歌について」に多くを教はつたことが率直に述べられてゐる。

本文の目次は次の通り。

序説
第一篇　聖德太子の人生觀と萬機總覽
第二篇　聖德太子の大乘佛敎批判綜合と國民敎化
第三篇　聖德太子の信仰思想と國民精神
附錄　　聖德太子の御思想表現法と法華義疏の獨創的内容を論ず

卷末に三井甲之の長詩「黑上正一郎君の御靈の大前にさゝぐるのりと」と黑上を回想する一文「黑上兄に　四周年のみ靈のまつりに」が添へられてゐる。三井の長詩は「形あるものは／かぎろひの光となり／久方の天つみそらに／そゝぐが如く」と哀切に歌ひ出され、「あゝ亡き友よ」と大きく轉調し、懷かしい友情が次々と回想されていく。異樣に美しい歌である。

『聖德太子の信仰思想と日本文化創業』の發行者は第一高等學校昭信會、代表者は田所廣泰。一高昭信會の名で「後記」が添へられて、本書の成立までの諸事情が記載された。昭和十六年十二月十日、再版刊行。このときの發行元は精神科學研究所である。精神科學研究所（「精研」と略稱する）は昭和十六年二月十一日、紀元節の日に田所廣泰を理事長として結成された組織で、學生運動は學生協會が擔當し、社會的活動は精研が擔當するといふ格好になつたのである。再版の奧付を見ると發行者として田所廣泰の名が記入されてゐるが、これは精研が再版の發行元になつたことを受けたのである。それから四半世紀後の昭和四十一年になつて國民文化研究會の手で復刊され、今も國文研の會員たちの間で讀み繼がれてゐる。

原理日本社の人々

黑上正一郎の人生と學問に大きな影響を及ぼした人々には原理日本社の同人が多い。原理日本社は三井甲之と蓑田胸喜《みのだむねき》が中心になつて創立した思想結社である。三井と蓑田は昭和十五年夏の日本學生協會の菅平合宿における招聘講師でもあり、田所と小田村の日本學生協會とも緣の深い人物である。

三井甲之は明治十六年十月十六日、山梨縣中巨摩《なかこま》郡松島村（後、敷島村、敷島町。現在、甲斐市）に生れた。本名は甲之助。山梨縣甲府中學に入學したが、中退した。校風になじめなかつたためと言はれてゐる。それから上京して明治三十年に創立されたばかりの私立京華中學に轉入し、明治三十四年九月、第一高等學校に入學した。同期にドイツ文學の阿部次郎、自由律俳句の荻原藤吉（井泉水）、法學の鳩山秀夫、キリスト教史學の石原謙、美學の上野直昭、それに岩波書店を創業した岩波茂雄などがゐた。

一高在學中から正岡子規に私淑し、句作に熱中したが、近角常觀の影響を受けて親鸞に傾倒したのもこの時期である。青春期の煩悶があつたのであらう。煩悶に苦しめられて近角の影響を受けた一高生は多く、岩波茂雄もそのひとりである。岩波が近角が主催する求道學舍を訪ね、近角に煩悶を訴へると、近角は深い同情を示して著作『信仰の餘瀝《よれき》』を岩波にプレゼントし、またトルストイの著作『我が懺悔』を讀むやうにすすめた。岩波は一高の寄宿寮で『我が懺悔』を讀み、「信仰なきところに人生なし」

といふ言葉を發見して感激し、思想上の一轉換を體驗した。人生問題は五十年で解決するべきではなく、永遠の信仰によつてはじめて解決しなければならないことを教へられ、ここにおいて煩悶解決の手掛かりを得たといふのである。

明治三十六年五月二十二日、岩波が一高二年生のとき、一學年下の藤村操が日光の華嚴の瀧のかたはらのミズナラの木に「巖頭之感《がんとうのかん》」と題する詩篇を刻み、投身自殺をするといふ事件があつた。落第して藤村と同期になつた岩波茂雄は藤村の死に衝擊を受けて大いに煩悶し、七月から八月にかけて信州野尻湖に浮ぶ瓣天島に籠り、一夏をすごした。次第に學業から遠ざかり、試驗拋棄を繰返した末に二年續けて落第し、規定により除名となつた。それから多少の曲折の後、大正二年八月、滿三十一歲の岩波は神田神保町に古本屋を開業した。

三井甲之に話をもどすと、三井が一高に入學して一年後の明治三十五年九月十九日、正岡子規が滿三十四歲で世を去るといふ出來事があつた。三井は句作を始め、一高俳句會に入會した。明治三十七年七月、一高卒業。同年九月、東京帝國大學文科大學國文科に入學した。子規が主催した短歌結社「根岸《ねぎし》短歌會」に參加し、歌誌『馬醉木《あしび》』に作品を發表するやうになつた。『馬醉木』を主催するのは子規を繼承する伊藤左千夫であつた。

明治四十年七月、卒業論文「萬葉集につきて」を書いて東京帝大を卒業した。翌明治四十一年二月、『馬醉木』の後繼歌誌『アカネ』を創刊したが、伊藤左千夫や長塚節《ながつかたかし》など、子規門下の同門の俳人歌人との間に確執が生じ、以後、獨自に伊藤や長塚の離反後の『アカネ』の編輯を續けた。その『アカネ』の後繼誌が『人生と表現』で、これが『原理日本』の源泉となつた。

岩波茂雄は古本屋を開業し、三井甲之は『人生と表現』誌を創刊し、黒上正一郎は聖徳太子研究に心身を傾けていつた。道は分かれたが、三人ともに近角常観に影響を受けた人物であり、「人生」をキーワードとする共通の時代精神に包まれてゐたのであらう。

大正八、九年、『人生と表現』は『親鸞と祖國』と改題して刊行された。大正十年三月、創刊時の誌名『人生と表現』に復歸。大正十二年八月以降休刊となつたが、大正十四年、三井と蓑田胸喜、松田福松（ホイットマン研究で知られる英語學者）、若宮卯之助《わかみやうのすけ》（慶應大學の社會學者）たちが原理日本社を結成し、『原理日本』誌を創刊した。大正十四年十一月號（大正十四年十一月七日發行）が創刊號である。表紙には誌名の下に「知識は世界に・情意は祖國に」といふ文言が記されてゐる。末尾の「編集消息」を見ると、『人生と表現』の分化的發展として、高山樗牛、岩野泡鳴の「日本主義」運動の内的動機を繼承し、『人生と表現』休刊以來今日までその命脈を持續してゐる井上右近の『青人草』に策應し、時代の進展に順じて新しい形式と條件とのもとに廣く全國民の閒に同志を求め、またわれらの思想信念を傳へ、「祖國の史的現實的永久生命に沒しつつ之を防護し發揚せんとするのである」と、昂揚した意氣込みが語られてゐる。

原理日本社では廣く同志を求めたが、無差別に人を集めるのではなく、同志といふ以上、思想信念上の寛容には限度がなければならないとし、その限度とは「日本國民の思想的素質と傳統的生命の永久開展を信ずるか否か」といふところに設定された。これを信じる心がすなはち「原理日本」にほかならない。

蓑田胸喜は明治二十七年一月二十六日、熊本縣八代郡吉野村（現在、八代郡氷川町）に生れた。明治四

十一年四月、熊本縣八代中學校に入學し、六年後の大正三年三月に卒業した。中學の修業年限は五年であるから一年多いが、何かわけがあつたのであらう。大正三年九月、第五高等學校（五高）に入學した。同期に政治學者、ジャーナリストの佐々弘雄と政治評論家の細川隆元、一學年下にマルクス經濟學の向坂逸郎がゐた。

大正六年七月、五高を卒業した蓑田は、九月、東京帝國大學文科大學哲學科に入學した。宗教學宗教史學科に所屬し、ショーペンハウエルの著作『意志と現識としての世界』を飜譯した宗教學者姉崎正治に師事した。ただし、そりがあはなかつたといふ。蓑田の回想によると、當初の入學先は法科大學だつたが、索漠とした理論と頽廢した學風とに堪へないといふので文科大學に轉學したといふ。大正九年七月、帝大卒業。前年から帝大の學制があらたまり、分科大學制から學部制に移行したことを受けて、文科大學ではなく「文學部卒業」といふことになつた。

文學部を卒業した蓑田は、同年九月、東京帝大法學部政治學科に學士入學し、このころから十年餘の年長の三井甲之に私淑するやうになつた。第一次世界大戰の終結期にはロシア革命が起り、その影響は日本の大學にも及び始めた。マルクス主義やデモクラシーの潮流を受け、東京帝大では新思潮に共鳴する新人會と、これらを否定して日本主義の立場に立たうとする興國同志會が結成された。三井甲之は木平正巳、鹿子木《かのこぎ》員信《かずのぶ》（哲學者）、本田熊太郎（外交官）、伊藤正德（軍事評論家）などとともに興國同志會の有力な指導者のひとりであり、『日本及日本人』（三宅雪嶺が主宰した言論誌）などを舞臺にして盛んに論陣を張つてゐた。和歌欄を擔當したのも三井であつた。蓑田は三井の言論に心を惹かれ、興國同志會の會員になつた。

大正十一年秋、蓑田は「人生と表現社」の同人廣瀬哲士の推擧を受けて慶應義塾大學豫科の教授となり、論理學と心理學の講義を擔當した。原理日本社の草創期の同人になつた若宮卯之助は慶應の同僚である。昭和七年四月、蓑田は慶大を退職し、國士舘專門學校の教授になつた。

沼波瓊音の憂國の心情から生れた瑞穗會、三井の歌と蓑田の日本精神が融合して結實した原理日本社、黑上と梅木の友情が育んだ一高昭信會と東京高師信和會、田所と小田村の同志愛が遍在する日本學生協會と精神科學研究會。この系譜が現在の國文研の源流である。

駒込千駄木町の一夜

城島高原における國文研の第十回合宿教室の直前の昭和四十年八月十六日には、大文字の山焼きの見える京都の料亭を舞臺にして、岡潔と小林秀雄との對談「人間の建設」が行はれた。新潮社から岡家に人が來て、この對談の件をもちかけたのは、すでに八月に入つてからのことであつた。新潮社の獨自の企畫によつて實現したかのやうに見えるが、夜久正雄先生はこの有名な對談の由來について、まつたく別の物語をぼくに語つてくれた。それは平成九年十月二十九日の出來事で、この日、ぼくは國文研の山口秀範さんに案内していただいて亞細亞大學に出向き、夜久先生に會ひ、夜久先生のエッセイ「小林秀雄ノート――聖德太子と小林秀雄と岡潔」に描かれてゐる不思議なエピソードを直接うかがふ僥倖に惠まれたのである。

某年某月某日（と夜久先生は言はれた）、夜久先生は亞細亞大學の同僚で、岡潔の親戚でもある鯨岡喬《くじらをかたかし》に連れられて、千駄木あたりにある岡の定宿に行き、岡を紹介されたといふ。「岡潔の定宿」といふのは、駒込千駄木町の岡田弘の家のことであり、岡田家は岡の妹の泰子さんの嫁ぎ先である。鯨岡は一説に九段と言はれた柔道の大家で、岡と同じ光明會のお念佛をする人でもあつた。そのお念佛が縁になつてお子さんの寧《やすし》と岡の長女のすがねさんが知り合ひ、結婚したから、鯨岡喬はたしかに岡の親戚筋にあたることになる。

夜久先生は國語國字問題を話題に出して、

「漢字の制限と假名遣の變革が、とりわけ母親と子供との間柄を斷絶した。」

「それが戰後の思想革命である。」

と訴へた。すると岡が全面的に贊意を表明したので、夜久先生はなほ話を進め、まさしくそれゆゑに、「現代かなづかい」を再度歴史的假名遣にもどすことが第二の變革になることになり、そのため第二の斷絶が引き起されかねないといふ懸念を口にした。すると岡は大喝し、「正しいと信じることに躊躇してはならない」と明言した。夜久先生はたちまち非を悟り、それからはできるだけ歴史的假名遣で文章を書かうと心掛けてゐるといふことである。

夜久先生のいふ「漢字の制限と假名遣の變革」といふのは、國語審議會の答申と建議に基づいて昭和二十一年十一月十六日付の内閣告示で指示された「當用漢字表」千八百五十字と「現代かなづかい」のことである。「内閣告示」は國語に關する政府の施策の内容を廣く一般に知らせるもので、それ自體では法的な拘束力をもたないが、關係各分野に協力を求めてゐる。その結果、初等教育の現場や新聞雜誌などで漢字制限と現代假名遣の使用が強力に推進される状勢となり、今日では歴史的假名遣は歌の世界など、ごく限られた世界に生きるのみになつてしまつた。まことに壯大な規模の文化破壞と言はなければならないが、これを批判する人々の系譜もまた絶えず、岡潔も夜久正雄もこの點において同じ憂國の士だつたのである。岡と國文研を結ぶ絲の所在もこのあたりにみいだされるやうに思ふ。

國語國字問題に續き、夜久先生は、小林秀雄が岡の「春宵十話」をほめてゐることを話題にした。昭和三十七年十一月三日の朝日新聞PR版に掲載された小林のエッセイ「季」を指すのであらう。對談「人間の建設」での岡潔の發言を參照すると、岡もまた「季」を讀んでゐたやうであり、「人間の建設」には、

……小林さんに私の『春宵十話』を批評してもらつた。そのときはじめて小林さんの文章を讀んで、面白かつたのです。小林さんは、いはゆる世間でいつてゐるやうな批評家とはちがふ。一度お目にかかつてみたいと思つてゐました。

といふ岡の言葉が記録されてゐる。ただし實際には夜久先生に教へられた後に讀んだのかもしれず、むしろその可能性のはうが高いと思ふ。

岡潔は小林秀雄のエッセイに最良の理解者をみいだしてうれしく思ひ、夜久先生との會話が進む中で、小林に一度會つてみたいといふ氣持ちをおさへられなくなつたのであらう。突然、「それではすぐに小林さんに會はう。君、電話をかけてくれ」と言ひ出して、夜久先生をはじめ、その場のみなを困惑させ

た。夜久先生は若いころから小林秀雄の愛讀者で、深く尊敬してゐたが、面識があるとまでは言へないから電話をかけるのは躊躇せざるをえなかつた。鯨岡喬や岡田弘夫妻も夜久先生に同情し、みなで岡を押しとどめるといふ事態になつた。岡はすぐにも（鎌倉の）小林秀雄のお宅に押し掛けていきさうな勢ひを見せたが、「岡先生のお氣持ちは手紙でそのまま小林先生にお傳へする」といふ夜久先生の約束が效を奏し、一時はどうなることかと危ぶまれた急場もやうやくをさまりを見せ始めた。

夜久先生にとつては眞に意想外の成り行きで、岡、小林兩先生の間を取り持つ役回りを割り振られてしまつた。まことに思ひがけない難題を突きつけられた恰好になり、「えらいことになつてしまつた」と思つたが、このやうな事態に立ち至つてしまつた以上選ぶべき道はなく、ただ岡先生のお氣持ちだけをありのままにお傳へするほかはない。夜久先生はそのやうに思ひ定めて事の次第をつづり、小林に宛てて一通の手紙を書いた。しばらくして小林からはがきが届いた。文面は、

岡さんには兼ねてからお目にかゝりたいと思つてをります。いづれその機會もあると存じます。何しろ大變な不精者なので、お心に掛けられ大變恐縮してをります。御禮まで。

といふ簡潔なものであり、「昭和三十九年四月二十二日」の消印が捺されてゐる。前後の經緯を觀察すると、眞に注目に値する日付と思ふ。このはがきの文意はそのまま岡に傳へられた。これで岡と小林との交流の端緒が開かれて、翌昭和四十年夏の對話「人間の建設」の成立へとつながつていつたのではないかといふのが、夜久先生の推測であつた。それなら、あの美しい對話篇は、岡と國文研の關係を象徴

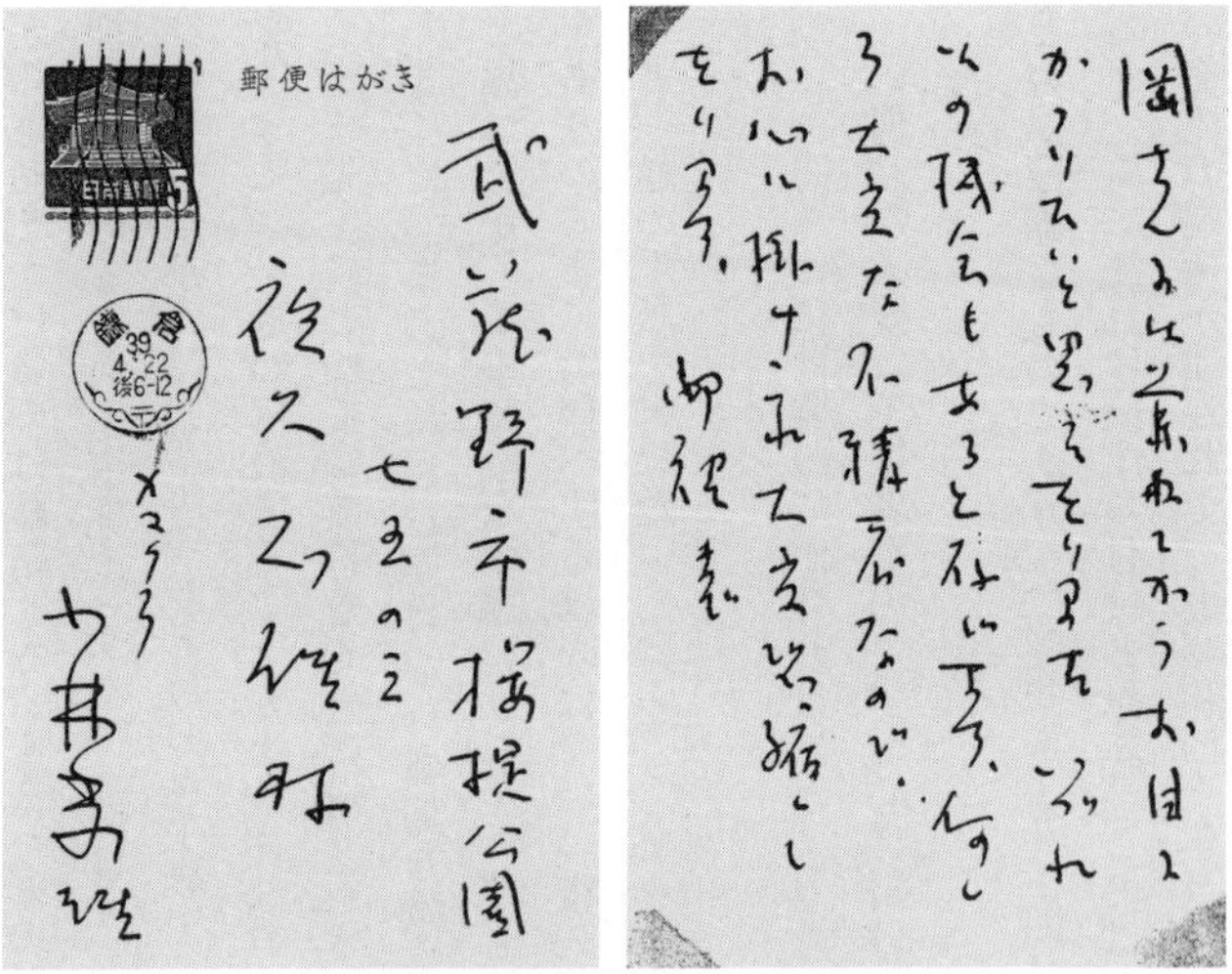

小林秀雄より夜久正雄に宛てたはがき
（昭和三十九年四月二十二日消印）

する精華と見なければならないであらう。

夜久先生はこの貴重なはがきを手持ちの小林秀雄の著作『考えるヒント』の表紙裏にセロテープで貼りつけて保存してゐたが、どうしたわけか「その本が見つからない」と言はれた。實はこの本は正大寮《せいだいれう》（國文研の學生寮）に寄贈されたのであり、平成十年早々、山口さんの手で發見された。岡潔の講義録音テープの發見と雙璧をなす大發見であつた。

それにしても駒込千駄木町の一夜はいつのことだつたのであらう。夜久先生は「某年某月某日」とするばかりでつまびらかにしないが、小林秀雄のはがきの「昭和三十九年四月二十二日」といふ消印の時點から大きくさかのぼることはないと思ふ。岡の上京の記録を調べると、前年昭和三十八年四月、中谷宇吉郎の一周忌の日に「中谷宇吉郎を偲ぶ會」に出席するために上京してゐるが、それからしばらく關西を離れなかつた。その次の上京は一年後の昭和三十九年四月上旬で、いつものやうに千駄木の岡田家に滞在した。四月十一日、中谷家を訪問し、中谷の三回忌法要に參列した。これが、上京の大きな目的なのであつた。

この時期の岡は毎日新聞社の週刊誌『サンデー毎日』にエッセイ「春風夏雨」を連載中だつたが、そのための取材と稱し、警察廳防犯少年課、文部省、厚生省兒童局と訪問を繰り返した。中谷の法要のをり、讀經を行つた駒澤學園の東隆眞の依賴を受けて、急遽、駒澤學園で講演することになり、駒澤學園で「ひとを先にして自分をあとにする」といふ題目で講演も行つた。小林秀雄のはがきが書かれたのはこの上京の直後のことなのであるから、あれこれを勘案すると、「駒込千駄木町の一夜」の問答が行はれたのは昭和三十九年四月十日前後と見て間違ひないであらう。

この昭和三十九年夏の國文研の合宿教室は鹿兒島の櫻島で開催され、小林秀雄の講義「信ずることと知ること」が行はれた。夜久先生は櫻島で小林秀雄に會ひ、話をした。そのをり小林は、「君は岡さんの親戚なのか」と問うたといふ。夜久先生はかくかくしかじかと返答したが、小林は夜久先生の顏を見るといつも自然に岡を思ふかのやうで、その後も合宿教室のをりに會ふたびに、いつも夜久先生を相手に岡について語るのを常とした。岡のことを話すのがうれしくてたまらないといふふうな話ぶりだつたといふことである。

梅木紹男との遭遇

岡潔と梅木紹男は直接の面識はなかつたが、互ひに知らないままにたまたま同じ場所に居合せたことがある。それは大正十年一月六日のことで、この日、京都の第三高等學校の校庭において一高對三高の第十四回目の野球の試合が行はれたが、一高の選手九名の中に有力新人「右翼手梅木紹男」の名が見られ、三高側應援席には、(滿年齡で數へれば)まだ十代の岡潔の姿があつた。岡と梅木はそれぞれの高校でともに第二學年に在籍中であつた。

この一戰は三高の苦戰が續いた。梅木の打順は六番で、四回一死後、この日五個目の四球で出壘した。續いて次打者近藤一壘手が「三匍失に生きダブルスチールのとき、捕手高投で梅木生還」(『三高野球部史』)といふ成り行きになつたが、これが一高の二點目の得點である。回が進み、一高に三對一とリードされた狀況で九回裏を迎へた。

岡は自傳『春の草　私の生ひ立ち』(日本經濟新聞社)の中でこんなふうに回想してゐる。

一高との野球の試合には、三高は赤旗、一高は白旗を持ち、ともに太鼓を打ち鳴らして應援するのですが、冬休みの對抗戰が近づくと、近所の社へ太鼓の借り出しに手分けして回り、できるだけたくさん集めてくることが勝つ第一歩だとされてゐました。さうして試合に勝つたときには、自由の鐘と稱して校庭で半鐘を打ち鳴らし、また負けかけると、ガンガン打つて士氣を鼓舞するといつた具合でした。

岡の同期生山口誓子（俳人）のエッセイ「島守の塔」（毎日新聞、昭和五十年八月二十一日）に卽して試合の觀戰をもう少し續けると、三高側が二點リードされて迎へた九回裏、無死二、三壘といふ絕好機が訪れたまさにそのとき、「校舍の裏に立つてゐるはしごの上から自由の鐘を鳴らす音が聞えて來た」といふ。「自由の鐘」といふ名前の鐘は實際に存在し、三高の文科の校舍と理科の校舍をつなぐ渡り廊下のそばのむやみに高い櫓《やぐら》のてつぺんに吊り下げられてゐた。この三高の傳統を象徵する偉大な鐘を亂打したのは、岡の同期生で應援團長の佐藤秀堂といふ人物で、その佐藤を煽動したのは、やはり同期の大宅壯一（ジャーナリスト）であつた。

この緊迫した場面において一番打者島田中堅手の右犧飛がでて同點となり、さらに十一回裏二死後、またも島田中堅手が中前安打を放つた。これが決勝の一點につながつて、三高の逆轉勝利に終つた。時に午後四時五十五分。日はまさに暮れようとしてゐた。殊勳の「島田中堅手」といふのは、大東亞戰爭（太平洋戰爭）の終末期、昭和二十年四月から六月にかけて戰はれた沖繩決戰のをり、摩文仁の丘で殉職し、大日本帝國憲法下の最後の沖繩縣知事となつた島田《しまだ》叡《あきら》のことであり、岡の同期生である。

岡と梅木はもちろん面識はなく、大正十年一月六日、三高校庭においてひとりは選手として、ひとりは應援者としてたまたま同じ野球の試合の場に居合はせたといふだけのご緣である。岡はまだ數學者ではなく、國民文化硏究會も日本學生協會も一高昭信會も存在しなかつた。あるのはただ、數學に寄せる岡の情熱と、梅木と黑上との友情のみであつたであらう。

大正十年一月六日の三高の校庭は、すべてがここから始まるとも始まらないとも言へるやうな、純粋な可能性のみが開かれてゐる場にすぎない。だが、それならそれでかへつて出會ひといふ言葉の原意にかなつてゐるやうでもある。後年の岡潔の國文研講義の源流は、このときすでにこの世に流れ始めてゐたのである。

沖繩の島守

三高野球部の島田中堅手こと島田叡は「沖繩の島守」であつた。昭和二十年は大東亞戰爭の最後の年になつたが、この年の春三月二十六日午前八時四分、米軍が沖繩縣那覇市西方の東シナ海上に位置する慶良間《けらま》諸島の阿嘉島《あかじま》海岸に上陸を開始した。これが沖繩での戰鬪のはじまりである。それから二十六日のうちに慶留間島《げるまじま》、座間味島《ざまみじま》、外地島《ふかぢしま》、渡嘉敷島《とかしきじま》、屋嘉比島《やかびじま》と、慶良間諸島を構成する島々への上陸が續いた。沖繩本島上陸のための據點の確保をねらつたのである。外地島は無人島だが、他の四島では住人が暮してゐた。米軍側では沖繩攻略作戰を「アイスバーグ（氷山）作戰」と呼稱した。

三月三十一日、米軍は慶伊瀬島《けいせしま》に上陸した。この島も慶良間諸島に屬するが、神山島《かみやましま》、クエフ島《じま》、ナガンヌ島《じま》といふ三島の總稱である。三島とも無人島である。米軍はこのうち神山島に砲兵陣地を敷設し、二十四門のカノン砲をもつて沖繩本島の那覇市を砲撃した。沖繩本島上陸作戰のための準備射撃であつた。

四月一日午前八時三十分、米軍は沖縄本島西海岸渡具知《とぐち》濱に上陸を開始した。この日を初日として、北部の國頭《くにがみ》地區の戰ひ、首里戰線における嘉數《かかず》の戰ひ、シュガーローフの戰ひと、激しい陸上戰鬪の中で四月、五月と歳月が經過していつた。

沖縄守備軍の第三十二軍の司令部は縣廳所在地の首里に置かれてゐたが、五月末、首里を撤退することに決し、南部の島尻《しまじり》地區に向つて移動を開始した。新たに司令部が配置されたのは喜屋武《きやん》半島南端の摩文仁村《まぶにそん》の洞窟である。附近一帶は「摩文仁の丘」とも呼ばれた。沖縄守備軍は大きな損害を受けながら戰ひを繼續したが、六月二十日前後には戰鬪能力が失はれ、組織的戰鬪が終結した。六月二十三日未明（四時三十分ころと言はれてゐる）、第三十二軍の司令官牛島滿中將と參謀長の長《ちやう》勇《いさむ》中將が自決した（一説に自決の日は六月二十日もしくは六月二十二日ともいふ）。

島田叡は明治三十四年十二月二十五日、兵庫縣神戸市須磨區に生れた。生家は開業醫である。神戸第二中學から三高（淺野晃と同じ文科丙類）を經て東京帝大法學部政治學科に進み、卒業後、内務省官吏になつた。昭和十三年一月、佐賀縣警察部長。佐賀時代は二年ほど續いたが、この間、佐賀市龍泰寺の住職佐々木雄堂師が開いてゐた西濠書院に參加した。その後、上海領事、愛知縣警察部長を經て、大阪府内務部長の時期に沖縄縣知事に任じられた。前任者の泉《いづみ》守紀《しゆき》知事の轉任工作が實現したため、急遽、沖縄縣知事を選定しなければならない事態が現出したのである。泉が轉任を願つたのは沖縄戰を恐れたためだつたが、だれもが泉と同じく戰死を豫測して固辭するなかで、「自分が行かなければ誰かが行かなければならないではないか」「自分は死にたくないから誰か行つて死ねとは言へない」と敢然と引き受けたのが島田であつた。戰死を覺悟したうへでの決斷であつた。

昭和二十年一月十二日、泉は香川縣知事の辭令を受けた。一月十四日、東京で泉から島田への沖繩縣の事務引き繼ぎが行はれた。昭和二十年一月三十一日、島田は航空機により單身で沖繩に赴任した。携へてゐた手提げには、佐賀時代に佐々木雄堂師にいただいた『南洲翁遺訓』と『葉隱』が入つてゐたといふ。西濠書院は、戰後、安岡正篤（東洋思想家）が組織した佐賀縣師友協會の前身である。

島田知事は前年來懸案の島民の疎開問題の解決に奔走し、縣外へ約十萬人、沖繩本島北部へ約二十萬人を疎開させることに成功した。前任者の泉知事は縣外への轉出を希望して、この問題に熱心に取り組まなかつたのである。戰場にはなほ十數萬人の島民が殘された。

米軍が沖繩本島に上陸を開始した四月一日、島田知事は首里南方の繁多川にあつた那覇警察所の壕に入つた。以後、戰況の進展に伴つて南下を續け、東風平《こちんだ》、志多伯《したはく》の壕、伊敷の森の壕といふふうに轉々として、六月十四日、摩文仁の轟壕（現在は絲滿市）に到達した。六月十五日、縣廳職員をここに集め、縣の活動を停止すると告げた。六月十八日、毎日新聞那覇支局長の野村勇三に會つた（野村勇三『新編私の昭和史』、學藝書林）。六月二十二日ころ、警察部長の荒井退造とともにここで戰死した。部下と別れの挨拶を交し、全員を立ち去らせてからひとりで壕内深く入つていき、荒井警察部長があとを追つたが、最後の姿を見た者はない。

現在、摩文仁の丘の裾の右方、終焉の地となつた壕の前方に

「沖繩縣知事島田叡　沖繩縣警察部長荒井退造　終焉之地」

「沖繩縣知事島田叡　沖繩縣職員　慰靈塔」

（「島守の塔」。碑の裏側に記されてゐる建立日は昭和二十六年六月二十二日）

の二基の記念碑が建てられていて、沖縄縣職員とともに祀られてゐる。合祀者數は現在四六八名である。三高の同期生、山口誓子の句「島の果て世の果て繁るこの丘が」が刻まれた句碑もある。また、三高野球部有志により、摩文仁の丘の上り口に鎮魂碑が建立された。鎮魂碑の表面には鎮魂歌が刻まれてゐる。

島守の塔にしづもるそのみ魂
　紅萌ゆるうたをきゝませ

歌の作者は島田叡と同期の三高野球部投手、山根齋。揮毫は三高の對一高戰第三回戰主將、木下道雄である。碑の裏面には、元三高野球部長、中村直勝（日本史）による「由來記」が刻まれてゐる。「紅萌ゆるうた」といふのは「紅《くれなゐ》萌《も》ゆる丘の花／早緑《さみどり》匂ふ岸の色」と始まる三高の寮歌「逍遙の歌」のことである。

合宿教室（一）「日本的情緒について」

日本的情緒を語る

大文字五山送り火の日の小林秀雄との對談から五日目の昭和四十年八月二十一日、岡潔はみちさんをお供に連れて奈良を發ち、九州に向つた。行く先は大分縣別府市城島高原の「ホテルきじま」で、ここを會場にして、すでに前日の二十日から國文研の「第十回學生青年合宿教室」が開催されてゐた。參加人員は總計二百十五名。二十四日まで、四泊五日といふ長丁場の日程である。「ホテルきじま」は城島高原ホテル、城島觀光ホテル西館と名前を變へて存續したが、昭和六十三年七月、廢業した。

參加者はいくつかの班に分かれ、合宿中は班を單位にして集團で行動する。毎回三名の招聘講師の講義を聽き、それから班にもどつて講義を土臺にして班別討論を行ふ。三日目の午後はレクリエーションで、みなで遠足に出る。夜は慰靈祭。四日目の最後の夜は「夜の集ひ」である。この間、つねに參加者の心にかかつて離れないのは「短歌創作」である。歌を作るのは參加者に課されたもつとも重い課題であり、講義を聽講して勉强を重ねることもさることながら、歌を詠んだことなど一度もない學生も、四泊五日の閒に二度に渡つて歌作に苦しめられるのである。國文研の會員による「短歌創作導入講義」が行はれ、班別の歌の相互批評があり、全體批評もある。國文研の合宿にはさながら「歌の合宿」のやうなおもむきがあるが、このあたりには「戰前の國文研」の傳統が生きてゐるのである。

岡潔は三人の招聘講師のひとりとして、三日目、すなはち八月二十二日の午後、一時間二十分にわたり講話「日本的情緒について」を行つた。司會を擔當したのは佐賀縣師友協會の末次祐司であつた。岡潔は末次に向ひ、「國民文化研究會は國文研と呼んでもよいですか」と唐突に尋ね、それから講話が開始された。記録は『日本への回歸　第1集』（國民文化研究會。昭和四十一年五月二十日發行）に收録された。その原稿の元になつた録音テープとともに、速記録も殘されてゐる。速記録は二百字詰原稿用紙に書かれてゐるが、講義記録九十四枚、質疑應答記録七十一枚、合計百六十五枚といふ大部な文書である。講演に先立つて夜久正雄による講師紹介が行はれた。

奈良女子大名譽教授岡潔先生の御講演を拜聽いたします。題は「日本的情緒について」といふ題でございます。

先生は、すでにみなさま御存知の通り一九六〇年、文化勳章を受章せられました世界的數學者でいらつしやいます。數學上の御高説につきましては、申し譯ございませんが存じあげませんので御紹介しませんが、戰後はとりわけ日本人の心の衰へを御憂慮なさいまして、『春宵十話』を御發表になられ、續いて『風蘭』、それから『紫の火花』、本年の六月には『春風夏雨』を著書として御發表なさいました。私どもは、先生のお言葉を讀ませていただきまして非常な感銘を受けてゐる次第でございます。この二月でしたか、御親戚の御紹介をいただきまして、國文研の小田村理事長と私とで奈良のお宅にお訪ね申し上げまして、この會の趣旨竝びに合宿の趣旨を御説明申し上げまして、この合宿に御來場をお願ひ申し上げましたところ、御快諾をいただきまして、また同時に國民文化研究會の顧問に御就任をお願ひ申し上げましたところ、これも御快諾いただきまして、ただいま先生は國民文化研究會の顧問でもいらつしやいます。

御健康の點で御心配申し上げましたけれども、われわれにとつてまことに幸ひなことに今日、ここに御來場をいただくことができまして、本當にうれしいことと存じます。

先生のお説については諸君もこの御著書によつてある程度おわかりのことと思ひますけれども、小林秀雄先生は去年の櫻島合宿でたまたまお話がありまして、岡先生の文章は天才の文章である、かういふふうにおつしやつてをられます。どうも、したがいましてなかなかわかり難いところもありますが、そのお言葉には非常に高い眞理がこもつてゐるといふふうに拜察することができます。心を傾けて、先生のお言葉をうかがひたいと存じます。


夜久正雄の懇切な挨拶を受けて、岡潔の講話が始まつた。今、だいたい二時三十五分であるから、だいたい四時ぐらいまで、さうすると一時間半ほどお話をする。それについてでも、あるいはつかなくても、尋ねてほしい。知らないことは知らないと言ふからと前置きして、まづはじめに「日本的情緒について」といふ表題について説明した。小田村と夜久の訪問を受けて講話を引き受けたをり、表題をどうするかといふので「日本的情緒について」と言つてしまつた。言つてしまひはしたが、その日本的情緒について、知らないと言つたらうそではあるが、どう話せばよいか知つてると言へば、それはうそである。非常に言ひたいことではあるが、そのころはまだ言へなかつた。夏までには言へるやうになるだらうくらゐに思つたのだらうと思ふが、夏になつてもやつぱり言へさうにない。それで、言へさうもないけれども、知つてゐることについて話したいと思ふからお話するといふのである。つねづね心にある思ひのあれこれを、この機會に思ひきつて言葉に表してみようといふのであらう。

長時間に渡つて大きく繰り廣げられた岡の講話の中から、印象に殘る言葉の數々を拾ひたいと思ふ。眞つ先に語られるのは、「日本的情緒といふのは日本民族といふ魚がそこに住んでゐる水のやうなものである」といふ簡潔な指摘である。講話の全體を象徴する美しい言葉であり、引き續く發言の數々はこの豊かな源泉からこんこんと流露していくのである。

「日本的情緒といふのは、これは日本民族といふお魚がそこに住んでゐる水のやうなものである。同じ國籍であつても異民族もあるでせう。さういふ人はそんな水には住んでゐない。日本民族といふ、それを日本人と言つたはうがおだやかですが、日本人といふお魚が住んでゐる水のやうなもの、それでこれについて、その同じ水に住んでゐる魚だからわかつてはゐる。しかし始終そこに住んでゐるのだから言へない。かういふものを少しでも彷彿していただかうと思つたら、そこに住んでゐる魚の泳ぎ具合を言へば、ややわかるやうな氣がする。それより仕方がない。それでさつそく、魚の一尾である私の泳ぎ具合をお話ししたい。」

「さうすると、さういふ魚を住はせてゐる水といふと少しわかるでせう。ところで情緒といふ言葉ですが、私は心といふ代りに情緒と言つたのです。情緒といふ言葉はあります。昔からあります。心といふ言葉も昔からあります。はつきりした定義はない。しかし情緒といふのはある使ひ方で使はれてきてゐる。情緒と聞けばあるセンスが起る。心と聞けば他のセンスが起る。さういふことがあります。それで情緒と聞いたときに起るやうなセンスの側から心といふものを見たかつた。それで情緒とつけたのです。情緒といふのは在來使はれてゐる情緒といふよりはだいぶ廣く、つまり心といふ言葉にまでひろげて理解してもらはないと言葉の意味がわからないことになつてしまひます。」

ここで語られたのは「心」と「情緒」といふ二つの言葉の關係である。「心」と言へばよささうなのに、どうして「情緒」といふ言葉を採用したのか、そのあたりの消息が説明された。續いて「知」と「情」と「意」の關係に焦點が當てられていく。まずはじめに問題が提起され、人の中心は「情」であるといふ命題が表明される。その根據となると考へられてゐるのは、知には情を説得する力がないといふ事實である。「情」と「意志」の關係はどうかと言ふと、これはさほど問題にならない。なぜなら「意志」にできるのは「情」をおさへつけることだけであるから。

「ところで心の働きをギリシア人は知情意と分けました。こんなことを言つてゐたら少し彷彿するのだらうか。そののち西洋人が感覺といふ言葉をつけ加えた。それで知情意、感覺が心の働きだと言つてゐますね。その感覺はしばらくやめまして、知情意について、知情意のどれが本當に心の主人公だらうか。かういふ問題をちよつと話してみます。これはやはり情緒の御説明になります。」

「さうしますと、かういふことがわかつたのです。知には情を説得する力はない。意志はもとより情を押さへつけることができるだけである。そして人は情が滿足すれば、これは廣い意味の滿足ですが、滿足することができる。知が滿足し意が滿足しても、情が不滿を唱へたらどうしても、適當な言葉がありませんが、滿足することができない。それで人の中心は情だといふことになります。」

人の中心は情緒であるといふ宣言に續いて、その日本的情緒の特質が語られていく。このあたりが、日本的情緒について語らうとする岡の講演の中核である。日本的情緒は「濁り」を嫌ふ。その濁りの實體は「自己中心のセンス」であるといふのである。

「この日本的情緒、つまりお魚の住む水は非常に濁りを嫌ひます。日本人は濁り、特にその人の根本、情の濁りを嫌ひます。それが澄んでなければ、つまり人の行爲を判斷しますときに、正邪、善惡によつて判斷するのでなく、清濁によつて判斷するのです。それではその濁りといふのは何であるかと言ひますと、その濁りの根本は、これは一口に言ひますと自分中心に知情意し、感覺するといふことです。つまり自分中心のセンスです。それを濁りと言つてもよろしいし、其れが濁りの根源であると言つてもよろしい。「あいつ、あんなことを言つて、あんなことをしてゐるのに、内心は自分の利益をはかつてゐる」と思へば、さう感じれば全然認めない。日本人はさうなのです。非常に敏感なのです。利己的であるといふにほひに。……これがわかりやすく言つた日本的情緒です。」

大東亞戰爭の末期、岡潔の三高の同期生島田叡は、自分が行かなければだれかが死ななければならないではないかと言つて沖縄縣知事の職を引き受けた。一點の濁りも見られない行爲であり、岡のいふ日本的情緒はこのやうなところに具體的に觀察されるやうに思ふ。

日本的情緒と對比して、歐米の個人主義が引合ひに出され、批判されていく。歐米の個人主義は日本的情緒の敵である。このあたりの議論の主旨は、四年後の國文研合宿におけるもうひとつの講演「歐米は間違つてゐる」と同じである。

日本民族は日本的情緒といふ水の中にしか住めないが、日本の現狀を見ると日本的情緒の水の全體が入れ替らうとしてゐる。岡はその徵候を大東亞戰爭の終戰の直後に制定された日本國憲法の前文にみいだして、指摘した。私心を放擲して生きようとする日本的情緒は岡の眼前で日に日に失はれ、小さな自己、すなはち小我をもつて個人の尊嚴と見ようとする思想が日本の社會の前面に押し出されてきたのである。岡は深い喪失感を抱き、心情はおのづと日本へと回歸していつた。

岡のいふ日本的情緒は沼波瓊音の「日本精神」に通ひ、瑞穗會の創設を志した沼波の心情は、時を隔てて岡の憂國の心情にそのまま通じてゐる。聖德太子を回想する黑上の心情もまた根柢において同じである。瑞穗會の衣鉢を繼承する國文研の小田村と夜久が岡に講義を依賴したのは偶然ではなく、小田村と夜久の目には、日本的情緒を語つてやまない岡の姿は沼波や黑上の再來のやうに映じたのであらう。

「ところが、終戰後になつていつさいを變へて、一口に言へば個人主義を取り入れるといふので、眞つ先に日本國憲法の前文が出たのです。あれを讀んでみますと、自己中心の知情意感覺し行爲するといふことが萬古の眞理であつて、これが個人の尊嚴であると書いてある。とんでもないことです。だいたいさう言はれたら、これまでの、ずつと昔からの日本的情緒の正反對を言つてゐる。」

「また歐米人は、あの民族は、小我を自分と思ふことしかできない民族です。それがあの民族のもつてゐる一番大きな缺點です。西歐人は自我と呼んでゐますが、歐米人は自我を自分だとしか考へやうがないらしい。だからそんなものに、自我は本當は自分ではない、自分の敵だと、佛教が言つてゐるやうなことを教えても、これは全然むだであります。だから、さういふ人たちに布教しようとしたキリスト教はどう教へてゐるかといえば、そんなものしか人だと思つてゐないでせう、だから人の子は罪の子だとおつしやつた。これはあたつてゐます。その通りです。小我が自分なら、罪ならざる自分はない。」

「それで、ともかく日本人がいましようとしてゐることは、その水の中にしか住めない魚の水を換へようとしてゐる。もつと端的に言へば、水の中に住んでゐる魚から水を取らうとしてゐるやうなものです。」


ヨーロッパで誕生した近代科學にはよいところもあると岡は言ふ。インドで發生し、しばしば大流行してヨーロッパにも傳播したコレラの原因はコレラ菌であることをコッホが發見したが、岡はこれを指摘して「科學のすがすがしい夜明けといふ氣がしますね」と批評した。インドの沼に原産する蟲がコレラのもとであるといふことを發見したなどといふ話を聞くと、何だかおとぎ話を聞いたやうな氣がすると岡は言ふ。ヨーロッパの近代科學は人のいのちを細菌から守つたのであるから、このあたりではたしかに人類の福祉に貢献したのである。

ところが近代科學は巨大な破壞力をもつ軍事兵器を創出した。最高の到達點は原爆と水爆である。アインシュタインは何もないところに理論を立ててノーベル賞をもらつたが、それから曲折を經て最後に到達したのが原子爆彈であり、それを廣島に投下するまでになつた。どれくらゐかかつたかといふと、たつた二十五年である。岡がこれを指摘し、「實に速い。悪いことをさすと實に速いのです」などと冗談めかして發言すると、みなが笑つた。ともあれこんなふうではおそろしくて仕方がないと、岡の話は續いていく。

「文明の内容が生存競争ならば、これは人類時代とは呼べない。獸類時代の最後といふほかはない。しかも、生存競争が（文明の）内容になつてくるのも獸類時代の特徴です。そしてその特徴をはつきりと備へてゐる。しかも最後に出てきた人といふ名のついてゐる獸類は、非常に悪がしこい奴で、生存競争は熾烈をきはめてゐる。これが現狀です。しかも破壞力は原子爆彈、それに水素爆彈。まだ何しろないところにそれを作るのに二十五年なんだから、いつどこに何を作るかわかりません。その水素爆彈ひとつでも、實際使はれたら人類だけではない生物全體をまきぞへにして、滅ぼしてしまふに足るほどの破壞力をもつてゐる。何しろそんなことはできませんが、本當のことはどれくらゐ見えないかといふこと。みすみすだれが見ても生存競争をやつてゐるのです。それを人類の福祉だなどといふと、みなさうかと思ふくらゐ何も知らない。それが現狀なのです。」

「それで、よく佛教でたとへるのですが、今の世相はまるで火が燃えさかつてゐるやうです。」

コッホによるコレラ菌の發見にはすがすがしい科學の夜明けといふ印象があるが、行き着く先に出現したのは原水爆の劫火であつた。どうしてそのやうなことになるのかといへば、ヨーロッパの近代科學の根柢に小我が横たはつてゐるからである。このままでは人類は滅亡するほかはないが、これを救ひうるのは、易々と私心を超越して行爲する日本的情緒のみである。人類の滅亡をくひとめる力があるのは日本民族のみである。日本民族に期待を寄せる岡の言葉はこのやうに繰り廣げられていく。

「二百年といひますと永いやうに思ひます。德川時代といへばずいぶん永いやうに感じますが、あれはたつた三百年なのです。第一次大戰以後、ずいぶんたつたやうに思ひますが、まだ五十年。こんな狀態で二百年とは、とてももちさうもない。つまりそんなふうな火焔の燃えさかつてゐるやうな進み方、火消し役が滅亡せずにすみたい。生物を滅亡から救ふために、絶滅から救ふために、この火は消さなくてはならない。この火を消すためには、歸するが如く死ぬことのできる民族でなければとてもすることができない。あれは、小我が自分でないとわかつたらいつでもできる。小我は自分だと思つてゐる間は決してできない。小我が自分だと思ふところから利己主義がでる。それがもとになつて火が燃えさかつてる。それを消すためには、自分がそんなものをもつてをつてはだめでせう。そんなものはまるで油を背負つて火におもむくやうなものです。だからこれは日本民族でなければ消せない。」

「さういふ折から、この日本民族が日本民族であるといふ本來の姿に一刻も速くなつてもらひたい。そして人類を滅亡から救つてもらひたい。だいたいこんな意味を死を見ること歸するが如しなどといふ妙な民族が、なぜこれまでに用意されてゐたのかといひますと、大自然はこれを用意しておかなければ、いまに人類が滅亡するからだと、さう思つたからでせう。他にはいつかう使ひ道がない。」

「何をやるにも、本當にやるには、これは使へる。ことに、創造と言はれてゐる文化の内容ね。眞も創造、美も創造。それから廣義の文化、善も創造です。創造するのに小我は邪魔になる。だからそれからすぐ離れることができるといふこと、これは容易に得られない素質です。それが人類時代の文化を始めるため、ぜひその素質を使つてはじめなければいけないのですから。」

「さしあたつて人類を滅亡から救はなければならない。それにはこの火を消さなければならない。それには、火がそれによつて燃えさかつてゐる油を負うてゐるやうなものをやることはできぬ。火の勢ひを強くするばかりです。「薪を買つて火におもむくがごとし」と昔から言つてゐますが、それを油を買ふと言つたのです。まあ、さういふふうに使ひたい。さういふふうな使命が、日本人、正しい日本人になるのですが、そのためといふよりもその前にこんな水の中で住めと言はれたら、眞の日本人は死んでしまひます。殘るものは異民族ばかりです。やはり日本といふ國籍はもつてゐるでせうけれども、それは、こんな水の中に住めるものは、日本人じやありません。」

「つまり日本的情緒といふものは、本當の日本人が、魚にたとへて言ひますと、その中に住んでゐる水のやうなもので、わからず屋たちが寄つて、その水をアメリカ的情緒といつたやうなものと入れ換へてしまはうとしてゐる。これをやられては眞の日本人は死滅するほかはない。さふなれば世界の滅亡を、人類の滅亡を防ぐことのできるものはもうをるまい。さう言ひたい。そこで、一番はつきり言ひたいことは、私のできることは日本的情緒といふそれは、だいたいこんなものであるといふことです。どうにもいくらやつたつてできさうもありません。できないのを押し切つてやつたといふ動きが、少しはわかつていただいたかとも思ひます。」

質疑應答

岡の講話はかうして終り、續いて質疑應答の時間になつた。國文硏の小柳陽太郎が質問をうながすと、まずはじめに第十四班所屬の京都大學の學生、副島が質問に立つた。

副島（京都大學）　日本的情緒といふのはたいへん重要なことは先生のお話でよくわかつたのですが、私たちは日本的情緒といふのはまだはつきりと自分で感じられないといふのが、ぼくの場合なのですが、さういふものをどうしたらはつきり自分に感じ得ることができるだらうかといふやうなことをお話しいただきたいのですが。

岡　それは一口に申しますと、知らない。だけど非常に大事なことです。どうすればいいのでせうね。そんなことにならんやうに教育してもらひたいといふふうに言つてゐるのですが。……ひとつひとつの魚の泳ぎ方を教はるうちに、自分も同じ種類の魚であることを知つて、さう泳ぐ。さう泳ぐことを可能ならしめてゐるものが日本的情緒なのだ、と。だから、日本人といふ魚に本來の泳ぎ方を教へてやつてくれと、それを教へなければ困ると、教育へ呼びかけてゐる。これはいいのですが、あなたはさういふ教育をされずにここまできてしまつたのです。どうしたらいいのでせうね。

あのね、たとへば、明治にあつて個人主義について眞劍に考へた人、これはいろいろあるでせう。かういふのがよき個人の生活である。かういふのはさうでないと、具體的に例を書いてみせることです。個人主義といふものを、さういふ側から一番よく調べて、そしてちやんと成功してゐる人は夏目漱石です。漱石のものを少し讀んでごらんなさい。……鮎には鮎の泳ぎ方、まつたく忘れてゐてもちよつと見せてもらへばすぐわかるのです。それで判斷がつきますから。ただ機縁がなかつたらまつたくわからないでせうね。……

行武（國文研）子供たちに接するときにもう少し心がけなければいけないこと、それだけを氣をつけなければいけないことがございましたらうかがひたいのですが。

岡　日本的情緒といふことですね。その中に生きる人を作るといふことです。人の心がよくわかる、わけても人の悲しみがよくわかるといふのが日本人です。そのために、いざとなれば、元の使者を龍口《たつのくち》に平然として切るといふのが日本人の強さです。あくまでも人に對してはやさしい。そして無慈悲なことをするものに對しては、眞底からの憤りを感じる。それが、男性に現れた日本的情緒です。女性の場合は、眞に精神的戀愛とはどういふことかがわかるやうな人として現れるでせう。さういふ人でなければ本當に日本人を、子供を日本人に育てることができない。

續いて東京醫科齒科大學の學生高野が質問に立ち、自然科學と日本的情緒の關係を尋ねた。高野の見るところ、自然科學は純粋な客觀的眞理を追ひ求める學問であり、自然科學の探究の場において日本と西歐の區別はない。それに對し、岡の說く日本的情緒は日本人に固有の感性であり、純粹な客觀的意識ではない。それなら自然科學と日本的情緒はどのやうな關係にあるのだらうかといふほどの、素朴な疑問が發生する餘地がある。そのあたりの消息を聞きたいといふのが質問の主旨と思はれるが、岡はこれを受けて「自然科學によつて得られたものはすべて道具にすぎない」と一蹴した。

高野（第五班、東京醫科齒科大學）自然科學のはうを學んでをります。その自然科學の學問といふものは、昔と違つて、現在、西歐各國のものを入れてをります。しかし學問は理論的なものです。事實を求めて一歩一歩進んでいくものであると思ひます。それに對して日本的情緒といふものをどういふふうにして……

岡　自然科學によつて得たものはみんな道具にすぎないのでせう。人それ自體は日本的情緒でなければならないでせう。便利な道具があつた。使ひ方が惡いと、これは惡いし、よければよい。あんまり便利な道具がなくたつて、使ひ方がよければよい。非常に便利になつてゐると言はれましたが、生存競爭が激しくなつて、それから水爆などといふ、このうへなく恐ろしいものを作つてゐる。どつちかといへば、ないはうがいい。人の心といふものが進まないのに、自然科學といふ、さういふ手段ばかり進んだ。それで、まだあんよもろくろくできない子に刃物をもたすやうな恐ろしい結果になつた。それが現在のありさまです。

なほ、自然科學と申されましたが、學問だとお考へになつてゐるかもしれませんが、その據り所であるはずの自然とは何かといふもの、いま何もないのですよ。素朴な概念としての自然、それに基づいてやつてゐるのです。嚴密に言へば、こんなものは學問とは言へませんでせう。そのやり方でやつても破壞だけはできるのです。建設は、それはとてもできない。たとへば、私の子供のころ、葉綠素はまだ作れないと習ひました。そののち作れるやうになつたといふことを聞きませんから、たぶんまだ作れないのでせう。……葉綠素が作れないのだと、もつとも簡單な有機化合物が作れないのです。だいたいできることは破壞だけなのです。この機械文明といふふうにいひますが、だいたいそこで使つてゐる動力は何かといひますと、石炭、石油。これはみな昔、植物が作つたものをそつくり拜借してゐるのですね。それから原子力發電などといつてもだれが作つたのか知りませんが、「自然」でせう。ウラン鑛はそんなにありはしません。なくなつたら、石炭、石油、ウラン鑛、みななくなります。さうしたら結局、太陽の力を借りるより仕方がない。それだけはできるでせうけれどもね。水力發電しかなくなります。いま、文明文明といつてゐるもの、他人の作つたものを借りてきて、それを破壞することによつていろいろさしてゐる。できるのは破壞だけなのです。……

自然科學についてどうだと終りころ言はれましたが、もう一度言つてください。

高野　自然科學の場合に日本的情緒とどういふふうに組み合はされるのでせうか。

岡　日本的情緒がちやんとできなければ、自然科學を學ぶといふやうなことをしてもらつては困ると言つてゐるのです（笑ひ）。氣違ひに刃物を渡したくない。あとにもつながつてゐますけれども、もう根本がさうなのです。だいたい、人類の今のありさまは氣違ひに刃物を渡すといふやうになつたら困る。刃物を取り上げればいいのですけれども。あなたに對しても同じことが言へます。

それは實際どういふ利益があるか、といふことも言へますけれども、そんなことよりもつと大事なこと、人がちやんとできないのに危險な刃物を與へるといふこと、これはやめるべきことです。

次に質問したのは十四斑所屬の防衞大學校の學生、黑川である。黑川が日本的情緒と道德教育の關係について岡の所見を求めると、岡は「それはあるね」と明快に應じた。

黑川（十四班、防衞大學校）　道德教育と日本的情緒の關係ですが、密接だと思ふのですが、いかがですか。

岡　それはあるね。外國人が善と言つてゐるものと、ある國の人が善と言つてゐるものは、その國の情緒の中における魚の泳ぎ方がよいと言つてゐる。だから、さういふのをいろいろ集めたら何か出ますけれども、しかしそれだけでは日本人はどう行動していいかわかりません。日本的情緒といふものを知らなければ。それを知つたのちに、外國人に對しては外國人のその行動を是認するといふふうでなきやいけませんから、そのためにそれは學んでよろしいですけれども。

いろいろ、魚と違つて住んでゐる水がみな違ふのです。どの水の中で住んでゐる魚といふことを言はずに、いろいろな魚の泳ぎ方を寄せ集めて、かうと言つたつてわかりはしない。だから道德教育といふことは、世界の魚の泳ぎ方を集めた圖のやうなものであつて、日本的情緒といふことは、日本人といふ魚の住む水のことであつて、そこが違ひますね。日本的情緒のはうをぜひわかつてもらひたいといふことです。あの國の人の泳ぎ方はこれである、この國の人の泳ぎ方はこれであるといふやうなことをいろいろ聞いて、自分がどうすればいいかわかりますか。

黑川　學校の先生がたくさんゐますが、いまの道德教育の問題ですが、ちよつと……

岡　日本人が善と言つてゐるものと、言はなくても昔からさう思つてゐるものと支那人が善と言つてゐるものと西洋人が善と言つてゐるものと一致しはしないといふ事實に注意すべきです。そんなものを越えて理論で組み立てる倫理學などといふものがあるといふのは、これは西洋的情緒なのです。日本人はそんなことを思ひはしません。ちよつと違つたつて善でないものは善でないと、そんなのがよく似てゐたら僞善といひます。本物とイミテーションとは違ふ。さう思つてゐるのは日本人だけでせう。倫理學などといふものはさう思つてゐないからできるのです。……善行を行はうとしなくていいのです。澄んだ水に住まうとすればいいのです。

どの質問に對しても岡は懇切に應答し、いつ果てるともしれないありさまであつた。司會の小柳陽太郎が「時間も迫つてきましたからもうひとり、國文研の方、どなたか」と、國文研の會員の發言をうながすと、ひとりの會員が受けて立つた。日本的情緒を失へば日本人ではなくなるといふけれども、その内容を說明してほしいといふ大雜把な質問で、これではまるで講話をもう一度はじめからやりなほさなければならないかのやうであつた。勢ひのおもむくところ、岡の對應は先ほどの講話をみづから要約するやうな格好になつた。岡の講話はこれで本當に終了した。

講話の終了後、四十分ほど時間をとつて、聽講した學生たちとの閒で質疑應答があつた。續いて他の二人の招聘講師、木内信胤《きうちのぶたね》（世界經濟調査會理事長）と花見達二（政治評論家）とともにパネル・ディスカッションに臨んだ。午後七時に始まり、一時間半ほどかかつた。「國語・國字問題および今後の教育について」といふテーマが設定されて、歴史的假名遣を復活すべきであると、言ひ方は三者三様ながら共通して力說された。

合宿敎室に參加した後、岡とみちさんは由布院に行き、龜の井別莊に數日滯在した。昭和八年夏のある日、お晝のサイレンの音の響きの中に中谷治宇二郎にお別れして以來、實に三十二年ぶりの由布院行であつた。龜の井別莊を切り盛りする中谷武子さんが健在で、岡潔たちを迎へ、みなでなつかしい再會の日々を樂しんだ。武子さんは中谷宇吉郎・治宇二郎兄弟の妹で、いとこの中谷宇兵衛さんと結婚して、叔父の中谷巳次郎（宇兵衛の父）から引き繼いだ龜の井別莊の經營に腐心してきた人である。

合宿敎室（二）「歐米は間違つてゐる」

西歐近代と日本

昭和四十四年八月、岡潔は再び國文研の合宿敎室に招聘され、出講した。第十四回目になる合宿敎室で、熊本縣阿蘇内牧溫泉の「ホテル大觀」を會場に設定し、八月七日から十一日まで、恆例の通り四泊五日の日程であつた。招聘講師はまたも三人で、他の二講師は木内信胤と木下道雄（元侍從次長）である。岡潔は三日目の八月九日午前、「歐米は間違つてゐる」といふ思ひ切つた演題を掲げて二時間に及ぶ講義を行つた。終了後、いつものやうに質疑應答があつた。講義記録は『日本への回歸　第5集』（國民文化研究會。昭和四十五年二月十日發行）に收録された。合宿參加人員は總計四百三名に達し、盛況であつた。二百字詰原稿用紙に書き留められた速記録を見ると、講義記録が百六枚、質疑應答記録が三十枚、合計百三十六枚に達してゐる。

國文研會員の名越二荒之助《なごしふたらのすけ》が司會をつとめ、前回と同じく夜久正雄が岡を紹介した。

岡先生のことにつきましてはもうすでにみなさま方十分御存知で、今回の講義については非常に期待をもつておいでのことと思ひますので、あらためて申し上げることはほとんどございません。先生は數學の大家として文化勲章を受章せられました方でございます。現在奈良女子大學の名譽教授をしてをられまして、かねて、さふ言つてはなんですが、國民文化研究會の顧問をしてをられるのです。先ほど先生にその話をいたしましたら、先生は「ああ、さうだつたか」と言つて笑つてをられました。

昭和四十年の國民文化研究會のこの合宿の第十回の合宿に御出席くださいまして御講演をいただいて、非常な感銘を與へてくださつたのでございます。

先生は御著書として『春宵十話』『紫の火花』、最近では『昭和への遺書』『日本民族』、また、ごく新しい御著書として『曙』といふ御著書を出してをられまして、日本的情意の自覺を叫ばれ、現在の危機を痛感また痛論されて、世の中に非常な覺醒の氣運を與へてをられるお方でございます。

なほ、先生は、この合宿に來るお身體を調整するために、最近は遠いところの講演はお斷りくださいまして、そしてこの合宿のためにお身體を整へられて、そして遠いところをわれわれのためにお出でくださいましたのでございます。われわれは先生のお言葉を全身を耳にして、そしてしつかりと聞き止めたいと存ずる次第でございます。

歐米の間違ひを說く岡潔の講義は、日本が西洋から本當に學んだものを指摘することから端緒が開かれていつた。日本が明治以後西洋から本當に學んだこと。それは、「自分の目で見、自分の頭で考へるといふこと」であるといふ。そこで岡は、岡の話に耳を傾ける人たちに向ひ、「自分の目で見、自分の頭で考へる」といふ構へで話を聞いてほしいと要請した。

岡の歐米批判の鋭鋒の向ふ先は西歐近代が生んだ自然科學であり、この點において四年前の講話「日本的情緒について」と同主旨である。前回は日本的情緒を語らうと試みて、勢ひのおもむくままに西歐の自然科學との對決へと誘はれたが、今回はなほ一歩を踏み込んで西歐自然科學の本性に焦點を當てようといふのである。

はじめに語られたのはショーペンハウエルの物語である。

「十九世紀のドイツの大哲學者にショーペンハウエルといふ人があります。この人の主著が姉崎正治先生によつて譯された。明治十四年に出版されてゐます。三巻に分れていて全部で二千ページほどの本です。まづ大部な本です。表題は『意志と現識としての世界』といひます。「現識」といふのは「現在」の「現」と「知識」の「識」といふ字を書くのです。原語はVorstellung《フォーアシュテルング》。それは、この現識といふのはどういふ意味であるかといふと、ギリシア人や西洋人の腦髓に寫つた世界像といふ意味です。つまり、わかりやすく言へば「世界」といふ意味です。世界をギリシア人や西洋人はどう見てゐるのかといふことです。ショーペンハウエルはギリシア人や西洋人とは書いてをりません。だが、日本人が讀めば、私が讀めば、ギリシア人や西洋人の腦髓に寫つた世界像といふことになります。」

「意志といふのは、ショーペンハウエルはかやうな世界像をあらしめてゐるものは、その背後にある唯一絶對の意志であると考へてゐるのです。」

「ところで、その二千ページの大部分を費やしてショーペンハウエルは克明にギリシア人や歐米人の腦髓に寫つた世界像を描寫してゐるわけです。それを見まして、「まあ、なんと汚い世界だ、まるで混沌の底のやうだ」、さう思ひます。そして實際讀んでゐるだけでも息が詰まりさうな氣がします。……最近ショーペンハウエルの主著を讀んでまつたく驚きました。想像もつかない。人の心の中のわからないこと。世界といふものはどこにあるのでせうか。それをどう見てゐるのかといふことは、彼らの心の中にあることです。しかもたいていの人はかうまで克明に掘り下げないでせう。それでわからん。まつたく驚きました。」

「世界をこんなものと思つて一切が始まつてゐる。それをさうとは知らず、なんでも最初は基礎のところ、歐米を模倣せずには何ひとつやれないのが今の日本なのです。といふことをはつきり思ひ出しました。それを離れて見てゐたら、今の日本人のしてゐることは實に滑稽なことであります。芭蕉は「猿引きの猿と夜を經る秋の月」(『猿蓑』巻五)と連句の中で言つてをります。猿引きの猿のやうに一生を終る。猿引きの猿どころの話ではない。猿だとすれば、なんといふ滑稽きはまるお猿さんであらう。それが今の日本人である。どんな滑稽なお猿さんだつて、こんなのはゐません。「こんなのは」といふのは、今の日本人のやうなのは。さういふわけです。實際さうであるかどうかをできるだけ見てみたい。少なくとも間違つてはゐない。自分たちを踊らせてゐるものは人ではない。猿であるといふことです。」

日本的情緒を喪失し、西洋の模倣に終始する日本人はまるで「猿引き」の猿のやうだと岡は慨歎した。「猿引き」といふのは「猿回し」のことであるから、日本人を猿引きの猿といふのであれば、その日本人を踊らせてゐる何ものかが存在する道理である。ところがその何ものかは人ではなく猿なのだといふ。まるで猿が猿を踊らせてゐるかのやうな奇妙な圖式だが、混沌の底のやうな汚い世界像を腦裡に描く西洋人もまた猿と異らない。すなはち、歐米はどこかしら根本のところで間違つてゐると岡は言ふのである。芭蕉の句が引かれてゐるが、これは話の中味とは無關係で、ただ「猿」の一語を引き出すための枕言葉のやうに引き合ひに出されたのであらう。

世界は人の心に描かれた映像であり、その世界像の背後には唯一絶對の意志があるとショーペンハウエルは言ふ。歐米人の心は心理學の對象となる心である。そこで岡はそのやうな心を「第一の心」と呼ばうと提案した。暗に「第二の心」が示唆されてゐる。

「心理學が對象としてゐる心を第一の心といふことにします。さうすると、この第一の心は前頭葉に宿つてゐる。そして、その心は「私」といふものを入れなければ一切動かない。私を入れるとどんなふうに動くかといふと、私は喜ぶ、私は正しい、私は愛する、私は憎む、私は……する。こんなふうです。

もうひとつ、大きな特徴は、この心のわかり方は意識を通してでないと決してわからない。ギリシア人や歐米人はこの心しか知らないのです。心といへばこれだけしか知らない。だから心理學はそれだけを對象としてゐる。」

「私」の入つた「第一の心」に對し、「第二の心」は「私」の入らない心、すなはち「無私の心」である。「物悲しい」と「悲しい」は違ふ。「悲しい」のは「私が悲しい」のであるから、「第一の心」が悲しいのである。これに對し「物悲しさ」には感知する「私」がない。「物悲しさ」を感知するのは「私」を超越し、「私」を包攝する心である。そこで岡は「物悲しさ」を感知する心を指して「第二の心」といふ名で呼び掛けるのである。

「第二の心」の姿形をさまざまな角度から描寫しようとする岡の言葉が繰り廣げられていく。一貫して動かないのは「第二の心」の存在に寄せる岡の確信である。

「それで、第一の心、それだけを心と思つてゐる。……ところが、秋風が吹きますね。心の中を吹き通る。さうすると物悲しいですね。なぜだらう。これは教へられてさうなるのではない。みんなおのづからさうなるのです。ずいぶん早くさうなるのです。……この悲しさは「物悲しい」のであつて「悲しい」ではない。悲しいのは私が悲しいのである。しかし「物悲しい」はそれではない。

なぜ物悲しいのか。それは心が物悲しさといふメロディーを奏でるからです。それを聞くと物悲しくなる。しかし、どの心が奏でるのであらう。第一の心は私を入れなければ動かない心です。こんな心で奏でられさうもありません。そのうへなほ詳しく見れば、この物悲しさといふメロディー、秋風が吹けばまるでピアノの同じキーを押したかのやうに必ず同じ情緒を奏でる。さうすると、これを奏でてゐる心は私を入れることのできない心、つまり無私の心です。」

「さらに詳しく見ますと、第一の心は寸尺の體に閉じ込められてある心。なぜならば自分が悲しくて隣に坐つてゐる人は悲しくない。ところが、いま問題にしてゐる心は、秋風の吹くところ、家々村々物悲しくない人はない。普遍的です。廣まつてゐる。こんなに違ふのだから、この心は第一の心と違つた心で、これを第二の心と呼ぶことにいたします。第二の心はたしかにある。それで、ギリシア人や歐米人はこの第二の心を見落としてゐたためにああなつたのではなからうか。それで、第二の心を追求いたしませう。」

岡はこんなふうに前置きして、第二の心を語り始めた。第二の心の本性を知るための手法として、まずはじめに念頭に浮ぶのは西歐近代が生んだ自然科學である。ところが自然科學者は自然とは何であるかといふことを言明しないと岡は指摘した。「そんなものは見ればわかるであらう。わかり切つたものだと決めてしまつて、その決めてしまつたものを研究對象にして研究して、その結果を集めたものが自然科學」であり、「だからこれは本當は思想である。學問ではない」といふのである。

「それで、自然科學といふ思想において、自然科學者が暗々裡に自然と思つてゐるものは何であるか、これを彼らに代つて言明しませう。はじめに時間、空間といふものがある。その中に物質といふものがある。物質は赤外線寫眞を撮るとか、電子顯微鏡で見るとか、いろいろな工夫を凝らして見る。しかし最後は五體に備はつた肉眼で見えるものである。それが物質である。最後に、肉體に備はつた五感、五感によつてわからないものはないのである。この物質が自然を作つてをるのである。その一部分が假の肉體である。ところが、時間、空間の中に物質があるのである。これは空間の中に物質があつて、時間とともに變るといふ意味だから、物質が變れば働きが出る。だから肉體とその機能とが自分である。」

「ところが、私には、これは自然のアンサンブルであるとか、自然のごく簡單な模型であるが自然そのものではない、そんな氣がするでせう。そんな氣しかしない。だいたい時間といふものがあるといふのがおかしいし、そんなものはあると見てゐるが、ありやしませんよ。何かしら五感でわからないものがないといふのがひどすぎる。しかもそれが自明として疑ひがないといふやうに言ふ。原始人的無知を思ふ。五感にわからないものはないとしか思はないから、それについて疑つたことがないといふのでは原始人的である。」

自然科學が對象として設定する自然は自然そのものではなく、自然のごく簡單な模型である。そこでこれに名前をつけて「物質的自然」といふことにして、その中を科學するといふ立場を取る。これはこれで確かにひとつの研究方法である。簡單なものしかわからないだらうけれども、わかることは早くわかる。しかし自然はとても調べ切れない。岡はこんなふうに自然科學を批判した。

岡の批判は續く。このやうな簡單な模型の中を調べたのでは、わかるものは物質現象だけである。生命現象はわからないのではなからうか。眞つ先に起るのはかういふ疑ひである。人は起きてゐる。だから見ようと思へば見える。なぜであらうかと問へば、自然科學はエッセンシャル（本質的）なことは何ひとつ答へない。視覺機關といふものがあつて、そのどこかを大きく壞せば見えないといふ答が返つてくるかもしれないが、これはエッセンシャルではない。それでは壞せなかつたらなぜ見えるかと問ひ返せば、やはり答へられないのであるから同じことである。人は立たうと思へば立てる。このとき全身四百いくつかの筋肉が瞬時に統一的に動くから立てるのである。ではどうしてかういふことができるかと問へば、自然科學にはやはりエッセンシャルな答はない。

岡の議論はこんなふうに展開していつた。西歐は「第一の心」のみを知り、生命現象に由來する「第二の心」を知らない。西歐の「第一の心」が生んだ自然科學が究明できるのは物質現象のみであり、生命現象に起因する根源的な問ひに對し、エッセンシャルなことは何も答へることができない。歐米は間違つてゐるといふ岡の主張はこのあたりの感受性に根ざしてゐるのであらう。

自然科學では生命現象はわからないとしても、それなら物質現象ならみなわかるかといふとさうも言へないと岡の言葉は續いていく。

「人の知覺といふこと、これは生命現象のイロハである。それに關して自然科學は何ひとつ答へることができない。さらに突つ込んで生命現象。人は學問をすることができる。なぜであるか。人は理性することができる。なぜであるか。人は認識することができる。なぜであるか。人は感覺することができる。なぜであるかと矢繼早に問ふ。彼らはただ呆然とするのみ。まさかそんなことを尋ねてくるとは思はなかつた。それで、物質的自然の中を科學してわかるものは物質現象だけで、生命現象は何ひとつわからない。しかし、物質現象ならばみなわかるか。それで問ふてみます。物質はいろいろな法則をつねに守つて、決して違背しないといふことである。なぜであるか。これに對しても自然科學はひとことも答へることができない。本當は、どんなときでも物質は法則を守つて背かないのかと聞く。物質がつねに法則を守るなどといふのは嘘であります。これは後に申しますが、守ると思つてゐるだけであります。これでは、つまり物質現象のごく淺い部分しかわからないといふのでは、本當は何にもわかつてゐやしないのですよ。物質に法則があるといふことが嘘であるといふことなんです。さうしたら何にもわからないといふことです。」

西歐近代の自然科學に對する批判が長々と續いたが、岡はここで話題を佛教に轉換した。佛教は科學と正反對の方向にあるものであり、自然科學を東の大關とすれば、西の大關は佛教である。佛教は「第二の心」をどのやうに語るのであらうか。

「あなた方はどう聞きますか。私だとかう聞く。いつたい何がどうなつてをるのですか。さうすると、佛教はかう答へる。佛教は普通、人の心を層に分つて説明する。各々の層を識とする。その番號の打ち方ですが、一番の心の奥を第九識と言ふ。この第九識は一面ただひとつ、他面ひとつひとつ個々別々なんです。そのひとつひとつ。第九識をひとつひとつ個々別々であるといふ方向から見て、これを個と呼ぶ。個體の「個」です。個が人の中核である。第九識には一面ただひとつ、他面ひとつひとつ個々別々であるといふ關係があります。しかしそれ以外に何もない。」

「心が通じ合ふといふことは、一面ただひとつ、他面ひとつひとつ個々別々あるといふ、この二つの關係は、一面ひとつ、他面二つ。だから心が通じ合ふのだと、かう言へるでせう。これがこの宇宙の最大神祕である。……これを第九識と言つたのです。さういふ行き方に比べて、西洋流の學問の觀念體系を組み上げてゐるといふ行き方は、實に地べたを這つてゐるやうだと思ひませんか。」

岡は人と人の心が通ひ合ふといふことに生命現象の神祕（「人生の神祕」といつても同じである）を感じ、どうしてそのやうなことが可能なのであらうかといふ問ひを立てたやうに思ふ。人の世で人は人に出合ひ、心を通はすこともあれば、通はないこともある。心が通ひ合ふのは實際にはきはめてまれな出來事であり、もし實現したなら、その情景はつねに人生の奇跡である。岡の關心事の中核に位置するのはこの問ひであり、これに答へようとすれば心の相の解明をめざさなければならないであらう。歐米は「第一の心」を知るばかりであり、心理學の對象としてこれを設定し、自然科學の手法をもつて解明を試みることになる。だが、これでは「私」といふ個々の心のごく淺い部分のみがわづかに知られるばかりであり、人と人の心が通ひ合ふといふ生命の神祕の解明にはとても屆かない。

これに對し、佛教には岡の問ひに答へる力がある。心をいくつかの層に區分けするのは佛教の教へる唯識の思想である。一番深い層は第九識であり、ここでは「一郎多」、すなはち「ただひとつであるのと同時に個々別々」といふ神祕が實現してゐる。人と人の心は第九識の相において通ひ合ふのである。第九識こそ、「第二の心」の實體である。

第九識を踏み臺にして第八識が存在する。第八識は「時」のすべてが同時に存在する場である。

「第九識に依存して第八識がある。依存してといふのは、それを踏み臺にしてその上といふことで、第八識がある。第八識にはすべての「時」がある。しかしほかに何にもない。時間と言つてません。「時」と言つてゐます。實際、人は時の中に住んでゐる。時間の中になんか住んでゐやしない。時には現在、過去、未來の別がある。未來はわからない。希望ももてる。不安も抱かざるをえない。現在はすべてがわかつていく。だから嚴肅さといふものがある。人生に嚴肅さがあるのは現在があるからです。いつまでも現在に續かれたのでは息もつけない。ところが、不思議にもよい按排に、それが突如として過去に變る。さうすると一切が記憶としか思へない。それもだんだん薄れて遠ざかつていく。しかもなお仔細に見れば、人は過去については悪い記憶はみんな忘れてしまふ。よい記憶だけを殘して、過去はよかつた、あのころが懐かしいと思ふのです。私の若くして死んだ友人（考古學者の中谷治宇二郎）は、これを時の美化作用と言つた。時の美化作用あるがゆゑに人類は向上するのである。私はこれを天才的洞察だと思ひます。」

「この第八識に依存して第七識がある。ここにいたつて大小遠近彼此の哲學が出てくる。彼此といふのは「かれこれ」。彼此の別といふのは自他の別です。大小遠近といふのは空間です。それで、第九識を中心として、その上の第八識を中心として、その上の第七識を中心にして、これに肉がついて自然となつて人々の個體となり肉體となる。そのひとつが自分の肉體である。」

「それでは佛教に問うてみる。人が知覺運動できるのはなぜであるか。佛教はかう答へる。この人が普通經驗する知力は理性のやうな型のみであつて、意識的にしかわからないし、わかり方は少しづつ順々にしかわかつてゐない。しかし、人は稀にではあるが、激しく佛道の修行をしてゐるときなどはよく經驗することですが、これと違つた型の知力がある。これは無意識裡に働いて一時にぱつとわかつてしまふ。かやうな知力を無差別智といふ。知るといふ字の下にさらに日を書き加えた智力といへば、知情意に働く力といふ意味です。佛教は無差別智は四種類あると言つてゐる。大《だい》圓鏡智《えんきやうち》、平等性智《びやうどうしやうち》、妙觀察智《めうかんさつち》、成所作智《じやうしよさち》。この人が見ようと思へば見えるのも、ここに四つの無差別智がすべて働くからである。人が立たうと思へば立てる。ここに妙觀察智が働くからである。知覺運動すべてここに無差別智が働くからできるものである。人が學問をできるのは、その源は大圓鏡智である。大圓鏡智は頭頂葉に働く。人が理性できるのは、その源は平等性智である。平等性智は前頭葉に働く。人が認識できるのは、その源は妙觀察智である。妙觀察智は後頭葉に働いてゐる。人が感覺できるのは、その源は成所作智である。成所作智は側頭葉に働いてゐる。」

人が知覺運動をすることができるのはなぜだらうか。この西歐近代の自然科學には答へられない問ひに對し、佛教は易々と答へていく。岡は四智、すなはち大圓鏡智、平等性智、妙觀察智、成所作智といふ四つの智の働きをもつて答へたが、岡はこれを淨土宗門の山崎辨榮が提唱した光明主義を通じて學んだのである。

心の實體を探究する岡の言葉はさらに續く。第八識にはすべての「時」があると岡は言つたが、第八識の踏み臺は第九識であり、第九識の實體は「第二の心」なのであつた。「第二の心」こそ、本當の自己であり、しかもその「第二の心」の實體は何かといへば、それは「時」であると岡は應じていく。このあたりの思索の姿は岡に獨自であり、神祕的な印象の伴ふ言葉の數々が次々と紡がれていく。第八識にはすべての時があるといふが、「第九識」は「時」そのものなのであらう。第九識において「第二の心」と「時」は等値され、「時」が自己の實體であると岡の言葉は展開する。


「ところで、この第二の心、問題になるのは大小遠近彼此の別、秋風から物悲しさだけを殘さう。大小遠近彼此の別を拔けばいいでせう。情緒だけ。……これで第二の心の實體、第九識、この第九識といふのは、まあいろいろあると言へばあるし、そこへ無差別智が働くと自他の關係がひとつであつて二つでない。こんなことで、本當にあるのはだいたいひとつである。だから、第二の心の實體は一口に言へば「時」。時とは何か。その（第二の心の）實體は時であり、第二の心が自分である。……時とは自分である。……その人の過去の全體、現在、未來はその人が生き續ける限り生き續け、時がすべてである。この心が自分である。人は死にやしない。

自分が時なんです。そんなならわかる。ね、いま時が流れてゐるでせう。共通の時の上のこの時、それが自分。」

「時」がすべてであり、「第二の心」が自分である。だから人は不死であると岡は言ふ。「人は死にやしない」といふ明快無比の發言が強いひゞきを伴つてぼくらの耳朶を打つ。岡の思想のすべてを象徴するひとことである。日本的情緒を語り、歐米の間違ひを主張する岡の眞意がこの一點に集約されてゐるやうに思ふ。學問藝術は他と切り放された個人の業《わざ》ではない。孤高の數學者岡潔は「人は死なない」といふ信念とともに數學研究に打ち込んできたのであらう。

講義の終りに岡は題目に掲げられたテーマに立ち返り、歐米の二つの間違ひを指摘した。どちらもすでに言ひ盡くされてはゐるが、最後に念を入れようとしたのである。間違ひのひとつは物質主義である。もうひとつの間違ひは個人主義である。「第二の心」が眞の自分であることに氣づいてゐないところが間違つてゐる。ところが西洋の政治、經濟、文學、教育、宗教、ことごとくみな物質主義、個人主義でないものはない。それで歐米はみな間違つてゐるといふのが、ショーペンハウエルへの言及に始まる岡の講義の結論であつた。

質疑應答

岡の講義が一段落した様子を見て、「質問に變へさせていただいてもよろしうございますか」と司會がうながすと、これを受けて再び岡の講義が開始された。時間いつぱい存分に語つてもなほ言ひたりなかつたことがあつたのであらう。

岡は、日本では「第二の心」を「眞心」と呼んでゐるといふ話をした。鳥を聞けば鳥が話しかけてゐる。人が喜んでをればうれしくなり、人が悲しんでをれば悲しくなる。みんなのために働くことに無上の喜びを感じる。一日が心樂しくて、なんの疑ひも起らない。死ぬのを決して恐れない。これに對し歐米の物質主義、個人主義は澱んだ濁流であり、みんな間違つてゐる。

岡の話が終つたところで司會の名越二荒之助が「それでは質問を受け付けます」と發言した。最初に質問に立つたのは第六班の首藤といふ人であつた。「教育には季節がある」といふ岡の言葉がぼくらの耳朶を打つ。

首藤（六班）　この前、大分講演（昭和四十年夏の城島高原における第四十回合宿教室での講話を指してゐる）のときに、先生は、今の日本人は情がないといふことをおつしやつてゐましたが……

岡　確乎たる情がない。時として人情に厚くて、偶然、そのとき厚かつたといふやうなふうである。

首藤　われわれ日本人が今からの心の據り所として何を求めていつたらよいか、といふことをお教へください。

岡　物質主義、個人主義を排除するのです。おのづから本當のもの、理に盡きたもの、崇高なもの、悠久なもの、なかんづく崇高なものに對して感受性をセンシブル、崇高さに對する感受性をセンシブルにする。それには物質主義、個人主義といふ濁りを排除する。崇高さに對する感受性がひどく鈍くなつてゐる。

崇高さといふもの。北がどちらか指し示す指針です。これに對する感受性が鈍くなつてゐる。非常に悪い。日本民族は各人頭頂葉をもつてゐるが、それがよく働いてゐない。塵を拂つて、受信機がよく聞えるやうにする。それがだいたい二十年間の教育が作つたプランです。教育には季節がある。季節に合はせて敎へなければ發育しない。ともかく大學へ來てしまつた。季節はとつくにすぎてしまつた。さういふものが二十年間。だいたい人が働くのは七十年。二十年引いて五十年。そのうちの二十年がブランク。たいへんです。だから季節のない教育であつた。その目標は、崇高なものに對してセンシブルになるやうに。それが目標。

それさへできればよかつたが、これは備はつてゐるんです。備はつてゐるんだけれども、をかしな雰圍氣を後頭葉に詰めたものだから眠つてゐるんだ。さう言つていい。後頭葉へ入つたをかしな雰圍氣を捨ててしまふことです。働きやうがないのです、頭頂葉が。みづからの雰圍氣とアメリカの雰圍氣とが合はない。特に物質主義、個人主義と合はない。たいへんな誤りです。戰後、變りましたよ。「ひどいなあ」と思つてをりました。物質主義、個人主義。物質主義といふのは非眞心主義ですよ。人が工作するだけ。眞心を込めてしようとしなからうと同じものができるといふのが物質主義です。

歴史を見れば、人の死に方を見れば、目覺めた人、不死の人でなければこんな死に方はできないといふ人がいくらも目につく。みんな神です。日本にはずいぶんをる。中國にだつてをる。西洋にはゐません。神がゐるんですが見えない。だいたい神といふものを知らん。自分は死ぬものだと思つて……。

こんな死に方はとてもやれんといふ死に方をする人がいくらもゐる。「美しいなあ」といふ死に方。「大日本史」「近世日本國民史」。さういふものをお讀みになるのが理想的です。人の美しい死に方を探し出して、よくご覽になるとよろしい。

玉川大學の學生川尻には、古典をこつこつ讀むことの重要さを說いた。

川尻（二十一班、玉川大學）　まづ、先生が一番はじめに言はれました自分の目で見、自分の頭で考へる、さういふふうに言はれる先生に對して質問するのはちよつとをかしいかと思ふのですけれども……

岡　自分の目で見るといふのを註釋をつけて、實感を大事にせよといふことです。それがうつろに響くか、それが心の……まで響き込むか、それを自分の目で見よといふことです。自分の頭で考へよといふことです。その本當の響きのあるところに關心を集めよといふことです。

川尻　自分はいま大學一年に所屬する者ですけれども、學生は勉强しないと言はれましたが、自分もさうだと思ひます。……もう少し自分に對して、勉强をしない自分に對して……

岡　勉强は自分でするものです。一口に言つて古典をこつこつと讀むといふことが足りない。足りないもなにも全然讀んでゐない。すべて基のものがなくて燒き直しで讀んだら何もわからない。

國文硏の長内俊平は文化勳章を受けたをりの感想を尋ねた。

長内俊平（國文硏）　先生が文化勳章をお受けになられたとき、天皇陛下にお會ひされてゐますが、そのときのお氣持ちをひとつお聞かせください。

岡　特別な感銘を受けました。これが日本民族というものだらうと思ひます。一種獨特な感銘です。日本民族といふのは、ひとつの大家族だと思ひました。自分もそのひとりだと思ひます。非常に早く心が安定する。だから、日本民族といふ集團様式。非常に本當の意味で向上……よい様式です。

西南學院大學の學生小野はキリスト教について質問した。キリスト教は宗教ではなく主義と考へてゐるのかといふ問ひに對し、岡はこれを明快に否定して、再びキリスト教を語つた。

小野（西南學院大學）　キリスト教は個人主義であり物質主義に立つてゐるといふことを言はれました。これで考へますと、キリスト教といふものは宗教ではなくて主義といふものとして考へられてゐるのでせうか。

岡　私はさうは言ひませんよ。宗教と知性とに分け、知性に思想といふものがある。歐米人はかう思ふ。實際、キリスト教を見ましてもまず思想がある。物質主義、個人主義といふ思想がある。その思想の上にキリスト教といふ宗教がある。この順になつてゐると言つたんです。事實あるものと、彼らが觀念的に見てゐるものとは違ふ。これを指摘したのです。キリスト教は日本民族とは全然合はない宗教であるといふことを言つたのです。かういふ順になるから、信仰の自由などと言はれやしません。思想が先にあるとさうですよ。當たり前ですよ。思想がなかつたら説くこともできなければ求めることもできません。……ギリシア、歐米の太古以來、物質主義、個人主義といふ思想がある。その上にキリスト教といふ宗教ができたのです。この物質主義、個人主義を全然受け入れるわけにはいかない。キリスト教だつてさうでせう。全然入れられない。理の當然、かうなるんだから仕方がない。信仰の自由、でたらめなんです。

最後の質問者は玉川大學の松岡といふ學生であつた。松岡は「心」について尋ねようとしたが、言ひ掛けたところでたちまち岡に遮られてしまつた。

松岡（二班、玉川大學）　さつき先生が、心理學の對象としての心が第一の心であつて……

岡　心理學の對象としての心は第一の心と定義すると言つたんです。

松岡　それで、私を入れなければならぬ心だとおつしやいましたね。

岡　ええ、それは自分を見たのです。

松岡　それでは、私を入れねばならぬ心であり、……

岡　入れなければ動かないと言つたんです。

松岡　それでは、意志を通さなくても出てくる心とか……

岡　意識と言つたんです。

松岡　はい。いいです。意識を通さなくても出てくる心とか、……

岡　心と言ひやしません。意識を通さないでわかると言つたんです。何が言ひたいのですか。

それくらゐ間違ひばかり書いておいて何が言ひたいのだといふのです。

松岡　いや、第二の心のはうは心理學の對象としては扱へないといふふうにおつしやつたやうにぼくには感じられたのですけど。

岡　扱へないもなにも、ほかに心はないのだらうかと言つたんです。ことごとく君の聞き違ひ。

松岡　どうもすみません。

こんなふうに松岡の發言はことごとく封じられてしまひ、質疑應答はたうとう成立しなかつた。應答の契機をつかまうと試みる松岡の片言隻語の曖昧さをそのつど的確に指摘し、「ことごとく君の聞き違ひ」と一蹴する岡の言葉には氣迫がこもり、會場を壓倒し、一面に緊迫した空氣が立ち込めた。いつたいどうなるのだらうとみな固唾を飮んで成り行きを見守つてゐたものだと、四十年餘の後の今もなほ國文研の會員たちの間の語り草になつてゐるといふことである。

關正臣宮司の話

前回の城島高原での合宿教室のをりには、岡は講義が終るとすぐ、その日のうちに由布院に移動したが、昭和四十四年の合宿のときは阿蘇で一泊した。講義が行はれた八月九日の夜には、請はれて慰靈祭に參列した。慰靈祭といふのは（日本の）國を守るために命を捧げた人たちの御靈《みたま》をお祭りする行事で、合宿教室全體、あるいは國文研といふ團體の姿をよく象徴する行事である。そのをり意外な出來事があつた。慰靈祭を取り仕切つたのは横濱の舞岡《まひをか》八幡宮の關正臣《せきまさおみ》宮司であつた。關宮司が小田村理事長の要請を受けて岡潔に式次第を説明し、參列をお願ひしたところ、岡は途中で怒り出し、「おれは出ない」と言つたといふのである。

平成十年は昭和四十四年の時點から數へると二十九年目になるが、この年の夏、阿蘇の國立青年の家を會場にして第四十三回目の合宿教室が開催された。ぼくははじめて參加して、偶然關宮司と同室になつた。平成十年八月九日夜、慰靈祭の後、關宮司は當時の情景をいかにも懷かしさうに回想した。事件が起つたのは「降神《こうしん》の儀」と「昇神《しようしん》の儀」の説明に移つたときのことであつた。説明を聞くほどに岡はたいへんな見幕で怒りだし、「降神」「昇神」といふのは間違ひだ、と關宮司を叱りつけたといふのである。「降神」といふのは神々の御靈《みたま》を齋庭《ゆには》と呼ばれるお祭の場に招く儀式であり、設營された祭壇の前に神職がぬかづいて、警蹕《けいひつ》と呼ばれる長い獨特の聲を發する。するとその聲に乘つて御靈が參集するといふ考へである。神道の傳統的な儀式である。

祭壇を前に三井甲之の歌

ますらをの悲しきいのちつみかさね
　つみかさねまもる大和島根《やまとしまね》を

（山梨縣甲斐市龍王の山縣神社内に歌碑がある。）

を朗詠し（これはお祓ひの代はりであらう）、默禱を捧げ、それから降神の儀を執り行ふ。神饌を捧げ、祭文を讀み、みなで大伴家持《おおとものやかもち》の萬葉歌「海ゆかば」を齊唱する（これは獻詠の代はりであらう）。

海行かば　水漬く屍《かばね》
山行かば　草むす屍
大君の　邊《へ》にこそ死なめ
顧《かへり》みはせじ

この歌は「賀陸奥國出金詔書歌《みちのくのくによりくがねをいだせるみことのりをことほぐうた》」、すなはち奥州陸奥の地に金が發見されたことを言祝《ことほ》いで歌はれた長歌（萬葉集巻十八にをさめられてゐる）にはめこまれてゐる斷片であり、大伴家に傳はる舊ひ傳承をなつかしく回想し、大伴家といふものの家柄を物語らうとする詩篇である。金は奈良の東大寺の盧《る》遮那佛《しゃなぶつ》鑄造にあたり、塗料として使はれるのである。作曲は信時《のぶとき》潔《きよし》で、昭和十二年、中國大陸で始まつた支那事變によりもたらされた深刻な衝撃を受けて作られた。古代の豪族大伴家の傳承歌が、近代ヨーロッパの影響下に形成された日本の歌曲の五線譜の上に寫し取られたのであり、それ自體、眞に奇蹟的な出來事と言はなければならなかつた。

三井甲之の「ますらをの歌」は、昭和二年八月二十四日、夜間演習中の聯合艦隊の巡洋艦「神通」と驅逐艦「蕨《わらび》」が島根縣地藏崎燈臺の東沖で衝突し、「蕨」が沈沒したをり（美保ケ關事件）、殉職した福田秀穗機關中佐を追悼する連作九首の掉尾《てうび》の一首である。

さて、すべてが終つた後、御霊にお歸りになつていただく儀式が「昇神」で、再度神職が進み出て「降神」の場合と同じ聲を發する。闕宮司がおほよそこのやうに岡に説明したところ、岡は「御靈はどこからくるんだ」と聲をはげました。

死んだ人はどこかにすぱつと入つてつながつてゐる。どこかその邊にゐて、おーい、こつちへ來てくれ、といつて呼ぶやうなものではない。それじやあ、亡靈だ。呼ぶといつたつて、どこから呼んでくるのだ。（人は）生まれ變はつてどこかに生きてゐるのだ。亡くなつた人が生きた人の體の中にすぱつと入れるやうでなければ神ではない。

岡はかう言つて、

「君は神様がそのあたりにゐると思つてゐるのか、國のために死んだ人がそのあたりにうろうろしてゐると思つてゐるのか。」

と猛烈な勢ひで叱り續けた。「烈火のごとく」といふのがまさにぴつたりの情景で、「おれは出ない」と明言した。闕宮司は二の句が繼げず、「しまつた」と思ひ、しゅんとなつてしまつた。そこへ長内俊平がやつてきて、岡に何事かを語りかけた。すると岡の怒りはにはかにかき消えて、すなほに「うん、出る」と言ひ、無事慰靈祭に參列したといふ。

この緊迫した場面で長内先生は岡に何を語つたのであらう。ぼくは興味をかきたてられてインタビューを試みたが、長内先生は、

「何も特別なことを話したわけではない。ただ、とにかく出てくれませんか、とお願ひしただけだ。」

と言ふばかりであつた。

闢宮司の話にはまだ續きがある。「降神」「昇神」の儀式といふのは神道の方面で慣習になつてゐるからさうしてゐるまでで、よいとか悪いとか考へたことはない。岡先生に叱られてしまつたが、どうしてこのやうな儀式をするのかと問はれて、答へられなかつた。岡先生に大きな課題を與へられたやうな氣持ちだ。今もどう答へてよいかわからない。

闢宮司はかう言つて、そのうへでさらに、「ただ、ぱつと生まれ變る人もゐるし、六百年たつてから生まれ變る人もゐるやうな氣もする」と言ひ添へ、「楠木正成の魂などは、六百年もかかつて……と思ふ」と具體的な事例を擧げた。楠木正成は南北朝時代の武将で、歿年は一三三六年であるから、六百年後といへば一九三六年すなはち昭和十一年である。闢宮司には、だれかしら正成の生まれ變はりと目される人物に思ひ當たるところがあつたのであらう。「生きた人の體の中にすぱつと入れるやうでなければ神ではない」といふ岡の言葉もさることながら、闢宮司の言葉もまた同じくらゐ神祕的である。不思議な物語が次々と幾重にも重なり合つてぼくの耳朶を打ち、思はずめまひを覚えるほどであつた。

闕宮司は戰前、日本學生協會が主催した菅平合宿を知る人物である。當時、闕宮司は國學院大學の學生で、學友十四名とともに參加したが、その同窓の友人の中に同期の栢木喜一《かやききいち》がゐたといふ。栢木は奈良縣櫻井市出身で、國學院では折口信夫《をりくちしのぶ》の指導を受けて源氏物語を讀み、源氏をテーマにして卒業論文を書いて卒業した。保田與重郎と同郷であり、しかも晩年の岡潔との間にも親しいおつきあひがあつたといふ人である。戰後は歸鄕して奈良縣下の高校で長く國語を教へたが、保田が亡くなつた後も「風日」歌會の中心にあり、ぼくも身余堂と義仲寺で幾度かお目にかかつたことがある。栢木は岡潔を訪ねるたびに精密な訪問記録を書き留めてゐて、おかげで晩年の岡を知るうへでかけがへのない基本資料が殘された。ぼくはその栢木の名を、闕宮司が親しく口にするのを耳にした。

簡單な自己紹介のつもりだつたことと思はれるが、闕宮司は國學院の出身であることなどをぼくに話してくれたをりに、いくぶん唐突に、「栢木は國學院の友だちで、いつしよに菅平合宿に參加した」と言つたのである。保田の「風日」歌會と國文研との間に組織的な交流があるわけではないが、闕宮司と栢木の交友はさながら雙方をつなぐ架橋のやうに思はれた。ぼくにとつてはこれはたしかにひとつの發見であり、平成十年夏の阿蘇の一夜、闕宮司にうかがつたお話の中で今もなつかしく思ひ出される逸話である。

【エピローグ】小林秀雄の回想

昭和四十四年以降、岡潔が三たび合宿教室に出講する機會はもうなかつたが、岡と國文研との關係は小林秀雄を媒介にしてなほ生き續けた。小林と國文研との關係は「戰前の國文研」の時代にさかのぼる。沼波瓊音が大正の末年に設立した瑞穗會に始まる「戰前の國文研」はさまざまに變容したが、最後の姿は昭和十六年の紀元節に設立された精神科學研究所である。精神科學研究所では「日本世界觀大學講座」といふ公開講座を主催したが、大東亞戰爭のさなかの昭和十七年五月、十一日を初日として月末にいたるまで、延べ八日間の日程で第三回目の講座が開催された。場所は有樂町の產業組合中央會館である。二日目の五月十四日には小田村寅二郎の講演「世界政治秩序論」があり（小田村の肩書は精神科學研究所の所員である）、最終日の五月三十日には理事長の田所廣泰の講演「日本世界政策宣言」が行はれた。小林は三日目の五月十八日に出講し、「歷史の魂」といふ講演を行つた。本居宣長の『古事記傳』を讀んだをりの感想も語られて、晩年の思索の姿がこの時期にすでにくつきりと現れてゐる。講演記錄は精研の機關誌『新指導者』七月號に掲載された（第四次『小林秀雄全集』にはじめて收錄された。第7巻「歷史と文學・無常といふ事」所收。平成十三年十月、新潮社）が、同じ七月號には小田村の論文「臣道政治の要請」も掲載されてゐる。

小林秀雄は戰後の國文研の合宿に何度も出講したが、小田村寅二郎との交流はずつと以前からすでに始つてゐたのである。小林も小田村も東京府立一中の同窓生であり、高校も大學も同じである。大學では文學部と法學部に分れたが、高校ではともに文科丙類で、ここでもまた先輩と後輩であつた。

昭和五十三年夏、第二十三回目の合宿教室に出講した小林は、八月六日、「感想　本居宣長をめぐつて」といふ題目で講演を行つた。その日の夜、小林秀雄の宿泊先のホテル「司」の部屋に小田村と夜久、それに文藝春秋社の郡司勝義といふ面々が參集し、小林を圍んで會食のひとときをもつた。小林はさかんに岡潔を語り、盡きなかつたといふ。新潮社から發賣された小林の講演記録「本居宣長」（新潮カセット。昭和六十一年一月二十四日發行）の添付文書に夜久のエッセイ「阿蘇の一夜」があり、この夜の小林の話しぶりが生き生きと描かれてゐる。

小林は「人間の建設」の對話のをりの出來事を回想した。

脱俗つてんだね。初對面も何もないね。あなたは辰野隆さんのお弟子ださうだねつて。それだけでもういいんだね。自動車の中はもう辰野隆の話ばかり。

辰野《たつの》隆《ゆたか》といふのは東大文學部佛文科の先生で、小林秀雄の學生時代の恩師である。岡の妹の泰子さんの御主人の岡田弘も同じ東大佛文科の出身であり、やはり辰野の弟子筋にあたる。小林の少し先輩である（岡田は岡と同じ大正十四年三月卒業、小林秀雄はそれから三年後の昭和三年三月卒業）。岡はこのやうな事情は先刻承知のうへで、初對面の小林にいきなり辰野隆の話をぶつけたのであらう。この話を受けて、周邊にゐた人が「その話はおおむねいいのですか」と問ふと、小林秀雄は「ええ、みんないいです」と答へた。しかしこの問答は意味がよくわからない。

そいで、山焼きの日で、料亭とつていてくれて、大文字焼が見えるやうになつてるんだ。そしたら、山を焼くのはよくない！といふんだね。〝どうだ？〟つていふから、おれも〝よくない！〟つて言つたら、〝さうか！〟つてんで、話をしたね。

かうして對話が始まつたのがお晝すぎの一時ころのことで、それから蜿蜒《ゑんえん》と話が續いて深更に及び、名高い對話篇「人間の建設」が成立した。「岡さんといふのは天才です。あの文章を讀んでさう思ひました」と小林秀雄は言つた。ひとことで言へば「脱俗の天才」だ、といふのが岡潔に寄せる小林秀雄の批評であつた。

小林秀雄は岡潔の歿後きつかり五年後の昭和五十八年三月一日に亡くなつた。岡と同じ命日であるのがいかにも不思議だが、夜久正雄の見るところ小林も岡も魂の存在をはつきり信じてゐた人で、二人ともに神祕的な人格である。命日が同日なのも偶然の一致ではないと思はれて、感慨もまた新たであつたといふことである。

第三章

正法眼蔵

玉城先生の肖像

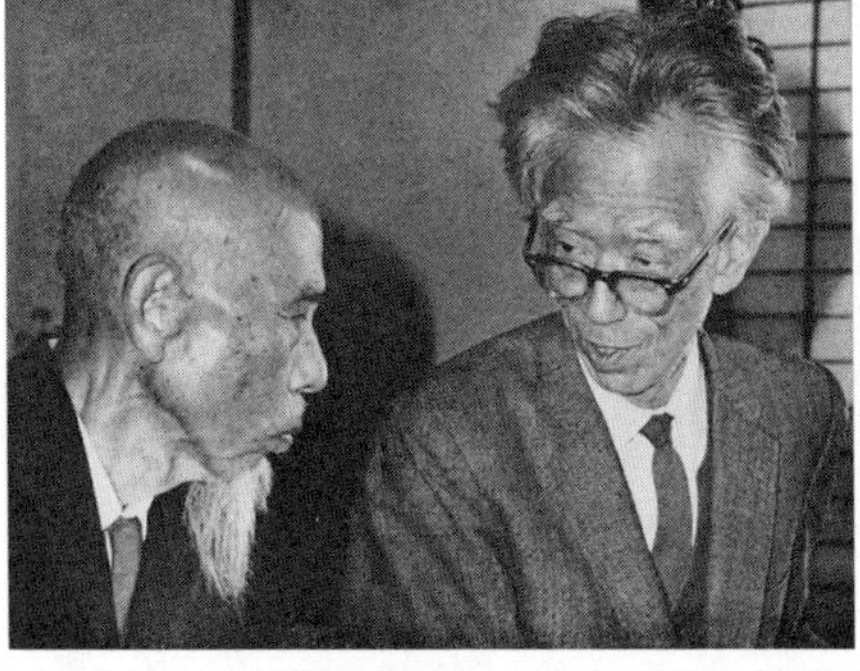

坂本繁二郎（左）と岡潔（昭和四十一年）（柳川「御花」にて）
（谷口治達『坂本繁二郎の道』求龍堂より）

「とぼとぼ亭」の思ひ出

「とぼとぼ亭」の思ひ出

平成六年の梅雨はつゆらしい雨に惠まれず、夏のはじめのころにはすでに、水の不足を告げる難儀な聲が日本の各地から聞え始めてゐた。ぼくの住む博多の街でも、實に十六年ぶりといふ大掛かりな渴水に見舞はれて、給水制限の是非などがしきりにとりざたされた。十六年前の大渴水の悲慘な經驗が多少の懷かしさすら伴ひつつ回想され、水源となる五つのダムの日々の貯水率の變遷と合はせて、水に寄せる人々の關心をあふつてゐた。ほどなくしていよいよ給水制限が實施に移されると、問題の解決は新しい年の梅雨入りを俟つほかはないといふほどの、諦觀の氣配さへただよふ氣の長い見通しが町中《まちなか》の空氣を支配した（長期に及ぶ給水制限が續いたまま年を越したが、はたして平成七年七月早々に三日三晩に及ぶ集中的な豪雨があり、ダムの水かさはうなぎ登りに上昇し、水問題はまたたく間に解消した）。

水の苦しみに會ひながらも、博多の街の年中行事は例年の通りに進行していつた。櫛田神社の夏祭り「祇園山笠」の御神輿競爭を見物し、筥崎宮の秋の大祭「放生會《はうじやうや》」のくす玉が割れて鳩の放生が無事終了すると、渴水と殘暑の九月の日々ももう殘り少なくなつてゐた。ぼくはせかされるやうに上京し、二十八日夜、都廳に近い新宿副都心のホテルの部屋から、古い友人の原澤宏也さんに電話をかけた。原澤さんは東京で一番有名な（と、ぼくは信じてゐる）四谷のラーメン屋「支那そば屋こうや」の主人である。

はじめて原澤さんに會つたのは昭和四十五年の秋、十月の半ばころであつたから、昔日の青春の出來事である。原澤さんは屋臺を引くラーメン屋さんで、おほむね四谷界隈を舞臺にして夜な夜なチャルメラを吹きながら流して歩いてゐたが、たはむれにこれを「とぼとぼ亭」と稱してゐた。「とぼとぼ亭」は必ずしも屋臺の呼び名といふわけではない。立ち入つて尋ねてみれば、屋臺を引く原澤さん自身がすなはち「とぼとぼ亭」なのだといふのであつた。この年の四月、ぼくは大學に通ふために郷里の群馬縣の山村を發つて上京し、はじめ柿の木坂に下宿したが、落ち着きが悪く、秋口の九月には早々に引つ越して四谷に移り住むことになつた。するとそこは原澤さんの縄張りだつたのである。

原澤さんに會つたとき、ぼくは十九歳であつた。岡潔先生の影響を受けて、數學に心を惹かれてゐた。原澤さんもまだ二十八歳といふ若さであり、本當は繪描きなのだと初對面のときに自己紹介した。幾分異色の組み合せではあつたが、馬が合つたのであらう、急速に親しくなり、毎日のやうに會つて話をした。

原澤さんの出身地は九州宮崎の都城である。小學生のとき、蟲齒豫防の全國キャンペーン「よい子の齒繪畫コンクール」に參加して入賞し、宮崎縣の代表になつて上京して、各都道府縣の代表の小學生たちといつしよに國會議事堂を寫生した。この體驗を機に、繪描きになりたいといふ考へを抱いたといふ話であつた。九州出身の畫家で中央の畫壇への道を開いた大先輩として、しばしば坂本繁二郎と青木繁の名が語られた。原澤さんはよく、ピカソがなぜ日本に來なかつたか知つてるか、とぼくに尋ねた。さうして、それは、日本には坂本繁二郎といふ恐ろしい繪描きがゐるからだ、坂本繁二郎の繪の前では自分の藝術が色褪せてしまふことをよく知つてゐたからだ、と自分で答へるのを常とした。それでゐて、本當に尊敬する畫家は實は富岡鐵齋だといふのであつた。愛讀書には島田清二郎の『地上』といふ珍しい作品を擧げ、參考書として杉森久英が書いた島田清二郎の傳記『天才と狂人の間』を指定した。この愛讀書の眞に意味するところは不明だつたが、そのころの口癖のひとつに「おれは悪人だ」といふのがあつたから、何かしら暗に傳へたいと思つてゐたことがあつたのかもしれなかつた。

原澤さんの屋臺のキャリアはこの時點ですでに七年とも八年ともうはさされてゐた。その後も着々と實績を重ねていつたが、あるときお母さんが亡くなるなど突發的な出來事が相次いだことがあり、轉機が訪れて、昭和五十九年二月六日、多少のいきさつの後に「支那そば屋こうや」の開店の運びとなつた。原澤さんはよい友人知人にいつも取り圍まれてゐる人であつた。急な成り行きではあつたが、ともあれ居抜きの貸店舗を確保し、練達の大工の棟梁（みなに「棟梁」とのみ呼ばれて親しまれてゐるおぢいさんで、名前は知らない）の振ふ采配のもと、原澤さん自身も力仕事に加はるなどして、みなで寄つてたかつておしやれなインテリアのお店を作り上げた。

「屋臺二十年」（原澤さんはいつもさう言つてゐた）の「とぼとぼ亭」が店を構へたといふニュースの反響は大きかつた。特別の宣傳を繰り廣げる必要もなく、くちコミのみを仲介にして、たちまち行列の見られない日はないといふほどの大繁盛となつた。原澤さんの獨自の構想に基づいて開店後の增築改築も次々と實現し、日を經ずして、カウンター、テーブル、板の間を合せてざつと五十人は收容可能な大店《おほだな》に成長した。店頭には「とぼとぼ亭」の名殘りのチャルメラが飾られ、奥の間の壁には、墨で書かれた巨大な「空」の一文字額が掲げられ、店内にはいつも、原澤さんの好きなジャズのメロディーが流れてゐた。店員も增えて、常時十人を越えるやうになつた。みな若く、それぞれの流儀で原澤さんを慕ふ人ばかりであつた。

ところが不可解なことに、當の原澤さん本人は、經營が軌道に乘り始めるにつれて次第に店に寄りつかないやうになつた。「繁盛しながらつぶれるのが理想だ」などといふ不思議な言葉が新たな口癖になつて定着し、日に五十萬圓とも六十萬圓とも言はれた店の賣り上げの全額を懷にして、每日のやうに各地を放浪した（そのために、月末の各種の支拂ひの時期にはいつも苦境に陷つた）。わけてもこの時期に現れた際立つた傾向は、仲間と連れ立つての釣り三昧である。國内のみならず、シベリアに足を延ばしたこともあるといふふうで（每日新聞社の週刊誌『サンデー每日』のグラビアで、大きな魚を兩手にかかへて得意げに破顏大笑しながら、シベリアの川縁に立つてゐる原澤さんを見たことがある）、放浪の規模は大きく擴散していくばかりであつた。そのために、ときをり上京しても、こちらの都合と折り合ひのつかないことが多くなつていつた。もしちやうどよくつかまへることができて、そのうへ舊交をあたためることができたなら、たいへんな僥倖に惠まれたと言はなければならなかつた。

加藤さんの話

神宮前に住む原澤さんに電話をかけると、加藤芳江さんが電話口に出た。加藤さんは原澤さんのいはば「相棒」のやうな人であり、正確には承知してゐないが、原澤さんとはもう二十年に近いおつきあひになるのではないかと思ふ。武藏《むさ》野美術《び》大學出身の藝術家だが、若いころは出版社に勤務して雜誌の編輯をやつてゐたこともあり、フリーの編輯者だつた一時期もある。この「フリーの編輯者」といふ職業は初耳で、幾度も繰り返して說明を受けたが、なかなか實體を把握するには至らなかつた。あるとき、スポンサーがつき、離婚をテーマとする『スタート』といふ季刊雜誌が企畫され、加藤さんが編輯人になつた。その間の事情をいろいろうかがふに及んで、やうやく合點がいつた（ただし、雑誌の主旨を理解するのは困難だつた）。「むさび」時代には學生運動などにも熱心だつたと聞いてゐる。當時の餘韻は今も響いてゐるのであらう、非常に論理性の高い饒舌な論陣を張る論客である。

原澤さんとははじめ、新宿あたりの酒場で知り合つたと聞いたことがある。いつのころの出來事であらうか、加藤さんは敬愛するお父さんが亡くなつたのを機に、インド、ネパール方面に放浪の旅に出た。そのとき原澤さんは羽田空港に出向いて加藤さんの意表を衝き、帽子（いつも同じ破れ帽子をかぶつてゐた）を振つて見送つたといふことであつた。原澤さんは加藤さんのことを「アパッチ」といふ不思議な呼び名で呼んでゐた。

加藤さんはぼくとほぼ同い年だが、ぼくの知らない廣い世界に通じてゐて、話をするといつも啓發された。カンディンスキーの『抽象藝術論』の手ほどきをしてくれた人でもある。「支那そば屋こうや」の開店にあたつては、加藤さんの總合的なプロデュースの果した役割には、特筆大書するだけの値打ちがあつたと見られてゐる。ぼくはその加藤さんの口からいきなり玉城先生のお名前を聞いたのである。

前年は不思議に上京の機會に惠まれず、この年のはじめての御挨拶だつたが、名乘つて久闊を敍すると、加藤さんはだしぬけに、「をととひの新聞で玉城先生を見たよ」と言つた。をととひ、すなはち平成六年九月二十六日の讀賣新聞の夕刊の文化欄に、「佛教學者玉城康四郎先生に聞く」といふ主旨の長文のインタビュー記事が、一葉の寫眞とともに掲載されてゐたといふのであつた。

佛教を問ふ

玉城先生をいはば發見したのは昭和六十一年のことであつた。この年の四月二十三日、ぼくは講談社の學術文庫に入つたばかりの玉城先生の著作『佛教の根柢にあるもの』に出會ひ、「まへがき」の冒頭の數行にたちまち目を奪はれたのである。はじめに「佛教の根柢といふ發想が浮んできたのは、いつのころであつたらうか」といふ基本的な設問が提示され、この設問が、「追想してみると、大學に入つて佛教の講義を聞いたときにまで遡るやうに思ふ」と受け止められて、以下、學問としての佛教との關はりが簡潔に回想されていく。先生は「幼少の頃より親鸞の生き方には多少のなじみはあつたが、佛教に觸れたのははじめて」だつた。しかし、「何箇月か經つうちに、佛教とは底の知れない生きもののやうに思へてきた」といふ。續いて語られる玉城先生の言葉はこんなふうである。

インドには中觀派や唯識學派があり、中國には天臺や華嚴がある。それぞれ壯大な體系と、きめのこまかい微妙な深さをたたへてゐる。しかし、どの學派よりも佛教そのものは、つねに一廻り大きいやうに感じられてくる。たとへば、唯識思想と天臺學とは、その組織において互ひにまつたく關係がない。天臺を勉强しても唯識の參考にはならない。唯識は唯識として最初から出發せねばならない。にもかかはらず、かうした諸學派は、すべて佛教といふ名の下に包攝されてゐる。

はじめに「どの學派よりも佛教そのものは、つねに一廻り大きいやうに感じられ」るといふ、根幹をなす言葉が語られ、次いで、「かうした諸學派は、すべて佛教といふ名の下に包攝されてゐる」といふ事實認識が表明された。最初の問ひはここから取り出される。

さうした佛敎そのものとは、いつたい何であらうか。諸學派とは異なる佛敎そのものが、果たして學問研究の對象となり得るのであらうか。

このやうな氣宇の大きい問ひ掛けが、玉城先生の言ふ「まづ第一の疑問」なのであつた。これだけでもすでに尋常一様の出來事とは思はれなかつたが、先生の言葉はさらに續けられ、第一の問ひにぴつたりと寄り添ふやうにもうひとつの問ひが現れるのである。

ところで、天臺にしても唯識にしても、そこで說かれてゐる體系は、一應はうなづくことができる。天臺の一心三観《いつしんさんがん》も一念三千《いちねんさんぜん》も、いはれてみれば、なるほどと心にそのイメージが思ひ浮かべられる。また唯識のマナ識やアーラヤ識は、われわれ自身の意識の究明として、いかにも魅力的である。しかしながら、私のこれらの學派に對する追求は、すぐに頭打ちになつてしまふのである。一心三観や一念三千そのものの發想は、どこから出てきたのであらうか。マナ識やアーラヤ識は、潜在意識的であり、ほとんど無意識の領域に根ざしてゐる。それなのに、どうしてマナ識やアーラヤ識の諸性質が、これほど明瞭に表明され得るのであらうか。

これが、玉城先生の「第二の設問」である。この問ひには短い補足が附されてゐる。それによれば、先生が本當に知りたいのは「天臺や唯識の思想そのもの」といふよりもむしろ、「さうした思想の發想される根源」である。そのわけは、「發想の根源の方が、思想そのものよりも遙かに確からしい、と直覺されるからである」といふのである。しかも二つの疑問は無關係ではありえない。先生はさながら「重なり合つてゐるが如くである」と言ひ、こんなふうに言葉を重ねてゐる。

しかしよく考へて見ると、佛教そのものとは何かといふ第一の疑問と、各學派の發想の源泉は何かといふ第二の疑問とは重なり合つてゐるが如くである。明瞭には分らないが、どうもさうらしい。問題はいかにしてそこへアプローチするかといふことであつた。それは、もはや對象的推理のよくする所ではなかつた。全人格的推理、いひかへれば禪定《ぜんぢやう》、具體的には坐禪を實踐しなければならないと思つた。

かうして二つの問ひは融合して展開し、「全人格的推理」、すなはち禪定といふ實踐的な場が開かれた。冒頭の一見してさりげない自問に始まつて、二つの疑問を經てこのやうな具體的な場に至るまで、玉城先生の思索は一歩また一歩と整然とした深まりを見せて間然するところがない。「まへがき」に記されたわづかばかりの文章群ではあるが、ここには確かに、何かしら歴史的な性格を備へたある恐るべきものの片鱗が立ち現れてゐる。全人格的な思惟の營みに裏打ちされた佛教學。もし本當にそのやうな佛教學が成立してゐるとするならば、それは疑ひもなく學問の理想型であり、ぼくが長年に渡つて心を寄せ續けてきた數學とも決して無緣ではありえないやうに思はれた。

學問上の豫備知識は皆無でも、『ソクラテスの辯明』を讀み、プラトンの對話篇を味はふことは可能である。たとへ佛教そのものの理解はとぼしくとも、玉城先生の思索の跡をたどるべく努力することは可能である。そのやうな日々を丹念に重ねていけば、いつの日か、どこかしら懐かしい香りに滿たされた廣やかな土地に案内されていくにちがひない。ぼくは瞬時の間にそのやうに感じ、深い感慨に襲はれた。玉城先生の言葉のすべてに耳を傾けて、佛教を、といふよりもむしろ玉城先生その人を學ばなければならないと痛切に決意した。さうしてその日からこのかた、ぼくは玉城先生の諸著作の日本で一番(ぼくはさう確信してゐる)の愛讀者になつたのである。

空想の座談會

玉城先生の著作『佛教の根柢にあるもの』を手にした翌年、昭和六十二年九月三日には、念願がかなつて久我山に玉城先生をお訪ねした。感銘は日に日に深まりゆくばかりであつた。ぼくは先生の人となりの紹介やあれこれのうはさ話をだれかれとなく語り續けたが、ぼくの語る「玉城先生の物語」にあてられて、加藤さんは加藤さんなりに玉城先生の肖像を心に描いたことであらう。その玉城先生が、新聞の紙面を借りて忽然と姿を現したのである。記事の内容をめぐつて質疑應答も相次いで、會話は急速に盛り上がらうとする氣配を示したが、幸ひに原澤さんも在京とのことである。明日の夜、三人で會はうといふ約束が成立した。

翌二十九日の午後六時、ぼくはお茶の水驛前で加藤さんと待ち合はせ、「支那そば屋こうや」の最近のにぎはひ振りや經營上の苦心談などを聞きながら、本郷三丁目方面に向つて連れ立つて歩いていつた。

ほんの十日ばかり前、修業中の三人が獨立して「麵房《めんばう》」といふ店を構へたが、開店に當つては原澤さんも加藤さんも全面的な支援を惜しまなかつた。「麵房」といふ珍しい店名は加藤さんの發案の自信作といふことで、これはだいぶ御自慢のやうだつた。この夜は新裝開店後のお店の樣子を検分するといふ觸れ込みで、原澤さんともども顏を出して、おそばを一杯いただいてみるといふ趣向であつた。神田川に架かる橋を渡り、突き當たりの東京醫科齒科大學前の道を左折し、大學の建物に沿つて自然に右折すると、四つ辻の手前に麵房があつた。加藤さんはちよつとのぞき込み、目のあつた店員に聲をかけ、こちらは私たちの古い友人の高瀨さん、と手際よくぼくを紹介し、あとで宏也さんといつしよにまた來ます、と言ひ添へて通りすぎた。それから交差點の向ひ側のお鮨屋に入つた。少し遲れてやつてくる豫定の原澤さんを、ここで待ち受けるといふ段取りであつた。

加藤さんは雜囊から新聞の切り抜きを取り出して、ぼくに手渡した。昨夜の電話會談のをりにはコピーを取るといふ話だつたが、めんだうに思つたのであらう、かうして原物を持參したのである。見ると、文化欄の全六段の記事で、右肩に「生老病死の旅路」といふ題字が書家の手で書かれてゐた。「玉城康四郎さんに聞く」といふサブタイトルがあり、讀者に向つて語りかけるといふ體裁になつてゐる。末尾には「聞き手」として記者の名前が書き留められてゐる。それは小林敬和さんといふ人で、この人はいはば讀者代表といふ役所《やくどころ》である。二段目の中央に横書きで「あらゆる存在につながる」といふ大見出しが掲げられ、眞ん中に配置された寫眞の右側には、「人間は輪廻轉生の流れに」と、やや小さめの見出しが今度は縱書きで記されてゐた。概觀すると、本文中には二つの小見出しがあつた。ひとつは「「自分とは何ぞや」と問ふ」といふものであり、もうひとつは「死線をさ迷ひ如來見た」といふものである。寫眞の眞下に目をやると、玉城先生の人となりが簡潔に紹介されてゐた。

たまき・かうしらう　東京大學名譽教授。大正四年熊本縣生まれ。七十九歳。專門は佛教學、比較思想。佛教の根柢を他の宗教、思想との比較によつて探究。ブッダの原點を見すゑた〝新佛教學〟を構想する。比較思想學會の會長もつとめた。著書に『比較思想論究』『東西思想の根柢にあるもの』『現代語譯　正法眼藏』（全六卷）など。

記事の最後には「聞き手」の小林記者の感想が書かれてゐるが、それも一讀に値すると思ふ。小林さんはこんなふうに語つてゐる。

瘦身《そうしん》に、白いあごひげをたくはへた風貌《ふうばう》は、仙人を彷彿《はうふつ》とさせる。佛教との出會ひから、自身の禪定の體驗、さらに業熟體や輪廻、悟りや死についての話になると、口調には自然と熱がこもつてきた。

輪廻を信じるかどうかはともかく、我々が宇宙のあらゆるものとつながつてゐること、そして我執や煩惱をもつた存在でありながら、宇宙（如來）の懷に包まれてゐるといふ話は、大きな安らぎを與へてくれるのではないか。

佛教の根つこを探し續けてきた求道の人は、ブッダといふ原點にかへつて、現代の佛教學を見直さうとしてゐる。

小林さんは玉城先生の風貌に「仙人」のおもかげを見るとともに、その人となりを許して「求道の人」と呼んでゐる。實際、玉城先生は佛教學と比較思想を專門とする東京大學の教授だが、先生を許するのにひとくちに「學者」とのみ呼ぶのでは、眞實相の一端にも觸れてゐないやうに感じられ、たうてい滿足することはできさうにない。昔、玉城先生を發見してまもないころ、『新潮45』（新潮社）といふ雜誌で、シナリオ作家の石堂淑朗《いしだうとしらう》が小林さんと同樣の印象を語つてゐるのを讀んだことがある。それは「天理國際シンポジウム'86」の見聞記で、「「神はいづこ」宗教學者國際大會の顚末」といふエッセイである（掲載誌は『新潮45』昭和六十二年二月號）。石堂さんはこのシンポジウムで玉城先生を見たのである。

「天理國際シンポジウム'86」は昭和六十一年十二月、天理市の天理大學が主催して開催された國際會議である。「コスモス・生命・宗教――ヒューマニズムを超えて――」といふテーマを掲げ、十二日から十六日まで、開催期間は五日間に及んだ。十二日は天理市民會館でプレセッション、十三日は都ホテル大阪で公開講演、十四日から十六日までの三日間が本會議で天理大學に於いて講演とパネルディスカッションが繰り廣げられた。この後、さらに東京に移動して、十八日に赤坂プリンスホテルで東京セッションが行はれた。

玉城先生は十四日の午後、「宇宙的生命――對象的思惟に對する全人格的思惟に基いて――」といふ講演を行つた。正確には講演ではなく「發題」で、基調講演に續いて四人の參加者が相次いで發言し、それからみなでパネルディスカッションに臨むのである。與へられた時間は二十分である。この會議では各宗各派の宗教者や宗教學者、科學史家などがそれぞれに見解を表明したが、どの人のどの講演も、なかなか石堂さんの琴線に觸れるには至らなかつたやうである。ところが玉城先生が登壇すると、石堂さんはたちまち目も心も奪はれた。石堂さんの目に映じた玉城先生は學者といふよりも行者の風格であり、その講演も學術的といふよりは法話的で、玉城先生の登場によりシンポジウムの學術的雰圍氣はがらりと變つてしまつたといふ。

石堂さんの見るところ、ひとことで言へば玉城先生の講演は「行《ぎやう》のすすめ」であつた。宗教とは要するに信じるか信じないかの問題であり、信じることの具體的な現れが「行」である。そこで玉城先生は、宗教を語るだけの愚はもうやめて、具體的に各宗派の立法に從つて「行」を行じよと、信仰の要諦を說いたのだといふのである。ところが「行」そのものの中味はといふと、頭も心も身體もひとつになつて行はれる思惟、玉城先生のいふ全人格的思惟であるからもともと言葉にはならない。そこを何とかして語らなければならないため、勢ひ玉城先生の話は原稿の棒讀みからはなれて口立て（「アドリブ」といふほどの意）となり、持ち時間はたちまちなくなつてしまひ主催者側をいらつかせたといふ。四日間のシンポジウムが終つてみると、玉城先生の話が一番印象的であつた。心の底から肉聲を發したのは全講師中、玉城先生ひとりであつた。

加藤さんも小林さんや石堂さんと同じ意見だつた。加藤さんは玉城先生の寫眞を見たのははじめてだつたが、話には聞いてゐても、一見してやはり心を打たれたのであらう、ただ者ではない、といふふうなことを口にした。ちやうどビートたけしのテレビ記者會見が巷《ちまた》の話題になつてゐたころであつた。その少し前、ビートたけしは深夜のバイク遊びで轉倒し、一時は再起を危ぶまれるほどの重傷を負つて藝能界を騒がせてゐた（事故が起つたのは平成六年八月二日の深夜、午前一時四十分と記錄されてゐる）。闘病中の生活ぶりは祕密めいて、なにかと揣摩臆測《しまおくそく》がなされてゐたが、顏の半分が麻痺して硬直したままの狀態で記者會見の席に現れてみなを驚かせた。あまつさへ、事故を機になされたといふ生と死の考察の一端を物語り、コメディアンらしからぬ風情を醸したりした。加藤さんは感銘を受けた様子でその記者會見の模様を克明に再現し、讀賣新聞の記事と結び合はせ、かつての編輯者時代の血が騒いだといふことでもあらうか、玉城先生とビートたけしとの「空想の座談會」の構想を明らかにした。さうして自信のありさうな口振りで、玉城先生ならきつと、ビートたけしの話を眞摯に受け止めてくれると思ふ、と言ふのであつた。

ぼくはおもしろがつて拜聽したが、この構想には異論があつた。死線をさまよつたといふビートたけしの體驗記などは一過性の藝能ニュースにすぎず、別段、人生の根本問題が反映されてゐるやうには思はれなかつたからである。それでも事は生と死に關はる問題であるから、もし加藤さんの言ふやうな奇拔な座談會が實現したとするなら、玉城先生はきつとビートたけしの體驗談によく耳を傾けて、かつて突然お訪ねしたぼくに向つてさうしたやうに、胸中にあるものを率直に吐露することであらう。この點についてはぼくも加藤さんに同意した。しかし玉城先生の言葉はたぶん、ビートたけしには正しく傳はらないのではないかとぼくには感じられたのである。

「空想の座談會」の話題が意外な盛り上がりを見せつつあつたさなかに、原澤さんがやつてきた。ぼくは握手などして挨拶し、再び議論を續けた。原澤さんはビールを飲みながら、ふんふんといふ調子で聞くともない様子で聞いてゐたが、ふつと話が途切れた瞬間に、おれももう年で、近ごろは痛風もちになつて足の親指が痛むんだ、と口を挾んだ。それを機に話は一轉し、痛風と、痛風に關連のある各種の病氣をめぐる四方山談義へと移行した。加藤さんは原澤さんの痛風の狀態を具體的に説明し、合せて原因の分析を行つた。鮨屋の職人さんとお茶を運ぶおばさんも口を出し、寄る年波との關係や治療法のあれこれをめぐつて蘊蓄を傾けた。もう一組のお客さんも笑つて唱和した。七席ほどのカウンターにテーブルひとつの店内は次第に喧噪の度合ひを高めていつた。生と死の物語はすでに變遷し、どこもかしこも、目に入る世界は病《やまひ》と老《おい》の話で花盛りであつた。

數學への關心のはじまり

素朴な疑問

昭和六十二年九月三日の午後、ぼくは久我山に玉城先生をお訪ねし、應接間に通されて先生と對坐した。奥様も同席されてゐた。はじめはぼくの番であつた。ぼくはあらためて名を名乗り、簡單な自己紹介を試みた。數學を勉強してゐることは、二日前に電話でお話ししたをりに申し上げたが、何よりもまづ、かうして玉城先生を訪問するといふ一事に立ち至つた理由を語らなければならなかつた。

ぼくは岡潔と中勘助の名を擧げた。さうして高校時代に岡潔先生の數學と中さんの文學に影響を受けたこと、その結果、その後の歩むべき道筋がおのづと定められていつたことを率直に語り、そのやうな事情により、數學は岡潔、人生は中勘助といふ二本立ての足取りになりました、と説明した。すると先生は、ほほう、といふ顏をして笑みを浮かべた。奥様は口元に片手をあてて朗らかに笑つた。初對面の、いくぶん緊迫した場面ではあつたが、なごやかな香りが急速に立ち上り、明るい空氣が室内に廣がつた。

さうしてその瞬間に、玉城先生がこの世にお別れする日まで、ぼくと玉城先生との長いお付き合ひの端緒が開かれたのであつた。

高校に入學して間もなく、ぼくは數學といふ學問に深遠な魅力を感じ、當時刊行が始まつてゐた數學者「岡潔先生」の一群のエッセイに心を奪はれた。最初に手にしたのは自傳『春の草　私の生ひ立ち』（日本經濟新聞社）だつた。これを皮切りに『春宵十話』（毎日新聞社）『紫の火花』（朝日新聞社）『一葉舟』（讀賣新聞社）、小林秀雄との對話篇『人間の建設』（新潮社）といふふうに讀み進めていつた。ぼくは必ずしも日々學びつつある數學そのものに關心を寄せたのではない。數學といふ學問は、學問の對象として設定されるべきものが他の諸學問のやうに明確ではないが、それにもかかはらず、長い歴史を有する一個の學問として確かに存在してゐるといふ事實には、疑ひをはさむ餘地はない。では、數學とはいったい何を知らうとする學問なのであらうか。ぼくは心の中で幾度も繰り返してそのやうに自問して、この素朴な疑問が疑問として成立することを確信した。すると數學はとたんに謎めいた顏をのぞかせた。外見の明晰さとは裏腹に、數學といふ學問が學問として現に存在するといふそのこと自體が、不可解な、奇跡のやうな出來事に感じられたのであつた。

岡潔先生は「數學は情緒の表現である」といふ感銘の深い數學觀を語り、「純粋な日本人」の心の美しさを說いてやまない不思議な數學者であつた。他の數學書では見たことも聞いたこともない話ばかりであり、高校で勉強してゐる數學と關係があるやうにも思へなかつたが、數學に惹かれた理由からしてすでにいくぶん形而上的であつたから、別段、氣にならなかつた。それどころかむしろ、ぼくの見るところ、岡潔先生はぼくの大疑問に觸れる言葉を積極的に語らうとする唯一の數學者なのであつた。

ところがその岡潔先生は同時に、光明主義といふ、明治時代に淨土宗門の山崎辨榮上人が開いたお念佛の敎への信奉者でもあつた。岡潔先生は數學と光明主義との閒に認められるといふ親密な關係を熱心に物語り、數學上の發見が生起したときの心の樣相を光明主義の立場から描寫して、數學的發見の神祕の祕蹟を解き明かさうと試みてゐるやうに思はれた。「岡潔先生の世界」の本質をなす部分から發せられてゐる言葉であることは一見して明らかだつた。しかしぼくはこれには閉口し、困惑するばかりであつた。なぜなら、そこには、ぼくの理解することのできる言葉はひとかけらも見當たらなかつたからである。

回想の『銀の匙』

高校生活が終らうとする三年生の秋のはじめには、受驗勉强のさなかに中勘助の小説『銀の匙』(岩波文庫)を讀むといふ幸ひに惠まれた。ぼくは沁み入るやうな感銘を受けるとともに、このやうな書物に出會へたことに心からの喜びを感じた。中さんを知る人は當時も今も決して少ないとは言へないが、公の場で作品が論じられ、人となりの紹介がなされる樣子を目にする機會はまれである。しかしぼくは高校に入學してまもないころから、中勘助の名とともに、作品『銀の匙』の存在を知つてゐた。敎示してくれたのは、群馬縣内の高校の國語の先生たち(ぼくの父もそのひとりであつた)が作成した『高校生のための推薦圖書一〇〇選』といふ小册子であつた。

「高校生のための」と銘打たれてはゐたものの、古今東西の文學、歷史、藝術、宗敎、哲學、社會人文諸科學の傑作群が網羅されてゐて、門構へは大きすぎるほどに大きかつた。記紀萬葉に始まり、古今、新古今、……、道元、芭蕉、蕪村、子規、漱石、鷗外、芥川、……、『善の研究』『人生論ノート』……、『論語』『史記』『三國志』『唐詩選』……、ゲーテ、ヘッセ、マン……、スタンダール、ボードレール……、ドストエフスキー、トルストイ……、ニュートン、アインシュタイン……、フランスとロシアの二つの革命史……、プラトン、カント、ヘーゲル、マルクス、エンゲルス……、ニーチェ、キルケゴール……、『職業としての學問』『存在と時間』……等々と、目のくらむやうな大古典が軒を連ねてゐたが、それらのひとつひとつに附されてゐる解說を一瞥すれば、「高校生のため」といふよりもむしろ、編纂に當つた諸先生の若き日の精神史の一端がしのばれて、盡きない興味を驅り立てられるのであつた。さうして編纂者の中に中さんの愛讀者がゐたのであらう、中勘助の『銀の匙』はこの「世界の縮圖」のただ中に、神祕的な存在感をただよはせながら、ぽつねんとたたずんでゐたのである。

ぼくははじめ、父たちの編んだ『推薦圖書一〇〇選』に案内されて、漱石とそのお弟子たちの織りなす美しい「友情の山脈」に分け入つた。すると隨所で中さんに遭遇した。中さんは漱石と緣のあつた人で、岩波茂雄や安倍能成や小宮豐隆（みな漱石の門下生である）と親しかつた。『銀の匙』が世に出たのも、漱石の推輓を得て東京朝日新聞に連載されたことが契機になつたのである。

同じ漱石門下の和辻哲郎の作品にもこころを惹かれた。まづはじめに『風土』を讀み、續いて『日本古代文化』『人間の學としての倫理學』『日本倫理思想史』へと進んでいつた。ニーチェとキルケゴールの名を具體的に意識したのも、和辻さんの著作『ニイチエ研究』『ゼエレン・キエルケゴール』に敎へられてのことであつた。和辻さんは漱石の手紙の中の「私は今道に入らうと心掛けてゐます。……道に入らうと心掛けるものは冷淡ではありません。冷淡で道に入れるものではありません」といふ言葉に衝撃を受けて、倫理學を専攻することを決意したと言はれてゐる人である。その和辻さんの『古寺巡禮』を一讀すれば、ここにも中さんがゐた。中さんは「N君」と呼ばれて登場し、和辻さんは大和古寺巡禮の途次、東大寺に逗留中の「N君」を訪ねていくのである。

當麻寺に行つてきたことを中さんに話すと、中さんは、「君はあの風鐸《ふうたく》をどう思ひますか」と尋ねて和辻さんを驚かせた。風鐸にまで注意してゐなかつた和辻さんが逆にそのわけを尋ねると、中さんは「いや、あの形がお好きかどうか、ききたかつたのです。ぼくはどうしても法隆寺のはうが好きですね。中にぶら下がつてゐるかねも恰好が違つてゐます」と應じた。和辻さんは「頓首して、出かかつてゐた氣焔を引つ込めるほかなかつた」といふのであつた。

和辻さんは岩波文庫の『銀の匙』の名高い解説文の執筆者でもあつた。『銀の匙』は中さんの幼少年時代の懷かしい思ひ出の物語だが、尋常の回想記ではない。和辻さんによれば、この作品には「不思議なほどあざやかに子供の世界が描かれてゐる。しかもそれは大人《おとな》の見た子供の世界でもなければ、また大人の體驗の内に回想せられた子供時代の記憶といふごときものでもない。それはまさしく子供の體驗した子供の世界」なのである。さうして和辻さんはさらに、「描かれてゐるのはなるほど子供の世界に過ぎないが、しかしその表現してゐるのは深い人生の神祕だと言はざるを得ない」といふ祕密めいた言葉を語り、『銀の匙』の存在を日夜氣に掛けてゐるぼくの耳をそばだてさせるのであつた。

情報はなほ多いとは言へなかつたが、中さんをその一員とするネットワークの網の目は、かうして次第に緻密さの度合を増していつた。中さんその人は美しい散文を書く孤獨な詩人であり、文壇とのお付合ひもなく、和辻さんが言ふやうに「おのれの世界以外にはどこへも眼を向けやうとしない」人であつた。しかしそんな中さんに友情を感じ愛情を注ぐ人はいつの時代にも存在し、熱意のある愛讀者に惠まれてゐた。それらの人々は、中さんとともに、いはば時空を越えて絶えず生成されていく一個の「精神の共同體」を形成してゐるかのやうに思はれた。

滿を持していよいよ『銀の匙』を一讀に及んだときの感動は深くまた廣く、確かに異樣なものがあつたやうに思ふ。その感動の實體を見極めるのは困難だつたが、當初から生涯の事業になるだらうといふ確かな豫感があつた。しかしひとつだけ、當時からはつきりとした自覺をもつて認識することのできた事柄もあつた。それは、『銀の匙』によつてもたらされた感銘のうちの何ほどかは、意外にも政治的な陰影を帶びてゐたといふ事實である。

昭和四十三年春の上京（父とともに）

高三の秋といへば昭和四十三年のことになるが、この年の春、第二學年が終つて新學期が始るまでの春のある日、ぼくは父に連れられて東京に出かけた。そのころ父は、長男のぼくが大學に進學する年齢に達したといふので、遠近さまざまな親戚筋に關する諸知識をぼくに傳へようとして、非常に熱心にあれこれと訪問計畫を立ててゐた。東京には小石川と下北澤に親戚が二軒あり、ともに父の叔父の家であつた。日歸りの豫定で、その日は朝一番の汽車で出發し、歸りは最終列車になるといふ强行軍だつた。午前中、はじめ下北澤を訪ね、續いて午後、小石川を訪ねたが、ついでに本鄉の東京大學を見學することになつた。龍岡門をくぐり、右手に醫學部の一群の建築物を眺めながら大きな運動場に沿つて歩いていくと、突き當りに理學部の建物があつた。左手には安田講堂があり、三四郎池もそのすぐ近くにあるはずであつた。ぼくと父は安田講堂の正面に出るべく左折して、緩やかな坂の道を上つていつた。春休み中のことで學生の姿はまばらだつたが、道の脇では變つた風體の數人の學生が立て看板に向ひ、赤と黑のペンキを無造作に使つて奇妙な日本語で過激な政治的文言を書き連ねてゐた。ぼくが『圖書一〇〇選』に讀み耽つてゐたころ、東京大學はすでに解決の絲口の見えない紛爭と鬪爭のさなかにあつたのである。

東京の學園紛爭の二大據點は東京大學と日本大學であつた。東大紛爭の始まりは醫學部の「登錄醫制度」に關する法改正案に反對する「インターン鬪爭」（從來のインターン制度を登錄醫制度に切り換へようとする東大醫學部と厚生省の動きに反對する鬪爭）であり、日大紛爭の原因は營利主義一邊倒の經營方針に對する學生側の反撥であつた。やがてどちらの大學にも全學共鬪會議（「全共鬪」と略稱する）といふものが結成されるに至り、他の諸大學にも傳播していつた。授業料値上げ反對、學園運營の民主化の要求等々、紛爭の直接の契機はさまざまに異つてゐたが、これらの紛爭はみな、政治鬪爭を大學内に持ち込まうとする全學連の一貫した方針（具體的に設定されてゐたのは、昭和四十五年の日米安全保障條約の改定阻止といふ大目標である）に沿つて組織化されていつたのである。しかもその全學連は主流派と呼ばれてゐる組織であり、中核派、革マル派、反帝學評、四トロ、フロントなどといふ奇妙な名前をもついくつものセクトに分れてゐた。他方、主流派に對立して、反主流派の全學連といふものも存在した。

東京の狀勢は複雜であつた。大學のバリケード封鎖（最盛期には、東京都内の百二の大學のうち、五十五校に及んだといふ）や、學生のデモ隊と機動隊とのしばしば流血を伴ふ衝突、全共鬪と教授會との「大衆團交」、新宿騷擾事件、東大の林文學部長監禁事件など、理解しようと試みても容易にそれを許さない奇怪な事件が連日のやうに生起した。昭和四十三年は一年中、明けても暮れても學園紛争の話題で日本中が持ち切りになつてゐた。

年が明けて昭和四十四年に入ると局面はいよいよ最後の段階に進み、一月十八日の早朝から翌日の夕刻にかけて、安田講堂に立て籠つた學生集團を機動隊が排除するといふ事態になつた（この攻防戰の模様はＮＨＫテレビで全國に中繼された）。學生たちは赤や白のヘルメットをかぶり、タオルで覆面をし、鐵製のパイプで武裝して、スチール製のロッカーや机や椅子などで隨所に堅牢なバリケードを構築した。機動隊が放水と催涙ガス彈を武器にして排除にかかると、學生側は各種の石塊や硫酸、鹽酸や火炎びんなどを大量に投げ落して抵抗した。この世のものとも正氣の沙汰とも思はれない異様な光景が延々と續いたが、終つてみると、逮捕された學生は三百七十七名といふ數に達した。ところがそのうち東大の學生はたつた三十八人にすぎなかつた（この數字は警察側の記録である）。學園紛争はこれで一段落したが、この年の東京大學の入學試驗はたうとう取り止めと決り、受驗生の間に混亂を引き起した。だれもが豫想しえなかつた出來事で、一聯の不可解な事件の落ちをつけるのに相應しい春先の椿事と言はなければならなかつた。

群馬縣の田舎の高校にも政治の影は射してゐた。「社會科學研究會」や「新聞委員會」（「新聞部」と呼ばずに、傳統的にわざわざ「委員會」と稱してゐた）などが窓口になつてゐたが、三年生のとき、ぼくはその新聞委員會の委員長であつた。政治に寄せる關心は強く、學園紛争の成り行きも氣にかかり、安田講堂の攻防戰のテレビ中繼も熱心に見續けた。しかしぼくはつねに孤獨だつた。なぜなら、ぼくは學生運動の根幹をなす政治思想にまつたく共感することができなかつたからである。

政治思想の領域では長い間、閉塞感に苦しめられ續けたが、一册の『銀の匙』にはこの苦境を打開するに足る力が祕められてゐた。この神祕的な作品は小さな美しい回想の世界をぼくの眼前に繰り廣げ、「思ひ出す」といふ心の働きに特有の、あの懷かしい力をもつてぼくの心に作用して、なほ先に歩を進めようとする氣概を呼び起してくれたのである。

『銀の匙』以外の中さんの作品は入手が困難な時期が長く續いたが、品切れ寸前だつた角川書店版の全集や神田の古書店街に助けてもらひながら丹念に涉獵を續けた（近年、中さんを取り巻く文學的狀況は著しく改善された。岩波や角川の文庫にも多くの作品が入つてゐる。岩波書店からは角川書店版に續く二回目の全集も刊行された）。平成五年の秋に刊行された『中勘助の戀』の著者の富岡多惠子さんは、「後記」の中で中さんの愛讀者たちの作るネットワークといふものに言及し、「中勘助を氣にして讀みはじめると、『銀の匙』のファンといふのか、中勘助信者といふのか、なにやら祕密結社か地下運動組織のネットワークがあるかのやうに思へてくる」などと語つてゐるが、ぼくもまたいつしかだれにも負けないほどに熱心な「祕密結社」の一員になつてゐた（富岡さんのいふネットワークは具體的には存在しないと思ふが、「精神の共同體」を信賴する立場に立てば、實在感は感じられる）。

『圖書一〇〇選』の『銀の匙』の項目には、中さんの他の作品として『沼のほとり』『街路樹』『しづかな流れ』などが擧げられて、「みんな美しい」といふコメントが附されてゐた。ぼくはもとよりこのコメントに同意した。しかしその一方では、『銀の匙』が開く「中勘助の世界」にはどこかしら謎めいた部分があり、單に「美しい」といふだけではすまないといふ感じもまた否めなかつた。その徵候はいたるところに現れてゐたが、わけても『提婆達多』『犬』『菩提樹の蔭』といふ、インドの古い思想に取材したいはゆる「インド三部作」にはとまどひを禁じえなかつた。これらの作品を文學作品としてそのまま味はふことはもとより可能であり、それだけでも別段、大きな不滿を感じたわけではない。しかしもし「中勘助の世界」の内側に向けてなほ一歩を踏み出したいと願ふなら、作品そのものを味讀するだけでは十分ではなく、「インド三部作」の根柢にあつてそれらを支へてゐる思惟の世界に立ち返らなければならない。さうしてぼくは、中さんがそこから作品を取り出してきた道筋を、中さんに手を引かれながら、もう一度たどりなほすことを試みなければならなかつたのである。

ぼくは岡潔先生の光明主義と中さんの「インド三部作」に宗教的關心を呼び覺まされて、次第にその方面の著作物に目を配るやうになつた。玉城先生の著作『佛教の根柢にあるもの』との邂逅は、そのやうな日々の中に生起した眞にめざましい出來事なのであつた。

玉城先生との對話

善知識「玉城先生」

今度は玉城先生の番であつた。玉城先生は小首をかしげるやうな恰好でしばらく沈默を續けたが、ややあつて、緊張して最初の發語を待ち受けるぼくに向つて投げかけられたのは、

孤立無援です。

といふ意想外のひとことであつた。いくぶん唐突な感じも伴つてゐたやうに思ふ。ぼくは意表を衝かれ、

反應するすべはなにもなかつた。玉城先生は語をあらためて、諸橋轍次の大漢和辭典で私の名前の「康四郎」の「康」の字を見ると、心配なことがなにもなくて氣持ちがやすらかだといふふうな通常の語義のほかに、「さびしい」とか「むなしい」などといふ意味もあると出てゐる、と言ひ添へた。ぼくと玉城先生との息の長いお付き合ひは、このやうな謎めいた音叉の響きとともに端緒が開かれたのである。

この最初の一日目からこのかた、心に掛かりながらも諸橋の大漢和辭典を調べる機會はついになかつたが、白川靜の漢和辭典『字通』(平成八年、平凡社)が刊行されて間もないころ、入手して參照すると、漢字「康」は脱穀精白の意で、そこから導かれてくるのであらう、「やすらか、やすんずる」と竝んで、「もみがら、むなしい、みのりがない」といふ語義が確かに記載されてゐる。十年餘といふ歳月が經過してこのめざましい事實がぼくの眼前に現はれたとき、あの出會ひの日の一番はじめの情景がこまやかに想起され、やはりいくばくかの感慨があつた。

玉城先生のお話はおよそ二時間ほども續いたが、その間、ぼくはただ耳を傾けるのみに終始して、ぼくのはうからの積極的な問ひ掛けや所見の表明などはひとつも行はなかつたやうに思ふ。著作を讀み、大略を承知してゐたつもりの「玉城先生の世界」の實相がまざまざと眼前に繰り廣げられていく情景を見守ると、あたり一面がさながら星屑を播いたやうな明るさに包まれた。ふと氣がついたときには、

君もまだそれほどの年ではないのだから(このときぼくは數へて三十七歳であつた)、まあひとつおほいにがんばりたまへ。

といふ勵ましの言葉が耳朶を打つた。これが終りの合圖であつた。それと同時に、玉城先生は、私にしても三十代の半ばを過ぎてから、もう一度最初から勉強をやり直す氣構へで（熊本から）上京したのだ、と言つた。妻子を連れてね、といふ、やや意味の取りにくいところのある不思議な言葉も添へられた。

大東亞戰爭（太平洋戰爭）が二年目に入つた昭和十七年の秋十月五日、東大の大學院に在學中の玉城先生は召集を受け、學業を中斷して入隊した。原隊は鄕里の熊本である。初年兵としての訓練が三箇月續いた後、幹部候補生となり、豫備士官學校に進み、卒業して見習士官になつて熊本の原隊に復歸した。やがてニューギニアに渡ることになり、部隊編成のため四國の松山に移動したが、そこにサイパン島陷落といふ大事件が起つた（米軍がサイパン島に上陸を開始したのは昭和十九年六月十五日の早朝である。六月十九日から二十日にかけてマリアナ沖海戰が起り、日本海軍が敗北した。續いて七月七日未明、サイパン島の日本軍守備隊の最後の總突擊が行はれ、サイパン陷落が確定した）。この影響を受けて野戰行きは急遽中止と決まり、そのまま松山郊外に駐留を續けた。それから一年後の昭和二十年八月、玉城先生は松山で終戰を迎へ、九月、熊本に歸還した。昭和二十二年四月からは、熊本語學專門學校での勤務が始まつてゐる。玉城先生は哲學とドイツ語の教師になり、「青春を傾けて、講義、教育、自らの研究に專念した」（『ダンマの顯現　佛道に學ぶ』）のである。

この專門學校の講師時代、玉城先生は伴侶を得たいと思ひ、足利淨圓《あしかがじやうゑん》先生（玉城先生のふたりの「人生の恩師」のうちのひとりである）に手紙を書いてお願ひした。當時、瀬戸内海の無人島、生野《いくの》島で同志とともに蜜柑の栽培をやつていた淨圓先生は、條件を書いてよこせ、と言つてきた。そこで玉城先生はただひとこと、「定水《ちやうすい》滿ちて頭《かうべ》を覆ふ」と記して返事を出したといふ（これはどのやうな意味なのであらうか）。

かうして結婚したのが現在の奥様である。

このやうに日々を過ごす中で、やがて期するところがあつたのであらう、昭和二十六年四月、専門學校を辭めて上京し、再び大學院に入り、今度は西洋哲學を勉强した。これが、玉城先生の言ふ「三十代半ばの再上京」である。學問や思索の方面のみならず、玉城先生の生涯は人生行路の具體相においても神祕的な局面が打ち續き、とりどりの色彩にいろどられた春の繪巻のやうに美しかつた。

金子九段と西谷先生

玉城先生にお目にかかる前にも、ぼくは二度ほど、意表を衝かれるといふ意味合ひにおいて酷似する出會ひの場を踏んだことがある。はじめの經驗は昭和五十四年九月三日の出來事で、この日の午後、ぼくは群馬縣高崎市のお寺に住む將棋九段金子金五郎先生を訪問した。金子九段は明治三十五年一月六日、東京に生れた人であるから、明治三十四年生れの岡潔先生とほぼ同年である。序盤戰の精密な理論的究明で知られ（寄せの理想形を心に描き、その局面にもつていくにはどのやうに序盤を組み立てたらよいかと苦惱して、長考に長考を重ねたと言はれてゐる）、「中盤の木村（義雄十四世名人）」「寄せの花田（長太郎）」とともに「序盤の金子」と竝び稱された人物であり、先の大戰前の花形棋士のひとりである。ところが將棋を指すといふ行爲それ自體に必然的に附隨する矛楯、すなはち食べていくためには勝たなければならないが、勝てば相手の生活を苦境に追ひ込んでしまふといふ矛楯に苦しめられて、ついに克服することができず、終戰後間もない昭和二十五年、まだ五十代には間合ひのある時期に早々と引退を表明した。さうしてその翌年には得度して日本山妙法寺のお坊さんになつたといふのであるから、いかにも不思議な人生であり、魅力的である。

　將棋に寄せる關心は引退後も消失したわけではなく、ぼくが訪ねたときはすでに數へて七十八歳といふ高齢に達してゐたが、指し手の根柢に横たはる棋士の心理分析を特徴とする、他に類を見ない深遠な將棋評論を依然として書き續けてゐた。升田幸三（實力制第四代名人）を際立つて高く評價して、生き生きとして指し手の分析を試みる反面、大山名人（康晴。十五世名人）の將棋思想（日常の生活がそのまま勝負といふ考へで、有力な若い才能の臺頭を認めると、普段から陰に陽に精神的な壓力を加へ續け、「大山には勝てない」といふコンプレックスを植ゑ付けたといふ）に點が辛く、輕蔑してゐるやうにさへ感じられるところも氣持ちがよかつた。金子九段の分析力に、もし升田名人の棋力が加はつたなら、將棋界において、數學の世界での岡潔先生に匹敵する神韻縹渺たる風格を獲得したことであらう。

　金子九段は一人暮らしであつた。玄關口で聲をかけても返事はなかつたが、勝手口に回つて様子をうかがふと、頭に剃刀をあててゐるやうな氣配があつた。表玄關にもどつて少し待ち、もう一度、大きな聲で金子九段の名を呼ぶと、今度はすぐに手應へがあつて威勢よく戶が開かれた。完全な初對面であり、電話で日時を約束したわけでもなければ、手紙をさしあげたことがあるわけでもない。ぼくは身を固くして自己紹介を試みて、急いで來意を告げようとしたが、實際には名前を名乘つただけにすぎなかつた。今かうして振り返つても、たうてい來意の申告には至らなかつたやうに思はれてならない。

　事態は無造作に進行した。金子九段は、あつ、さうですか、と言ふや否やすばやく身を翻し、背表紙がくづれて手垢のこびりついた一册の書物を兩手にもつて引き返してきた。それは西谷啓治先生の著作『宗教とはなにか』（創文社）であつた。金子九段はこの本をぼくの手に渡さうとしながら、これをお讀みになればだいたいおわかりになります。私はもう何度も讀んだので要りませんから、よろしければさしあげます。

と言ふのであつた。これを皮切りに、夕食どきの六時半ころまで延々と金子九段のお話が續いたが（本をいただいたのは午後一時ころであつた）、玉城先生のときと同様、聞き漏らさないやう耳を傾けるだけで精一杯で、口をさしはさむ餘地はまつたくなかつた。話は多岐に渡つて展開されたが、核心ははじめの數語ですでに盡くされたやうにも思ふ。金子九段は生粋の江戸つ子で、率直で、正直な人であつた。

金子九段にいただいた『宗教とはなにか』の著者の西谷先生にお目にかかつたこともある。それは玉城先生にお會ひしたのと同じ昭和六十二年の春、四月七日の午後の出來事であつた。當時、西谷先生は數へて八十七歳といふ高齢で、病後の養生のため、京都の一條寺詩仙堂近くの假寓先の矢田家（四女敏子さんの嫁ぎ先）に逗留中であつた。前年の秋十月には創文社から第一期の『西谷啓治著作集』全十三巻の刊行が始まつてゐた。ぼくは購入を申し込み、毎月一册づつ手に取るのを樂しみにしてゐたが、この初對面の訪問の日には、第一回配本の第八巻『ニヒリズム』を携へてゐた（第一期著作集に續いて、平成元年十月には第二期著作集全十三巻の刊行が開始され、平成七年八月十日刊行の第十三回最終配本、第二十六巻『大谷大學講義Ⅲ』をもつて完結した）。西谷先生はまだ本來の體調にもどつてゐない様子で、口調もゆつたりとしてゐたが、どの言葉にもそのつど氣迫がこもつてゐた。お話はみな明快で、齒切れがよかつた。

ぼくは簡單に自己紹介をした後に、數學のみならず、數學の歴史にも數學そのものに劣らないほど深い關心を抱いてゐることを申し上げた。すると西谷先生はおほよそこんなふうな話をしてくれた。

数學史に關心があるといふことなら、まずはじめに數學といふ學問を創造した人たちのひとりひとりについて、數學とは何かといふ問ひをめぐつて何らかの考へが表明されてゐる痕跡が遺されてゐるかどうかを調べなければならない。次に、もしそのやうな痕跡が認められたなら、彼らの言葉を丹念に聞き取らなければならない。すると、最後に、數學について考へるといふ場合の考へるといふこと、デンケン（denken、ドイツ語の動詞で「考へる」の意）するといふまさにそのことはいつたいどのやうなことなのかといふ問ひに出會ふであらう。その段階に立ち至つたなら、もはや數學を離れて哲學といふものに立ち向つてゐることになる。

明らかに學問といふものの本質を語る言葉であり、ひとことひとことがそのまま心に染み透つていくやうな感じがあつた。續いて西谷先生は、

あなたは數學をおやりになつてゐるといふことだから、數學を手掛かりにしてこの問題を考へていかれるとよいでせう。

と言ひ添へた。それなら金子九段は將棋を手掛かりにして、この問題を考へてゐたことになるのであらうか。感銘は深く、この日からこのかた、提示された問題を思索するといふよりもむしろ、西谷先生の言葉そのものを幾度も反芻する日々が續いた。ああ、ぼくはまたしても善知識に出會つたのだ、といふ明確な感慨が伴つてゐた。

お話は續き、古代ギリシアの自然哲學者ターレスの水の話などが次々と語られていつた。はじめにご挨拶したのは午後二時ころだつたが、それから四時近くまで、二時間ほど過ぎたところに來客（上田閑照先生だつたと思ふ）があり、おいとまする契機が訪れた。持參した著作『ニヒリズム』を差し出すと、第一頁目に「鳥道絶東西」と書いてくださつた。鳥道は東西を絶す。人跡未踏の斷崖絶壁も、鳥はひよいひよいと越えていくといふのであつた。

西谷先生は大正十五年から昭和十年三月まで第三高等學校に講師として勤務して、修身とドイツ語を教へてゐた。三高では數學の秋月康夫先生と親しかつたと西谷先生は言はれた。秋月先生は大阪の天王寺中學から三高に進み、三高で岡潔先生と同期になつた人である。岡先生もまた、昭和二年と三年の二年間だけだが、三高で講師をしてゐたことがある（この二年間は京大講師と兼任であつた）。西谷先生はひとつのエピソードを披露してくれた。西谷先生は講義の時間が近づくと、吉田山に登つて煙草を吸い、三十分ほど遲れて教室に向ふのが常だつたといふ（西谷先生は第一高等學校を卒業後、西田幾太郎先生を慕つて京都帝國大學に進んだ人だが、その西田先生も、たいてい三十分くらゐ遲れて教室に入つてきたといふことである）。その途中、やはり遲刻して教室に向ふ岡先生としばしば出くはして、お互いになんだかばつの惡さうな感じで、やあ、と輕く聲をかけあつてすれちがつたといふのであつた。いかにもおもしろい話であり、しかもどことなく牧歌的な味はひが感じられて氣持ちがよかつた。

金子九段もまた早い時期からの岡先生の讀者であり、『春宵十話』（毎日新聞社）をはじめとして、いくつもの岡先生の作品に親しんでゐた。お訪ねした日の夕刻、お別れのあいさつをして高崎驛まで見送つてもらふ途中、ぼくと金子九段はのろのろと竝んで歩きながら、岡先生の言ふ「情緒」といふのはなんなのでせう、よくわからないですね、などといふそこはかとない話をした。

世界は廣く、日本もまた廣い。日本には人がゐる、とぼくは思ふ。中さんや玉城先生、金子九段と升田名人、西谷先生、岡先生のやうな諸先生はみな人生の行路の大先輩である。それなら、どこかしらぼくの知らない場所に、いく人かの後輩たちもすでに生れてゐるにちがひない。彼らはみな、ぼくの心の中に時空を超越して生成された「精神の共同體」のメンバーである。學問も藝術も、この空想の共同體に信頼を寄せようとする心の働きの場が開かれたとき、そのときはじめて、個々人の小さな思惑を超えて神祕的な深さと廣がりを獲得することができるであらう。

岡潔先生との出會ひ

もうひとつのいくぶん異様な出會ひの情景を描寫するためには、金子九段にお目にかかつた日からさらに七年ほど人生をさかのぼらなければならない。それは昭和四十七年五月三日の午後、靖國神社の近くの九段會館での出來事である。ぼくは大學の三年生であつた。この日は憲法記念日といふので各地で贊否中立さまざまな立場に立つ集會が見られたが、九段會館では、日本學生同盟（日學同と略稱する）といふ民族派の學生組織が主催して「憲法を考へる青年・學生集會」といふ講演會が行はれた。憲法改正の主張（「改正反對」、すなはち「護憲の主張」ではない）を基調とする講演會であつた。この日の數日前、ぼくは電信柱に張られてゐたびらを見てこの講演會のことを知るとともに、三人の講演者のひとりが岡潔先生（肩書きは「奈良女子大學名譽教授」であつた）であることを教へられたのである。

當日、ぼくは九段會館で一番最後に行はれた岡先生の講演を聞き（一番前の席で耳を傾けたが、よく聞き取れず、理解するのもむづかしかつた。記憶の底にわづかに殘されたのは、楠木正成、正行父子の「櫻井の驛の別れ」の一件のみにすぎなかつた。足利尊氏との最後の一戰のため湊川に向ふ正成は、追隨しようとする正行を押しとどめ、櫻井の驛で離別したのである）、終了後、講演會場にあてられた部屋と九段會館の入り口とを結ぶ長い廊下の途中に立つて、岡先生が日本學生同盟の一行に圍まれてやつてくるのを待ち受けた。もしよい機會に恵まれたなら、話をしてみたかつたのである。

思ひ切つて聲をかけると、岡先生は立ち止まる氣配もなく、一瞬ぼくの顏を見たきりで、そのまま何も言はずに足早に通り過ぎてしまひさうな成り行きになつた。勢ひあとを追ふ形になり、取り巻きの人たちを置き去りにして、二人竝んで進んで行く恰好になつた。ぼくは、いかがでせうか、といふふうに再度、話しかけたやうに思ふ。すると岡先生は突如、

西洋は低い、日本は高い。

と言つた。（最近、四半世紀といふ時を隔ててこの日の岡先生の講演記録を目にすることができて、感慨があつた。一讀すると、「櫻井の驛の別れ」のくだりも確かに存在することは存在するが、講演の骨子は「西洋は低い、日本は高い」といふ簡潔な一語に盡きてゐる。この命題を支へてゐるのは「眞情」といふ概念である。岡先生は、人の心の根柢にあつて、その人をその人であらしめてゐるといふ眞情の存在を確信して、世界中で日本人だけが、眞情を身に付け、眞情を自分と思つてゐると語つてゐる。晩年の岡先生の思想の根幹をなす言葉だが、當時、ぼくはこれを受け止めることができなかつた）。あとは一瀉千里であつた。岡先生は足取りをゆるめることもなく大演說を開始した。とどまるところを知らないといふ狀態になり、やがて九段會館の玄關先に到着すると、タクシーが待つてゐた。岡先生は片足を車に入れ、乗車しようとする途中の半身の構へになつたまま、左手を高く振りながら話

を續けた。大勢の人々が人垣を作つて岡先生を取り卷いた。みな固唾をのんで樣子を見守るといふ緊張感のみなぎつた空氣が一面に充滿し、あたかも今しがた終了したばかりの講演會が急遽、玄關口のタクシーを演臺にして再開したかのやうな情景が出現した。ぼくもまた群衆の海に溶け込んで、ひとことも發することができなかつた。ややあつて、主催者側のだれかであらう、先生、もうそろそろ、と聲がかかり、それを汐《しほ》にやうやく區切りの付くときが訪れた。

「西洋は低い、日本は高い」といふ、あの謎めいた呪文のやうな言葉を耳にしたときから、もうどれくらゐの時間が過ぎたのであらうか。岡先生が去つたあとは頭にかすみがかかつたやうな茫漠とした狀態がしばらく續き、なにも考へることができなかつた。あのとき、ぼくは軟弱だつたのではないか、どうして何も言はなかつたのであらうといふ自省の聲が絕えず心に響いてぼくを苦しめた。この寄る邊のない心的狀態から回復するためには、いつかもう一度、今度は精一杯準備を整へたうへで再訪して、質疑應答なども試みるべく決意を新たにしなければならなかつた。

小石澤さんの話

九段會館での出來事の印象の强さは格別で、この世にある限り決して忘れることはあるまいと思はれた。ところが四半世紀の後の平成九年三月三十日、ぼくは豫測可能な範圍をはるかに超えてゐるとしか思はれない不思議な後日談に接し、目の覺めるやうな驚きに襲はれた。平成九年といへば人生の行路も中盤のさなかであり、あの九段會館の一日からこのかたもう短いとは言へない日々が經過してゐたが、あれほどの衝擊を經驗したのははじめてのことであつた。

「春雨村塾」揮毫

その日、奈良市高畑町の新薬師寺の近くの松原家の二階の春《しゅん》雨《う》村塾《そんじゅく》において平成九年度の春雨《はるさめ》忌《き》の集ひが催され、ぼくも誘はれて參加した。春雨村塾といふのは岡先生の晩年、岡先生を慕ふ人たちが岡先生の講話を聴くために集まつて形成された私塾であり、さながら吉田松陰の松下村塾のやうな風情である。命名したのは岡先生本人である。その春雨村塾が主催する岡先生を偲ぶ會がすなはち春雨忌で、毎年、岡先生の歿月の三月の末あたりの日曜日を選んで各地から參集し、岡先生の思ひ出を語つたり、連句を試みたりして日を過ごすのである。春雨村塾に残されてゐるノート「春雨村塾誌」を見ると、昭和四十九年一月五日の時點で塾生四十六名の名簿が記載され、岡先生の歿後、昭和五十七年四月四日の日曜日には「春雨忌の集ひ」が記録されてゐる。おそらくこれが第一回目の春雨忌だつたのであらう。そのときの參加者は十七名であつた。

平成九年の春雨忌にはぼくを含めて全部で十七名（第一回目と同數であり、春雨村塾のメンバーがほぼ同一のまま推移してゐる様子がうかがはれる）が集合したが、ぼくはここで、二十五年前の五月三日に九段會館に居合はせたといふ人物に出會つたのである。それは埼玉縣在住の小石澤源秋さんといふ人で、小石澤さんは早くから熱心な岡先生の聴講者であつた。あの日も小石澤さんはテープ・レコーダーをもつて講演會に臨み（このテープは活字になつて公表されてゐる。ぼくはそれを讀んで、かつて聴いたはずの講演の全容をはじめて認識することができた)、終了後、九段會館の玄關先で繰り廣げられたあの異様な出來事の一部始終を見屆けてゐた。

岡先生はあなたのはうを向いて話をしてゐましたよ、と小石澤さんは言つた。岡先生はぼくに向つて、ぼくを相手にして話してゐたといふのである。質問などして食い下がる學生がゐたから、岡先生も立ち去ることができず、半身の構へで話し續けるしかなかつた。われわれは遠巻きに圍んで見守りながら、どうなることかと固唾をのんでゐた。今も昨日のことのやうにありありと腦裡に浮かびます、といふのであつた。ぼくは岡先生の氣迫に壓倒されて、玄關先の大講演の内容はまつたく記憶にないが、小石澤さんの耳には、「現代數學は死んでゐる」とか、「日本民族は……」といふやうな斷片がとどいたといふ。さうして小石澤さんは、岡先生は「日本民族に固有の仕方で數學を作り直さなければだめだ」と語つてゐるやうな感じがした、といふ話をした。

小石澤さんの記憶は相當に高い度合ひで信頼できるであらうと思はれた。それなら、ぼくは二十五年もの間、一貫して誤解を續け、誤解に基づいて思索を繼續してきたことになる。知的には完全に誤つてゐたとしか言へないが、他方、二十五年前の刻印は歳月の經過につれて純化され、「形のない純粹のいのち」(これは玉城先生の言葉である。著作『佛教の根底にあるもの』の講談社學術文庫版の末尾に「學術文庫のあとがき——全人格的思惟と當面の諸問題——」が附されてゐるが、そこに玉城先生の命題「形なき純粹生命が、全人格的思惟を營みつつある主體者に顯はになるとき、はじめて人間自體の根本轉換、すなはち目覺めが實現する」が書き留められてゐる)のままにぼくの心のすみずみに浸透し、生きて働き續けてゐたやうに思ふ。それは、人と人との直接の出會ひのみから生れる神祕のいのちである。金子九段にお目にかかつていきなり西谷先生の書物をいただいたときも、玉城先生にお會ひして「孤立無援です」といふ最初の言葉に接してとまどひを覺えたときも、意想外の行爲や言葉の表面上の認識を超越した通路を通つて、この「形のない純粹のいのち」は確かにぼくの心に傳へられたのである。

ぼくは確信して疑はない。もしぼくが數學者として何物かを創造することができるとするなら、あるいは、もしぼくが數學史家として、過去の偉大な數學者たちの眞實の聲を聞き分けることができるとするなら、その可能性は、諸先生から傳へられ、授けられた純粹のいのちの聲に耳を傾け續けるときにはじめて、具體的な衣裳をまとつてぼくの眼前に開かれてくることであらう。

友情の終りと始まり

ぼくは中さんの作品を讀み續け、やがて大學も卒業し、大學院に進むために九州の博多に移動した。大學院では岡先生の數學の論文集に取り組んだ。美しいフランス式裝幀の（したがつてペーパーナイフが必要な）論文集であり、岡先生が文化勳章を受けた年の翌年の昭和三十六年に岩波書店から刊行されたのである。論文そのものもフランス語で書かれてゐる。購入したのは高校を卒業して間もない昭和四十年の晩春初夏のころであるから、九段會館で岡先生に出會ふ三年前のことであつた。大學受驗のための浪人生活を送つてゐた時期であつた。ぼくは鄕里の山村で勉强を續けながら、ときをり上京して豫備校の公開模擬試驗などに參加した。そのやうなある日、神田神保町の角にあつた岩波圖書販賣の信山社で、この小さな書物を見つけたのである。定價は千二百圓で、この當時の感觸からすると、必ずしも安くはなかつたやうに思ふ（この年の翌年、すなはち昭和四十五年の秋、原澤さんが經營する「とぽとぽ亭」のラーメンは一杯百二十圓であつた)。

本との出會ひにも神祕的な側面はたしかにあり、人と人との邂逅に似て、深遠な喜びの伴ふことがある。岡先生の論文集は信山社の書架のいくぶん高めの棚に竝んでゐた。フランス語そのものは讀めなかつたが、ローマ字で記された著者名はすぐに讀み取れて、この書物の正體はたちまち判明した。標題を構成するわづかな單語(たつた七個にすぎなかつた)のうち、「ふぉんくしょん」は「函數」、「あなりちっく」は「解析的」で、「ゔぁりあぶる」は「變數」であらうといふふうに英語との類推で見當をつけると、それならこれが、岡先生が獨力で開拓したといふあの「多變數解析函數論」のことであらうかと思はれて、振幅の激しいときめきをおぼえるのであつた。

このやうな氣韻の高い書物を前にしては知性の出る幕はなかつたが、岡先生の論文集はぼくの心の深奧に(あるいは、岡先生にならつて、「ぼくの情緒に」「ぼくの眞情に」と言ふべきであらう)直接作用して、強い印象を刻んだ。その印象の本然の姿は今もなお依然として人生の神祕の闇に包まれてゐる。だが、眞に人の行爲を導く力を宿してゐるのは「知」ではなくて「情」であり、このとき生涯の大事を決する何事かが生起したことに疑ひをさしはさむ餘地はない。

ぼくは日本の學問の傳統に觸れたのであらうと今は思ふ。それならば、とぼくはまた思ふ。數學といふ不思議な學問に心を開かうとする日本の少年少女のために、ガウスやアーベルやリーマンのやうなヨーロッパの大數學者たちの著作や論文の邦譯書と軒を竝べて、いつの日か日本語に譯出された『岡潔先生數學論文集』が刊行されるべきなのではあるまいか。

信山社の書架に岡先生の論文集を見つけたとき、ぼくはひとりではなく、高校時代の一年先輩の、ひとあし先に大學に進んで東京に出てゐた友人に連れられて、神田の古本屋街を散策してゐる途中であつた。ああ、岡先生だ、とぼくは友人に話しかけた。友人はにこやかにほほゑんで、ああ本當だ、と言つた。青春の日々にのみ相應しい、まづしく、ロマンチックな會話である。

だが、ほどなくして「思想上の對立」が顯在化して、ぼくはこの友人と別れた。ちやうど「とぼとぼ亭」の常連になりかけたころの出來事であつた。もう會はないやうにしようといふぼくの提案を受け、ある夜、友人は所信を記述した一通の手紙を手にして「とぼとぼ亭」にやつてきて、夕べ書いた、と言葉少なに語りながら、原澤さんの目の前で差し出したのである。友人はラーメンも食べずにその場を離れた。その間、原澤さんはひとことも口を開かなかつたが、淡々とラーメンを作るそぶりを示しながら、状況を把握しようといふのであらう、それとなく様子をうかがはうとしてゐる氣配があたり一面にありありと立ちのぼつてゐた。新しい友情が生れて生ひ立たうとする場（そこは四谷の裏道の深夜の路上にすぎなかつた）において、高校時代の面影を宿す古いひとつの友情が失はれようとする瞬間の、喪失の意味も生成の意味もいつさいが未分のままの混沌とした情景である。

一日また一日と、安定性を缺いた歳月が流れていつた。この間、岡先生のことが心にかからなかつた日は一日もなかつたが、不思議なことに消息は次第に不分明の度合ひを増していつた。

岡先生が廣く世に知られるやうになつたのは、昭和三十五年度（一九六〇年度）の文化勳章を受章したときからであつた。岡先生の特異な風貌と創意に富む發言の數々は人々の注目を集めたが、初期の發言の中には「（學問の研究の現場に）世間を持ち込まない」といふきびしさが際立つてゐて、いかにも「孤高の數學者」といふ風情があつたやうに思ふ。文化勳章を受章して間もないころ、昭和三十六年元旦の毎

日新聞奈良版に掲載されてゐるインタビュー記事のタイトルは、
「超俗數學者の新春放談　奈良女子大岡潔教授に聞く」
といふものであつた。その翌年、『週刊朝日』の昭和三十七年一月十二日號の「私の健康」欄には、「世間と交渉を持たない」といふ記事が出てゐる。この間に岡先生をモデルにして制作された松竹映畫「好人好日」（脚本は松山善三、監督は澁谷實。岡先生と見られる數學者に扮したのは笠智衆であつた）も、この時期の岡先生のイメージを形成するうへで力があつたと思ふ。

この昭和三十七年の春四月、岡先生は當時毎日新聞社奈良支局員だつた松村洋さんにいはば發見されて、口述筆記といふ形を取つて毎日新聞紙上に「春宵十話」の連載（全十回）が開始された。翌昭和三十八年二月、この連載を冒頭に据えて第一エッセイ集『春宵十話』が毎日新聞社から刊行されるとたちまちベスト・セラーになり（十一月、昭和三十八年度の毎日出版文化賞を受賞した）、これを皮切りに旺盛な執筆、講演活動が始まるといふ成り行きになつていつた。昭和四十三年から昭和四十五年にかけての三年間あたりには頂點に達した觀がある。岡先生の年譜を參照すると、雜誌や新聞への相次ぐ寄稿、著作の刊行、講演（幾度もの上京のほか、高知、福島縣郡山、福井縣鯖江、和歌山縣有田、和歌山縣かつらぎ町、鹿兒島、信州、長崎、奈良縣明日香村、四條畷、奈良市、熊本、大阪、京都、福岡、仙臺、筑波山といふふうに、講演の場所は全國各地に及んでゐる）、對談（保田與重郎、林房雄、松下幸之助、司馬遼太郎、石原愼太郎、井上靖など、多士濟々の顏ぶれである）、座談會、テレビ出演、ラジオ出演等々の記載が連日のやうに續き、寧日なしといふほどの形容がぴつたりの狀勢である。

だが、昭和四十六年ころから次第にマスコミから遠ざからうとする傾向が見え始め、晩年の數年間は、岡先生を慕ふ少數の人たちだけを相手に講話を繰り返す日々を送るやうになつた。この昭和四十六年には、畢生の大著『春雨《はるさめ》の曲《きよく》』の執筆も始まつて（六月ころからと言はれてゐる）、初稿、第二稿、……と改稿が繰り返されていつた。やがて岡先生の周圍には春雨村塾と呼ばれる集團が形成されるに至つた。ぼくはそのやうなわづかな風聞をときをり小耳にはさみながら問合ひをはかり、奈良に住む岡先生をお訪ねする契機を求めてゐたが、ある日、訃報が報じられ、再會の機會は永遠に失はれることになつた。昭和五十三年三月一日未明、岡先生は『春雨の曲』第八稿の未定稿を遺してこの世にお別れしたのである。

歿後まもなくして、ひとまず脱稿した『春雨の曲』第七稿「巻の一　旅路」と、絶筆になつた第八稿の未定稿「巻の一　人類の自覺」が私家版のやうな形で刊行された（第七稿は昭和五十三年九月三十日刊行、第八稿は同年七月三十日刊行）。わづかに五十部づつといふ小さな出版だが、知る人ぞ知る作品と言ふべきであり、コピーからまたコピーが作られるといふふうにして、この二十年ほどの間にかなりの部數の複製が作られたやうである。正確な部數は知る由もないが、さりげない會話の中でふと、意外な人が祕藏してゐることが判明して驚かされることがしばしばある。岡先生のファンは多く、しかもみな熱意にあふれてゐる。相當に濃厚な密度をもつて全國各地に散在してゐるのは間違ひないと思ふ。

生ひ立ちの記

玉城先生を取上げた讀賣新聞のインタビュー記事「生老病死の旅路」は、幼年時代の回想を語る言葉とともに、こんなふうに始まつてゐる。

祖父が熱心な淨土眞宗の門徒だつたこともあつて、子供のころから、寺參りをしたり、お坊さんの話を聞いたり、かなり佛教的な雰圍氣のなかで育ちました。ですから、怒りと欲望に滿ちた現實世界の眞ん中には一條の「白道」がすーつと延び、その先には極樂淨土があるといふ教へは、自然と心に刻み込まれてゐたんです。

冒頭からいきなり、生家は淨土眞宗の門徒の家であつたことが語られて、はやくもただならぬ氣配がただよつてゐるやうに思ふ。平成七年五月二十日付で刊行された玉城先生の著作『ダンマの顯現　佛道に學ぶ』（大藏出版）を見ると、幼年期の情景がもう少し詳しく描かれてゐる。この本は大きな四つの章で編成されてゐるが、その第一章は「佛道に學ぶ」といふ標題が附された書き下ろしの作品で（平成七年一月脱稿）、生ひ立ちから始まつて七十九歳（平成六年）に至るまでの自敍傳の試みである。それによれば玉城先生は熊本市の出身で、大正四年七月二十九日が生誕日である。玉城家は大家族で、兩親と兄弟と二組の伯父夫婦、何人かのお手傳ひさん、それに會社の若い人が數名、同じ家に同居してゐたといふ。兄弟は四人ゐて、兄（二つ上とうかがったことがある）と姉と妹がゐた。「姉はすでに嫁いでゐた」と記されてゐるが、これは「物心のついたころにはすでに」といふほどの意味であらうか。

同居人の中に「會社の若い人數名」とあるところも氣にかかる。玉城先生の母方の祖父（名前はわからない）は大川平三郎（アメリカからはじめて製紙機械を日本に持ち込んで、樺太に工場を建てたと言はれてゐる）といふ事業家と組んで熊本の八代や坂本に製紙工場を設立したと書かれてゐるが、この事業が受け繼がれたのであらう。別の場所には「父は、會社、銀行を興し、鐵道、製紙、製薬などの事業にたづさはつてゐた」といふ記述もある。母方の祖父と祖母は近所に住んでゐた。玉城家では、伯父や父たちが、口角《こうかく》、沫《あわ》を飛ばすといふほどの勢ひでさかんに法談を論じてゐたといふ。

大川平三郎は後に王子製紙の創立者になつた人で、大正八年ころは東京に住んでゐたと思ふ。そのころ大川家で子供たちの家庭教師をしてゐたのは田中木叉《たなかもくしや》上人であつた。大川平三郎がある政治家の土地を購入したとき、木叉上人は不要な建物をゆづつてもらひ、解體し、小石川水道橋の生西寺境内の興學舎の横に移築して住居にした。興學舎といふのは、增上寺の椎尾辨匡上人や光明會の笹本戒淨上人が大學生のころ、淨土宗元祖七百年遠忌記念のために建設された寄宿舎である。

木叉上人は、光明主義の提唱者、山崎辨榮上人のお弟子であつた。舊名を田中徹《たなかとほる》といひ、淨土宗門に僧籍をもつとともに、東京帝大出身の英文學者でもあつた人である。辨榮上人との初對面は大正七年春、東京芝の增上寺境内の多聞室における出來事と傳へられてゐる。このとき木叉上人は數へて三十五歲であり、翌々年、すなはち大正九年十二月四日には辨榮上人は越後柏崎極樂寺で病歿したのであるから、木叉上人は辨榮上人の最晚年のお弟子と言はなければならなかつた。

ぼくは最近、藤堂俊章編『田中木叉上人遺文集』(光明修養會發行)といふ書物の中に大川平三郎の名前をみいだして、興味を誘はれた。なぜなら木叉上人は、岡先生が光明主義のお念佛に專念するきつかけを與へたと傳へられてゐる人物だつたからである。この傳說が開示する情景はこんなふうである。先の大戰の直後、岡先生は生きていく道を求めて光明會の先達を歷訪する中で、ある日、木叉上人に出會つた。今ではもう正確な日時を知る人はなく、場所も定かではないが、おそらく昭和二十一年の春から夏にかけてのある日のことであらう。木叉上人は岡先生に向つてただひとこと、「だまされてください」

と言つた。すると岡先生はやはりただひとこと、「だまされませう」と應じたといふのであつた。大川平三郎は玉城先生の世界と岡先生の世界の接觸點の所在に示唆を與へてくれる人物である。

大正十一年四月、玉城先生は熊本市内の向榮尋常小學校に入學し、四年生までここに通つた。この小學校の歴史は古く、玉城先生の兩親（お名前はうかがつたことがない）も同じ小學校を卒業したといふ。だが、規模は小さく、各學年一學級のみで、先生は校長先生も含めてたつた七人しかゐなかつた。そこで本山尋常小學校と合併することになり、雙方の校名から一字づつ取つて、新たに向山尋常小學校が成立した。五年生のときからここに移り、卒業し、熊本縣立熊本中學校に無試驗で入學した。無試驗といふのはやや面妖な印象を誘はれる話だが、これはそのころ行はれてゐた推薦入學で、なんでも各小學校から成績優秀な兒童數名が選ばれて推薦されたといふことである。熊本中學校の校長先生（福田先生といふ人で、熊本中學の中興の校長と言はれてゐたといふ）が各小學校を訪問し、無試驗推薦組を校長室に集めて「不撓不屈の精神でがんばりなさい」と訓話した。「ふたうふくつ」などといふ言葉を耳にしたのはこのときがはじめてだつたが、不思議にも、校長先生が言はんとしたことは明瞭に理解することができたといふ。

熊本中學では四つの組に分れた。無試驗入學者も併せてすべての入學者を成績順に配列し（無試驗入學者たちの順位はどのやうにしてつけたのかわからないが、だいたい上位を占めてゐた）、一番から順に、一組、二組、三組、……といふふうに配置していつた。各組四十人である。四年生になると編成替へが行はれ、上級學校への進學希望者は四組に配屬された。希望はしても、成績が及ばない者は三組で、その他は一組と二組である。玉城先生の二つ上の兄は先に熊本中學に入つたが、肋膜炎で休學し、二年生のときから同期になつてゐた。この兄は、受驗組を特別に扱ふ組分けはけしからんといふ考へで、學校にくつてかかつたりしたといふ。その後は四年修了で中學を終へ、家業を繼いだ。玉城先生は四組だつたが、高等商業學校あたりに進めばよいくらゐの考へで、勉強にはあまり熱が入らなかつた。ところが四年修了間際に父が擔任の先生に呼び出され、高等學校を受驗するよう、說得された。それで方針が變はり、四年修了で（すなはち「四修《よんしゅう》」で）熊本の第五高等學校を受驗したが、このときは失敗した。後年の劇作家、『夕鶴』の作者の木下順二も同じ四修受驗失敗組の仲間である。

木下順二は文藝部員であつた。中學五年のとき、玉城先生は木下順二に原稿を依賴され、文藝部の雜誌に一文を揭載した。それは「歎異抄について」といふ書き物だつたが、先生たちの中にも『歎異抄』を知る者はなかつたといふ。だが、玉城先生は知つてゐた。なぜなら、玉城家では每月一回、最寄りのお寺である正念寺の住持（寺の長であるお坊さん）を招いて『歎異抄』の講義をしてもらつてゐたからである。玉城先生を圍んでいた「佛敎的な雰圍氣」といふものの姿を垣間見ることができるやうなエピソードである。

昭和八年四月、中學校五年を修了して（すなはち「五卒《ごそつ》」で）五高に入學した。所屬は文科甲類で、今度は木下順二も同じ文科甲類（甲類は英語を第一外國語とするクラスである）に合格した。『資料集成　舊制高等學校全書　第一卷　總說編』（舊制高等學校資料保存會刊行部）を參照すると、この年度の五高の入試狀況は、志願者千三百七十三名に對して入學者二百八十一名といふ數字が記錄されてゐる。卒業したのは昭和十一年三月で、高等科第四十五回である。文科甲類の同期卒業生九十六名の中には、後年『櫻島』の著者となつた作家の梅崎春生なども混つてゐた。梅崎春生も玉城先生と同じ大正四年生れだが、生誕日は二月十五日であるから、學年はひとつ上になる勘定である。福岡の修猷館中學を卒業して、昭和七年に五高に入學したが、三年生に進級するとき落第して玉城先生と同級になつた。

五高では、規則づくめの中學時代から解放されて、新鮮な自由の空氣を滿喫した。ところが一年生のときに衝擊的な事件が起り、それまでの信心が「ががらと崩れてしまつた」。玉城先生は淺井東一教授の講義「自然科學」で、實は生物と無生物の境目《さかひめ》はよく分からないといふ話を聞いたのである。その樣子は、讀賣新聞の記事「生老病死の旅路」では、

ところが、舊制高校の一年の時、生物の授業で「生物と無生物の境界は曖昧《あいまい》としてゐる」といふ話を聞いて、大變なショックを受けましてね。なぜつて、我々は生きてゐて魂をもつてゐるからこそ淨土に往生できると思つてゐたのに、無生物と變はらないとしたら、一體どういふことになるんだつて、すつかり混亂したわけです。せつかくの信心もあつけなく崩れてしまひましたよ。

といふふうに語られてゐる。玉城先生は、「生物と無生物の區別が明瞭でないとすれば、いつたい生きてゐるとはどういふことなのか、往生するのは、何が往生するのか」といふ疑問をもつたといふのである。眞宗では聞卽信《もんそくしん》、すなはち「聞いたままが信心」といふことが言はれてゐるといふ。玉城先生はそれまで長い間、法を聞いてきて、自分なりに諒解して、それが信心だと思つてゐた。「その信心が、まことにたわいもなく崩れ去つたのである。自分の信心のはかなさを嫌《いや》といふほど見せつけられた。むしろ心といふものの當てにならないことに、はじめて氣づいたやうに思はれる。それからは何もかも虛《うつろ》に

なつてしまつた」（『ダンマの顯現　佛道に學ぶ』）。

だが、佛教をもつと根本から學びたいといふ氣持ちはかへつて强まつて、大學は印度哲學科に進むことになつた。擧げ句の果てに華嚴の瀧に飛び込むのではないか（ここで連想されてゐるのは、明治三十六年五月二十二日に、數へて十六歳の第一高等學校一年生藤村操が、「巖頭之感」の一文を遺して日光華嚴の瀧に飛び込んで自殺した事件であらう）、などと心配してくれる知人もゐたが、決意は固く、昭和十一年四月、東京帝國大學文學部印度哲學梵文學科に入學した。二・二六事件の直後のことであつた。滯在先は巢鴨の是眞寮《ぜしんれう》で、東大の學生七、八名の同宿者があつた。寮名は金子大榮によるもので、設立者の松谷元三の依頼を受けて、聖德太子の言葉「世間虛假、唯佛是眞」から採つて命名された。昭和十五年三月、東大を卒業して大學院に進んだが、昭和十七年十月五日、大學院在學中に、大學院に籍を置いたまま應召した。玉城先生はこの間の六年餘を是眞寮で過ごしたのである。

大學でははじめて近代佛教學といふものを教はつた。「インド哲學・佛教の入門から教へられ、やがてその全貌を學び、さらにパーリ語、サンスクリット語、あるいはチベット語によつて、原典を讀むことができるやう、指導を受けた。佛教はすばらしかつた。「その大きさと深さの感覺そのものが、これまで味はつたことはなかつた。毎日の講義が樂しく、まるで天を衝く思ひであり、美しい夢をみてゐるやうで」、大學でのはじめの一年は「走馬燈の夢に見惚れてゐるうちに過ぎてしまつた」（鍵括弧内の言葉は『ダンマの顯現　佛道に學ぶ』からの引用である）。ときをり不安が心をよぎるやうになつたのは二年目からである。

大學で本格的に佛教と取り組んでみて感じたのは、佛教の勉強だけしてゐたのでは、その根つこはわからないし、文献や資料を讀んで頭だけで理解してもやはりだめだといふことです。そこで、比較思想的な研究を手がけるとともに、全人格的な思惟《しゐ》、つまりは坐禪を始めたんです。(「生老病死の旅路」)

佛教は果たして頭だけで分かるものであらうか、佛教の奥には、分別《ふんべつ》では屆かない、何か深い物がある。そのとき思ひ浮かんだのは、高校で自然科學の講義を聞いた途端に、信心がたわいもなく崩れ去つたことである。心でさへ頼りにならないから、まして頭だけの理解では、不徹底であることは明らかである。このまま勉強を續けていつても、佛教の眞意に迫ることは不可能であらう、どうしても體で覺えねばならぬと思案してゐる最中《さなか》に、掛替へのない師に出會ふことができたのである。(『ダンマの顯現　佛道に學ぶ』)

かうして玉城先生は奥野源太郎先生(足利淨圓先生とともに、玉城先生の「人生の恩師」である。長崎に生れ、鹿兒島の第七高等學校造士館を經て、東京帝大文學部印度哲學梵文學科に進み、卒業した。この面では玉城先生の先輩にあたることになる)に坐禪の手ほどきを受け、徹底的に師事しようと決意した。その後の變遷はそれ自身、ひとつの長い物語であり、これから大量の時間をかけて仔細に觀察していかなければならない重大事である。

ダンマの顯現

道元との出會ひ

道元との出會ひを語る玉城先生の言葉も美しい。昭和五十八年八月二十日、玉城先生を責任編輯として、中央公論社から「日本の名著」シリーズ第七卷『道元』が刊行された。内容は道元の著作『正法眼藏』の抄譯（後年、大藏出版から完全譯『現代語譯　正法眼藏』全六卷が刊行された。第一卷は平成五年十一月十日刊行。第六卷は平成六年十月二十日刊行）だが、卷頭に「道元思想の展望」といふ長大な總論が置かれてゐる。その第一章の標題は「道元とのかかはり」といふもので、さらにその冒頭の一文には「道元との出會ひ」といふ小見出しが附されてゐる。

はじめに語られるのは、「道元がわたしの心に影を落としはじめたのは、いつのころであつたらうか」といふ、強い緊張感を祕めた問ひ掛けの言葉である。

道元がわたしの心に影を落としはじめたのは、いつのころであつたらうか。佛教を學ばうとするものが、道元に關心を持つのは當然であるかもしれないが、かれとのそのころのかかはり方には、いささか特殊な雰圍氣があつたやうに思ふ。

日支事變のおこる前に高等學校の生活を樂しんだものにとつては、人生を語り、藝術を論じ、何とはなしに哲學にあこがれるといふ思考が、青年の心をとらへて放さなかつた。それは全部ではなくても、大部分のものが同じやうな方向に向いてゐたことが、特別の共同體意識をつくり上げてゐたやうである。語りあひ論じあふことにおいて、藝術や人生の在り方がすでにわれわれの掌中につかまれてゐるやうな錯覺をおぼえ、青春の目覺めが、情熱と自覺との未分の狀態のなかから、はっきりと立ちのぼつていく光景を、生れかはつたやうな氣概で享受したものである。

日本の古い高等學校の青春の「特殊な雰圍氣」を語る玉城先生の言葉は美しく、讀む者の心に強い印象を與へてやまない力を備へてゐる。玉城先生の諸著作諸論文は膨大な數にのぼり、しかも懇切な檢討を要請される重要な作品が目白押しに竝んでゐる。感銘の深い言葉は群をなし、層をなして折り重なってゐるが、今ここに引いた數行はぼくの一番好きな文章であり、しかもこよなく懷かしい。なぜなら、ここに語られてゐるのは明らかに、「失はれた青春」（これは『ビルマの竪琴』の作者の竹山道雄のエッセイの標題である）の姿だからである。

昭和四十五年春、ぼくは上京して大學に進んだが、そこにはもう、支那事變の前に存在してゐたといふあの青春の肖像はどこにも見られなかつた。學園紛爭はすでに退潮期に入つてゐた。學園は平靜であつた。だが、新たに芽生えてくるべきものの姿や形は目に映らなかつた。學問は形式に流れ、藝術は退廢し、ここかしこに大小無數のうつろな空間がころがつてゐるばかりであつた。

日本の近代は、ぼくがこの世に生れ出る直前の、あの大戰爭の敗戰を境にしてやはり變質したのであらう。今ではもう、印度哲學を學ぶ人はあつても、藤村操のやうに華嚴の瀧に飛び込みはしないかと心配する人はないであらう。玉城先生が享受したといふあの青春のロマンチシズムはすでに失はれ、しかも成熟もまた見られなかつた。ぼくはただ憧憬を胸に祕め、昨日の世界のあれこれをさまざまに思ひ描きながら、形骸化した日々の生活を生きていかなければならなかつたのである。

玉城先生の言葉は續き、カント、ヘーゲル、ニーチェ、キルケゴールの名とともに道元の名が登場する。


さうした雰圍氣のなかで、カントやヘーゲルの名が口にのぼり、ニーチェやキルケゴールが語られたが、もとより原書を見てゐるわけではなかつた。これらの名前にまじつて、道元の名がわれわれの心に浮かんでゐたのである。心に印せられた人物の配列からいへば、道元は、空海や親鸞などとではなく、カントやヘーゲルと竝んでゐたことは、いかにも奇異である。この組み合せは、大學へ進んでも變はることはなかつた。おそらく、和辻哲郎教授の論著「沙門道元」の影響が及んでゐたことは疑ひを入れまい。道元は、近代哲學にも比べられるやうな、すぐれた思辨を包んでゐるといふことが、かれへの接觸の最初の印象であつたやうに思ふ。

しかしながら、カントやヘーゲルは、學べば理解できるといふ豫感があつた。なるほどかれらの指さすところの世界は深遠ではあつても、ことばをたどつていけば意味は通じさうである。しかし道元は、學んでもおそらく理解できまいといふ危惧の念が先立つてゐた。『正法眼藏』の巻を開けば、ただちに共感はできる。しかも不思議なことばの魅力がたたへられてゐる。しかし、その境地はたちまちに雲煙のかなたに飛び去り、凡識の及び得ないところで、ひたすら語つてゐるのである。

玉城先生は淨土眞宗の門徒の家に生れ、信心の崩壞感覺を味はひ、近代佛教學を學び、參禪を續けた。さうしたある日、東京大學圖書館の閱覽室で異樣な出來事を經驗した。それは二十代の半ばを過ぎたころの事件であつた。そのころ玉城先生は「人生の謎が解けなくて、意識は混亂の極に達してゐた。夜はおちおち眠れず、晝間は悶々としてゐた。それは、理性的に處理できる狀態ではなく、理性そのものが疑はれ、さらにつきつめて人格・心が疑惑に包まれてゐた。むしろ心そのものが疑惑に包まれてゐた。あるいはまた心そのものが疑惑であつたといつてもよい。このやうな狀態が長期に續いて、身心は疲れ果ててゐた」といふ。そのころのある日のことである。

ある日わたしは、東京大學圖書館の閱覽室で、『教行信證』を讀むともなしに見てゐた。夕暮れどきで人影はまばらであつたと記憶する。ちやうどそこに引用されてゐる初歡喜地《しょかんきぢ》の箇所に眼が移つたときであつた。突如として異變がおこり、わたしの心は一變した。そのことをわたしはうまく表現できない。わたしは意識をまつたく喪失してしまつたともいへるし、逆にわたしの意識は純粹透明な玉のやうになつたともいふことができる。ともかく混亂の意識狀態が一變したことはたしかである。しばらく時間が經つて、われと天地と一體であるといふ自覺が生じてきた。それは、いままでの限られた意識の柵が破れて、意識と超意識とが一續きになつた狀態であると說明することもできやう。さうしてさらに時間がすぎてはじめて、歡喜が湧き出てきたのである。

これは昭和四十四年二月二十五日に刊行された『日本の佛典』（中公新書。共著。三十二篇の佛典が取り上げられてゐるが、その中で玉城先生は『華嚴經』を擔當してゐる）に見られる記述だが、『ダンマの顯現　佛道に學ぶ』では日時が「昭和十六年二月七日の午後」と特定されてゐる。それなら大學院の一年目の終りがけのころである。

私は本郷座（本郷三丁目の映畫館）で、フランス映畫「ノートルダムの傴僂《せむし》」を見た。何とも奇妙な内容である。その印象が、私の得體の知れぬ心態にぐさりと刺さり、どうにもならなくなつて館を出て、東大圖書館の特別閲覽室にかけこんだ。すでに夕暮れで、室の中にはわづかの學生がゐるだけで靜まつてゐる。鞄《かばん》は手放してゐなかつたとみえる。その中から『十地經《じふぢきやう》』を取り出して、初めの歡喜地の所を見るともなしに見てゐた時である。

何の前觸れもなく突然、大爆發した。木っ端微塵《こばみぢん》、雲散霧消してしまつたのである。どれだけ時間が經つたか分からない、我に歸つた途端、むくむくと腹の底から歡喜が涌きおこつてきた。それが最初の意識であつた。ながいあひだ悶えに悶え、求めに求めてゐた目覺めがはじめて實現したのである。それは無條件であり、透明であり、何の曇りもなく、目覺めであることに毛ほどの疑念もない。私は喜びの中に、ただ茫然とするばかりであつた。どのやうにして、本郷のキャンパスから巣鴨の寮まで歸つてきたか、まつたく覺えがない。

ところが「當座は歡喜の興奮に浸るのみだつた」のが、一週間ほど過ぎると「だんだん醒めてきて、十日も經つとまつたく元の默阿彌になつて」しまひ、煩惱も我執もそのままで以前となにも變はるところがなかつた。では、そもそもあの體驗は何だつたのであらうか。

單なる幻覺か、いやいやけつしてさうではない。爆發の事實を否定することはできない。しかしそのことをいかに詮索しても、現に煩惱、我執のままであることはどうしやうもない。かうして「惱みは出發に戻つて、さらに倍加」して、「一進一退、一開一閉」といふ狀態が繰り返された。ところがブッダの弟子ゴーディカも玉城先生とまつたく同じ足跡を踏み續けてゐた。

その後、經典を調べてゐるうちに、私とまつたく同じ足跡を踏みつづけてゐたゴーディカといふブッダの弟子がゐることが分かつた。かれは懸命に修行して解脱に達したが、やがてあと戻りして元の木阿彌になる。これではならぬと、さらに努力して目覺めるが、やがてまたあと戻りする。このやうにして、三度、四度、五度、六度、さうして七度目に解脱に達したとき、もうあと戻りしないやうに、みずから劍をとつて命を絕つた。自殺はサンガにおいてきびしく戒められてゐるが、ブッダは、ゴーディカは涅槃に入つた、といつて賞讃された。

還暦が近づいたころ、ある日、轉機が訪れた。玉城先生はブッダの解脱の光景に出會つたのである。講談社學術文庫『佛教の根柢にあるもの』の巻頭に收錄されてゐる同じ標題の論文「佛教の根柢にあるもの」(「救ひと悟り」といふ副題をもつ。『コルモス』3、昭和四十九年三月、現代における宗教の役割研究會)によれば、それは、菩提樹の木陰で解脱を得てブッダとなつたときのゴータマ・ブッダの境地を描く原始教典、『ウダーナ』に記されてゐる三つの詩であるといふ。ウダーナといふのは「卽興の詩」の意味で、日歿時と眞夜中と夜明けにわたつて、それぞれひとつづつ、三つの詩がブッダの口から發せられる。

日歿時の詩

實にダンマ（dhamma）が、熱心に瞑想しつつある修行者に顯はになる（pātubhavati）とき、そのとき、かれの一切の疑惑は消失する。といふのは、かれは緣起《えんぎ》の法を知つてゐるから。

眞夜中の詩

實にダンマが、熱心に瞑想しつつある修行者に顯はになるとき、そのとき、かれの一切の疑惑は消失する。といふのは、かれはもろもろの緣の消滅を知つたのであるから。

夜明けの詩

實にダンマが、熱心に瞑想しつつある修行者に顯はになるとき、かれは惡魔の軍隊を粉碎して、安立《あんりふ》してゐる。あたかも太陽が虛空《こくう》を輝かすがごとくである。

東大圖書館の閱覽室で最初の大爆發を經驗した日、すなはち昭和十六年二月七日から數へてすでに三十年餘の歲月が流れた後に、玉城先生は佛敎の根柢にあるものをブッダの三つの詩の中に發見したといふのである。これが學問の神祕でなくてなんであらう。どうしてこのやうな發見が可能だつたのであらう。感銘は深く、ぼくは目を奪はれて立ち止まり、輕い興奮が持續してやまない心をもてあましながら、過ぎていく日々の成り行きを見守つてゐなければならなかつた。

數學の根柢にあるもの

日本評論社から出てゐる月刊の數學誌『數學セミナー』で、岡先生の特集を組むといふ企畫が起つたのは、平成七年の夏のころだつたやうに思ふ。發案者は編輯長の佐藤大器さんで、他のふたりの編輯部員も佐藤さんの提案を受け入れた。佐藤さんはそのやうにぼくに話し、ついては具體的に相談したいから仙臺で會ひたいと申し出た。この年、仙臺では東北大學を會場にして數學の秋の學會が開かれることが決定されてゐて、ぼくも佐藤さんも間違ひなくでかけるのであるから、落ち合ふには恰好の場所であつた。九月二十八日夜、面會は首尾よく實現し、玉城先生にゆかりの仙臺の町（玉城先生は東京大學を停年退官の後、東北大學で三年を過ごした）の一隅で第一回目のミーティングが行はれた。

話し合ひの骨子となるのは、特集を構成するテーマの決定と、執筆者の人選であつた。岡先生の數學者としての側面（「側面」とは言ひながら、やはり岡先生の根幹をなす部分である）を語るためには、「近代數學史における岡潔先生」「現代數學史における岡潔先生」といふ二つの論說が企畫され、前者をぼくが擔當することも決まつた。

岡先生の思想には、日本民族主義といふか、「日本を思ふ」といふ側面がある。これをどのやうな形で取り上げたらよいのかといふ問題が生じたが、九州の畫家坂本繁二郎との對談（昭和四十一年十月、西日本新聞社の企畫で九州柳川の料亭「御花」で行はれた）の模樣を紹介するのが最適であらうといふふうに話がまとまり、對談當時、西日本新聞社の文化部の記者で、對談の場にも同席した谷口治達《たにぐちはるみち》先生に依頼することになつた。谷口先生は當時、九州造形短期大學の學長の職にあり、美術史を專攻し、坂本繁二郎に關する著作もある研究者であつた。ぼくは九州造形短大に谷口先生を訪ねて數學セミナー編輯部の意向を傳へ、佐藤さんも直接、連絡を取つた。この努力は、谷口先生の「岡潔先生と「民族主義」／大我の日本の復活を」といふ原稿に結實した。

光明主義の熱心な念佛者としての側面は、光明修養會の河波昌先生に執筆をお願ひし、「岡潔先生と光明主義／先生における數學と宗教」といふ原稿が執筆される運びになつた。河波先生は學生時代から光明主義のお念佛に親しんできた人だが、他方、京都大學の大學院時代には、西谷啓治先生の指導を受けた人でもある。はじめてお目にかかつたのはちやうど西谷先生の著作集の刊行が始まつたころで、光明會に關するお話もさることながら、河波先生はしきりに西谷先生と京都學派の話をした。

これらの原稿に加へ、「ジーゲル先生と岡潔先生」「甦る岡潔先生」といふ他の二人の著者による二つの原稿が得られ、「年譜」も添へられて、『數學セミナー』の特集「岡潔先生」のための準備作業はおほむね順調に進展した。

この特集の構成にあたり、ぼくにはもうひとつの取つて置きのアイデアがあつた。それは「玉城先生の語る岡先生」といふ企畫であつた。

佐藤さんは玉城先生について知るところは多くはなかつたが、ぼくは玉城先生の人と學問を紹介し、このたびの特集のいはば總論として、學問、宗教、教育などをめぐつて展開される岡先生の發言のあれこれについて、玉城先生に自由に語つていただいたらおもしろいのではないかと提案した。佐藤さんも乘り氣になり、この提案は「數學の根柢にあるもの」といふ記事になつて日の目を見る運びになつた。

玉城先生へのインタビューが行はれたのは平成七年十二月十三日であつた。この日の午後二時、ぼくは佐藤さんと連れ立つて久我山の玉城先生のお宅を訪問した。玉城先生はメモを記した數枚の紙片を手に、二册の書物を机上に置いてぼくらを待つてゐた。書物のひとつは玉城先生の著作であつた（何といふ作品だつたらうか）。もう一册は新潮社の叢書「創造の小徑」の一册で、パブロ・ピカソ『イカロスの墜落』（ガエタン・ピコン文／岡本太郎譯）といふ標題が讀み取れた。

はじめに佐藤さんが前口上を述べ、それを受けてごく自然な成り行きで玉城先生のお話が始まつた。

玉城康四郎（右）と著者
（平成七年十二月十三日、東京久我山・玉城家にて）

佐藤　『數學セミナー』の來年（平成八年）三月號の特集「岡潔先生」の記事のひとつとして、玉城先生から見た岡潔先生像と言ひますか、特に先生の目から見た岡潔先生の數學を、「數學の根柢にあるもの」といふ形で、先生ご自身の佛教での體驗を通じてお話しいただければと思ひます。

玉城　（杉竝區の區立）圖書館が近いところにあるので、『岡潔集』（全五卷。學習研究社。昭和四十四年）を借りてきてあらためて讀んでみると、岡さんの言つてゐることがばらばらで、筋が通つてゐない。さういふことは今日は言はないで、感心したことだけを話せばいいのではないかと思つてゐるんですが。

高瀬　ぜひ兩方の面をうかがひたいと思ひます。

感心した面と、感心しなかつた面と、すべてを語つていただければと念願してゐます。

玉城 以前はひどく感動したことを記憶してゐます。ところが、高瀬さんに送つてもらつたもの（玉城先生の依頼を受けて、岡先生の書きものの中からこれはと思はれるものを選んでコピーを作り、送付した）を見たら、どうも變だなと思ひ、あらためて五巻の全集（學習研究社の『岡潔集』）を借りて、ほとんど（の頁を）めくつてみました。

送つていただいたものとあまり變はりはしない。ほとんど同じです。ただ、全集には巻末に何人かの人たちとの對談（各巻に對談の記録が収録されてゐる。對談者は順に、石原愼太郎、松下幸之助、司馬遼太郎、小林茂、井上靖）が出てゐますね。

高瀬 さういふことでしたら、あまり感心しなかつた面をまず話していただけたらおもしろいと思ひますが。

玉城 感心しなかつたのはただそれだけです。ばらばらで、一貫してゐない。パッパッと話が飛んでしまひ、筋が通つてゐないんです。それだけです、感心しないのは。

岡さんは非常によく勉強してゐますからね。ただ、嫌ひなことはあまり勉強してゐないみたいです。好きなことをよく勉強してゐる。たとへば、芭蕉、道元、萬葉集、古事記。それからさまざまな文學作品ですね。日本のものも、西洋のものも。それから、音樂、繪畫についても岡さんは非常によく知つてゐる。

ここまでをいはば前置きとして、續いて「情緒」への言及が行はれ、玉城先生の話は次第に本論に踏み込んでいく。

玉城（續）岡さんがさうしてさまざまなものを勉强してゐるその根柢に、同じものがある。その同じものが、岡さんの人間としてのもつとも特徴的なもので、それは情緒ですね。彼が情緒と名付けてゐるものが、彼の學問研究……數學とか、それに關連していろいろな藝術作品や文學作品などの關心をもつてゐる基本ですね。

さらに、岡さんの日常の生きざまの根柢は情緒が基本になつてゐる。これは自分でいつも、いろいろなところで言つてゐます。

岡さんがいろいろなことを勉强して知つてゐることに感心したのがひとつです。それから二番目には、自分が勉强したことがパッパッと出てくる。記憶力が拔群だと思ふんです。記憶力が拔群なだけではなく、相手の質問に應じてパッパッと出てくる。資料は準備してゐるに違ひないと思ひますが、しかし相手が何を質問してくるかわからないわけでせう。さういふときにパッと言つてゐる。

あなたは岡さんに會つたことはあるのかね。

ぼくはこの唐突に提示された質問に意表をつかれ、岡先生のやうにパッと應じることはできなかったが、からうじて「一度だけ會つたことがあります」と返答した。玉城先生は「それではわからないね」と簡明に發言し、ぼくは「一度お會ひして、お話をうかがはうとしましたが、失敗しました」と答へた。氣のきかない說明だつたが、このとき腦裡に浮かんだのは、昭和四十七年五月三日、九段會館において生起したただ一度きりの出會ひの日の情景であつた。
玉城先生の話は續く。

玉城　對談してみればよくわかると思ひますがね。それから、（岡先生は）日本民族（の現狀と將來）を非常に憂へてをられる。憂へてをられる氣持ちはぼくはよくわかるんです。土臺、なつてないでせう。

あなた方は若いから變化がわからないけれども、戰爭前の日本人と現在の日本人とでは、まるで民族が違つてしまつたやうに變つてゐます。前はちやんと節度がありました。社會の規範として節度があり、それに違反すると社會が糾彈する。だからめつたなことはできない。たとへば泥棒をやつても、泥棒自身が良心の呵責をものすごく感じる。ましてや人をあやめたりした場合には、牢獄の中ですごく呵責を感じる。ひとつの例ですが、さういふことがなくなつてしまひましたね。

われわれと岡さんと、年代があまり違はないけれど、岡さんが憂へてゐることが非常によくわかる。日本民族はこれからどうなるのだらうと、本氣になつて……。

ここでまた話が轉じ、岡先生の數學研究が取り上げられて、「無意識の狀態で働いてゐる無意識の働き」が語られていく。

玉城（續）　それで、岡さんが數學といふ專門の（領域における）難問に立ち向つて沒頭し、沒頭の果てに無意識状態になつてしまう。無意識状態になつて眠つてしまつたやうになつてしまふ。しかし眠つて無意識状態になつても働いてゐる。

高瀬　それは何が働いてゐるのでせうか。

玉城　無意識が働いてゐる。無意識が一生懸命になつて難問を追求してゐるわけです。むろん、岡さん自身は意識しないからわからないけれども、どうしてさういふことが言へるかといふと、覺めた瞬間に、一生懸命に追求してゐた難問がパッとわかるといふことがあつたらしい。それは、無意識の状態のままで、自分は意識しないでも一生懸命追求してゐる。さうでないと、覺めた瞬間にパッとわかるといふことはありえないですよ。そこが非常に大事だと思ふんです。

高瀬　無意識が働いてゐるといふことですね。

玉城　パッとわかる（といふ事象の）根柢に、無意識にそれが働いてゐることが非常に大事です。意識が働いてゐるのではなくて、無意識の状態で働いてゐる。

高瀬　無意識の状態で、無意識が働いてゐるのですか。

玉城　さうさう。それが非常に大事。

高瀬　それが、パッとわかることにつながつてくるわけですか。

玉城　さうさう。

高瀬　外から見ると、眠つてゐるやうに見えるのですか。

玉城　まつたく自失して、眠つてゐるやうに見えるわけです。本人も意識しないから、自分ではわからないけれども、わからないまま働いてゐる。

……の研究に自分で書いてゐるんですが、まだ沒頭して無意識に……。ここが非常におもしろい。數學は數へ年三つまでのところで研究し、さうして數へ年四つのところでそれを表現する。五つ以後は、もう入れてはならない。

これが今の無意識。それが極端になると、無意識に働いてゐるわけだ。今度は意識の世界にもどしていくと、童心になつて研究をする。さうしてそれが四つまで。生れたままとか、ひとつとかいふのではできないわけだね。といふことは、われわれは二十代、三十代になつても、數へ年三つのところでやれといふんだ。

あなたは數學者だからわかるでせう。それがわからなければ、岡さんのいふ數學者ではない。それが全然だめになつてゐるといふんだな。今の數學者を見ると、二十代、三十代のところでしかやつてゐないといふんだ。そんなところで本當の數學の發見、創造はできない。三つのところで研究し、四つのところで表現するといふことが、つまり創造なんですよ。

追隨しようとして懸命に耳を傾けるぼくに向つて、玉城先生は「あなたは數學者だからわかるでせう」と念を押し、しかも「それがわからなければ、岡さんのいふ數學者ではない」と、氣迫のこもつた言葉が重ねられた。インタビューはまだ始まつたばかりだが、早くも玉城先生の眞骨頂に觸れたといふ思ひがあり、ぼくはうれしくてならなかつた。

數學の根柢にあるもの（續）

玉城先生は岡潔の言葉に事寄せて、數學は數へて三歳の心で研究し、四歳の心で表現するのが本當の創造だと力說した。五つ以後はもう入れてはならず、たとへ二十代、三十代にならうとも、ぼくらは依然として三歳の子供の心をもつて思索を續けていかなければならないといふのである。

この不思議な言葉の出典は岡のエッセイ「春風夏雨《しゆんぷうかう》」である。「春風夏雨」は毎日新聞社の週刊誌『サンデー毎日』を舞臺にして、昭和三十九年四月一日號から八月十六日號まで、二十回にわたつて連載された後、翌昭和四十年、單行本『春風夏雨』（第四エッセイ集）に收錄された作品である。その後もう一度、學習研究社の『岡潔集』（全五巻）が編まれたとき、第二卷の主役を占めることになつた。玉城先生は杉竝區の區立圖書館でその第二卷を見たのである。

『春風夏雨』の第八回には「自己　その二」といふ小見出しが附されてゐる。岡は、數學の研究に沒入してゐるときは自分を意識するといふことがないと言明し、なほ一歩を進めて「つまりいつも童心の時期にゐるわけである」と言ひ換へた。童心の時期といふのは、先天的に無明の汚れがとれてゐる時期であり、人生の四季の中でもなお自我意識の分化が見られない稀有な季節として語られてゐる。それなら、その童心の時期に立ち返らうと欲するならば、自我を抑止さへすればそれでよいことになる。そこで岡は、研究室のメンバーに、「數學は數へ年三つまでのところで研究し、四つのところで表現するのだ。五つ以後は決して入れてはならない」と、口ぐせのやうに教へてゐるといふのであつた。

幼兒の岡は祖父文一郎の薫陶を受けて成長し、「人を先にして自分を後にせよ」といふ唯一の戒律を守るやう、日々の生活の中できつく申しつけられてゐたと言はれてゐるが、その岡が數學上のお弟子さんたちに課したのは、「世間を持ち込むな」といふただひとつの戒律であつた。世間智が介入すると心の表層に無明のちりが絶え間なく降り積もり、學問の本筋に眞つ直ぐに向はうとする純粋な心の働きは、知らぬ間に阻害されてしまふといふのであらう。だが、ぼくらはもうとつくに三歳ではありえないし、「三歳の心」といふものの姿形もまた不明瞭である。自我を抑制するといふ、その心の働きもまたそれ自身、自我意識の反映にほかならないのではないかとも思ふ。三歳のぼくらの心はぼくらの住むこの世界のどこにも存在しないのではないか。まして自我の力をもつて自我の抑制を試みるのは、根柢に矛楯をはらむ不可能事なのではあるまいか。

玉城先生の言葉を受けて、ぼくは、「四つのところで表現するのが創造だ、といふのですか」と、鸚《あう》鵡《む》返しにお尋ねした。すると玉城先生は、

さうさう。創造といふことは、三つ、四つの童心に返らないとできないといふことですね。ぼくはこれは本當だと思ふ。ぼくは數學は全然わからないけれども。

と、同じ主旨の發言を繰り返した。數學は全然わからないと玉城先生は言はれたが、ずつと以前から深遠な關心を抱き續けてゐて、さまざまに具體的な努力も重ねてきたやうである。はじめてお訪ねしたをり、何かの話の途中で玉城先生はつぃと席をたち、隣室（書架が立ち竝んでゐるふうだつた）から一冊の書物を手にしてもどつてきた。それは岩波書店から刊行されたプラトン全集の一巻であつた。玉城先生はさつとある頁を開き、ある箇所を指し示して、「こんなところに數學が出てゐるんだ。どうしてこんな

ところに數學が出てくるのか、さつぱりわからない」と言はれた。さうして「君ならわかるだらう」と言葉を添へたのである（ああ、なんといふ刺激的なひとことであらう！）。ぼくは虚を衝かれ、何も發言することはできず、沈黙を守つてその場をやりすごさうとするほかに手だてはなかつた。プラトン全集のどの巻だつたのかの記憶もなく、強い印象が刻まれたのはただ、途方もない宿題を課されてしまつたといふあてどない責任感のみであつた。

岡先生の童心の季節の話が本當だと思ふといふのは、玉城先生ご自身の體驗から見てそのやうに思はれるのですか、と重ねて問ふと、先生は言下に否定した。判斷の根柢は岡潔自身の體驗であるといふのである。

高瀬　（玉城）先生の體驗から見て、それは本當のことだらうといふことですね。

玉城　ぼくの體驗ではなくて、岡さん自身の體驗を見て、それは本當だと思ふ。ぼくがかつて岡さんを解釋するのではなくて、岡さんの姿を見てゐて、なるほど、岡さんは數學そのもの……。それではじめてぼくにわかる。

時代が書いてないのでよくわからないけれども、胃潰瘍になつて、またあそこの大學（奈良女子大學のことであらう。岡は昭和二十四年から昭和三十九年まで奈良女子大學に勤務した）に……。

高瀬　行かれたあとだと思ひます。（この返答はかみ合せが悪いが、岡が奈良女子大學での勤務を始めたあと、といふほどの意味である。わざわざそのやうなことを言つたのは、奈良女子大學に就職する前に、十年餘の無職時代のことが念頭にあつたためである。）

玉城　胃潰瘍になつて……のはうから興奮狀態になつて、その興奮狀態がすぎて、つまり手術が終つて退院したあと、奈良からわざわざ九州の坂本繁二郎さんのところに行つたわけです。

高瀨　六十五、六歲のころだと思ひます。

玉城　さうか。もうそんなころか。ますます感慨が深いな。

玉城先生の話はいくぶん唐突に岡の胃潰瘍へと轉じ、續いて九州の畫家、坂本繁二郎と岡との對談へと飛躍した。これは、岡の「童心の創造」の物語を岡自身の體驗に卽して語らうとするための配慮から出た事態であり、次々と擧げられていくであらう體驗のうち、眞つ先に取り上げられたのが坂本繁二郎との對談なのであつた。

坂本繁二郎は九州の福岡縣八女市在住の畫家で、九州都城出身のとぼとぼ亭の原澤さんの口癖によれば、青木繁ともども九州から中央畫壇への進出の途を切り開いた大先輩といふことになつてゐた。原澤さんのおかげで坂本繁二郎の名はかねがねぼくの耳に親しかつたが、これは岡と坂本との對談を讀み解くうへで大きな力になつたと思ふ。とぼとぼ亭とのお付合ひから生れた貴重な副產物と見るべきであり、青春の日の無償の交友の恩惠は、知らず識らずのうちにこのやうな形で作られてゐたのである。

原澤さんはしばしば「ピカソが日本に來なかつた理由」を語り、「それは、日本には坂本繁二郎といふおそろしい畫家がゐるからだ、坂本繁二郎の前では自分の藝術が色あせてしまふことをよく知つてゐたからだ」と、そのつど自分で答へてゐた。あるとき原澤さんの相棒の加藤芳江さんにこの話をしたところ、加藤さんは、そんな話は聞いたことがないわね、と一蹴し、「ピカソは日本の繪卷物の世界を畏怖してゐた」とはよく言はれることだけど、と言ひ添へた。ぼくは眞僞を判別する知識をもたなかつたが、原澤さんの奇抜で生き生きとした裏話も、歴史的ないろどりのある加藤さんの雄大な解説も、どちらの話も魅力的であり、捨てがたかつた。

西日本新聞社の企畫により、筑後柳川の料亭「御花」において岡潔と坂本繁二郎の對談が實現したのは昭和四十一年秋十月二十四日のことであつた。明治三十四年四月十九日生れの岡は、このとき滿六十五歳、數へて六十六歳であつた。岡先生は對談の前日、みちさんとふたりで柳川に入り、「御花」に宿泊した。「御花」は柳川藩主立花氏の邸宅で、對談が行はれたのは昔、殿樣の部屋だつたと傳へられる廣間であつた。對談の前日、岡は久留米の石橋美術館を訪問し、坂本繁二郎の作品「親子馬」を鑑賞した。

坂本（左）と岡（谷口治達『坂本繁二郎の道』求龍堂より）

坂本繁二郎は明治十五年三月二日、福岡縣久留米市京町六丁目百二十四番地に生まれた。兩替尋常小學校を卒業して久留米尋常高等小學校に進み、ここで青木繁と出會つた。明治三十六年、畫家を志して上京し、小山正太郎の畫塾「不同舍」に入門した。大正元年秋、第六回文展に「うすれ日」を出品。夏目漱石の目に留り、「この牛は何か考へてゐる」といふ言葉を書き留めた（東京朝日新聞に批評が出た)。大正十年七月三十一日、日本郵船の吉野丸で横濱港を出航し、數へて四十歳の坂本はフランスに向つた。九月十七日、マルセーユ着。以後、三年間、フランスに滞在した。

大正十三年七月一日、パリを離れ、ブザンソン、オルナンを經てマルセーユに向つた。七月二十七日、日本郵船の香取丸に乘船し、マルセーユを出航した。九月一日、神戸着。家族の待つ久留米に向かつた。昭和六年、福岡縣八女郡福島町稲富(現在、福岡縣八女市)に轉居。以後、生涯の終りの日までここに住み續けた。アトリエは住居から一キロほど離れた三河村緒玉(現在、八女市)にあつた。「馬シリーズ」、「能面シリーズ」を經て、岡潔との對談が行はれたころは「月雲シリーズ」のただ中であつた。

玉城先生の話は續き、この對談の情景をこんなふうに回想した。

玉城(續) 坂本さんのところに會ひに行つて二時間ほど話したあと、坂本さんは「日本の夜明けといふ氣がします」と言はれた。それは、岡さんの……といふ氣持ちで言はれたのだと思ふんだよ。さうぢやないかしら。

岡さん自身が書いてゐるから、とてもそんなことは言へないと思ふんですが、コンテキストから見ると、さういふふうにとれるわけです。

で、自分も突然緣色の……。……二人の人物が、情緒といふ根柢でぴしつと……。……感じられると思ふんです。

奈良に歸つてきて、やがて冬眠狀態になるといふことは、岡さん自身の情緒がくづれてをつた。それがたまたま坂本さんと會つて……。……ひとつのつながりにするはうなんだよ、岡さんは。感じ合ふといふことで……したと思ひますよ。はじめて……氣持ちをもつたと思ふんだな。それから冬眠狀態から立ち直つたんです。

岡は坂本繁二郎と語り合つたおかげで冬眠狀態から立ち直つたと言はれてゐるが、情緒が崩壞して冬眠を餘儀なくされたのは胃潰瘍のためであり、その胃潰瘍の大手術を受ける前には、胃潰瘍を惹起するのに不足のないほどのあれこれの出來事が打ち續いてゐた。東奔西走、岡は奔命に疲れはて、極度の興奮狀態に陷つてゐたのである。

二心寂靜

岡潔が胃潰瘍のために吐血したのは昭和四十年十一月二十六日（金）のお晝前のことであつた。前年、すなはち奈良女子大學を定年退官した昭和三十九年の夏に續いて二回目の胃潰瘍で、一回目のときは注射と内服藥でなほしたが、二回目は症狀が重く、血壓が六十までさがつて手術も危ぶまれたほどであつた。吐血してすぐに近所の人に來てもらつた。長女のすがねさんの嫁ぎ先の鯨岡家に電話をかけると、まもなく醫師の鯨岡寧がかけつけて、以後つききりの狀態になつた。すがねさんの輸血で急場をしのいだが、この時點での血壓が八十と記錄されてゐる。

週が明けて二十九日（月）になり、鯨岡の勤務先である堺市長曾根町の大阪勞災病院に入院した。入院時の血壓は六十まで低下してゐた。そのため手術の可否をめぐつて外科の醫師たちの鳩首協議が行はれ、いつたんは取り止めと決したといふ。だが、手術をしてもしなくても、依然として危い狀態が續いていくことに變りはない。そこに身内でもある鯨岡の決斷が出て方針が轉換し、十一月三十日、手術が決行された。午後八時に始まり、翌朝七時に及ぶといふ大手術になり、胃の五分の四が切除された。その間、奈良女子大學の學生と近親者十二人ほどがかけつけて、各々二百ccづつ輸血した。血液型はB型である。

この大病の年、岡は春先からこのかた日々多忙であつた。四月十一日は單身北陸にでかけた。ちやうど三年前のこの日、親友の「雪博士」こと中谷宇吉郎が世を去つたが、中谷の故郷、石川縣片山津溫泉郷の動橋《いぶりばし》の中島町共同墓地の一畫に墓碑が完成し、沒後三年に符節を合せて除幕供養が行はれた。中谷家の人々や友人やお弟子さんたちなど、多數の參會者があつたが、岡も古い友人のひとりとして出席したのである。

片山津溫泉では旅館矢田屋に一泊して奈良にもどつたが、四月二十四日、今度は保田與重郎の著作『現代畸人傳』（昭和三十九年十月三十日、新潮社刊）の出版記念祝賀會に出席した。會場は保田の郷里でもある奈良縣櫻井市の大神《おほみわ》神社貴賓館で、岡は特別來賓であつた。保田は岡の新しい友人で、岡のエッセイ「春宵十話」がきつかけになつて、昭和三十八年七月九日の夕べ、奈良市の料亭「月日亭」で會談したのが初對面であつた。

五月一日、岡は和歌山縣橋本市にでかけて、市制施行十周年記念式典に列席した。橋本市は岡の郷里であり、岡は橋本市の第一號の名譽市民であつた（といふよりも、岡が文化勳章を受章したのを受けて、岡に名譽市民になつてもらふために急遽、名譽市民條例が制定されたのである）。五月二日からは朝日新聞紙上で「春の日　冬の日」といふ連載が始まつてゐる。途中三日間の休載をはさんで、五月十四日まで十回にわたつて書き繼がれた。

八月に入ると新潮社から使ひの人が奈良にやつてきて、小林秀雄との對談の企畫を申し入れた。岡はこれを受け、八月十六日、「大文字五山送り火」の日に京都の料亭（もうこの店の名を知る者はない）で日本近代の文學史に記録されるべき傳説的な對談が實現した。午後一時に始まり、深更午前零時に及んだといふほどの激しい語り合ひであつた。對談の記録は新潮社の月刊文藝誌『新潮』昭和四十年十月號に掲載された。賣れ行きは良好で、『新潮』が創刊されて六十年にして初の完賣といふ快擧が實現した。新潮社ではただちに單行本にすることに決めたが、刊行は同年十月二十日といふのであるから、實にたいへんなスピードと言はなければならなかつた。

休養を取る閒もなく、八月二十一日は九州行の日であつた。岡は國民文化研究會の第十回合宿教室（二十日から二十四日まで）に三人の招聘講師のひとりとして招かれてゐて、この日、みちさんとともに奈良を發ち、この年の會場である大分縣別府市城島高原の「ホテルきじま」に向つたのである。「日本的情緒について」といふ美しいタイトルの講話（一時閒二十分）が行はれたのは、翌八月二十二日（合宿三日目）の午後のことであつた。

講話終了後、四十分ほどの質疑應答の時閒がもたれ、續いて他の二人の招聘講師木内信胤《きうちのぶたね》、花見達二（政治評論家）とともに、「國語・國字問題および今後の教育について」をテーマとするパネル・ディスカッションに參加した（午後七時から一時閒半）。歴史的假名遣を復活すべきであることが、三者三様ながら力説されたと言はれてゐるが、このときの岡の明快な主張ぶりはやはり聽く者の心を打つたのであらう、木内を通じて國語問題協議會に傳へられた。國語問題協議會といふのは文部省の國語審議會に對抗して作られた民間團體であり、歴史的假名遣の復活を主張し、漢字制限に反對するところに主眼が置かれてゐる。木内は常任理事のひとりであつた（後、會長に就任した）。

國語問題協議會では近々講演會を豫定してゐたが、岡の講演を要望する理事が多く、正式に依頼がなされた。岡から受諾の通知が届いたのは九月十八日と記録されてゐるくらゐであるから、事はとんとん拍子に運ばれたのである。岡のはうでも意欲滿々で、上京に備へて靜養につとめたといふ。

十一月五日、岡はひとりで上京した。宿泊先は妹の泰子さんの嫁ぎ先である千駄木の岡田家であつた。翌十一月六日（土）午後、第七回國語問題講演會において、六人の招聘講師のひとりとして、「日本語の讀めない日本人」といふ講演を行つた。場所は朝日新聞社講堂であつた。

翌七日から泰子さんをおともにしてあちこちにでかけ、對談や講演を繰り返した。七日は東京有樂町の日活ホテルで鈴木大拙と對談し、八日には神奈川縣教育センターで「日本人と西歐文明」といふ題目で講演した。聽衆の中に『腦の話』（岩波新書）の著者の時實利彦《ときざねとしひこ》がゐて、これを機に、夜、江の島で食事をともにしながら語り合つた。この對談の記録は「人間に還れ」といふタイトルがつけられて、月刊誌『自由』昭和四十一年一月號に掲載された。

八日は大磯の秋月康夫を訪問し、秋月家に一泊した。秋月は大正八年に三高に入學したとき以來の岡の古い友人で、やはり數學者である。この時期は大磯に家を建てて住み、自宅を「白梅の宿」と稱してゐた。翌九日、岡はやうやく歸宅することになり、新幹線「ひかり」で奈良に向つた。

車中で第五エッセイ集『月影』（講談社現代新書）の構想を得て、歸宅後、素描したところ、四百字詰原稿用紙で百五十枚ほどの分量になつた。また、正確な日にちは不明だが、奈良女子大學で理學部の學生を相手にして、「恥かしさ」といふ不思議なテーマで講演を行つた。十一月十五日、日本經濟新聞社から人が來て、「私の履歴書」欄への寄稿を依頼した。岡はこれを受け、口述録音を行つた。そのうへ新聞雜誌の新年用に四篇のエッセイを執筆し、さらに數通の手紙を書いた。その直後の二十六日に大吐血に襲はれたのである。五日の上京の日からこのかた、寧日のない强行軍が打ち續き、さすがに疲勞困憊の極みにあつたのではあるまいか。

この冬は大阪勞災病院ですごし、昭和四十一年二月八日、退院して鯨岡家（勞災病院公舍Ｂ３號）に移動した。關係各位に宛てて送付された退院の挨拶狀の日付は三月十五日。奈良の自宅にもどつたのは三月十七日であつた。

學習研究社の『岡潔集』第四巻には岡のエッセイ『一葉舟』が收録されてゐるが、所收の一文「一葉舟」の中に「私自身を語る」といふ一節があり、坂本繁二郎との對談の感想がこんなふうに書き留められてゐる。

今自覺した日本民族の人にはめつたに會へない。私は九州へ行つて坂本繁二郎さんに會つた。二時間ほど話しあふと坂本さんは涙をハラハラと落として、「日本の夜明けといふ氣がします」といはれた。私はそれを聞くと、それまでの心の冬枯れの野が一時に綠色をおびて、背骨までしやんとした。これが「二心寂靜」の具體的な型の一例である。

玉城先生は杉竝區立圖書館で『岡潔集』のこの箇所を讀んだのである。「二心寂靜（「にしんじやくじやう」と讀むのであらう）」といふ言葉は『正法眼藏』から採つたと言はれてゐるが、出典はおそらく「恁《いん》麼《も》」の巻で、「倶寂靜《くじやくじやう》」（「ともに寂靜」の意）を元にして作られた岡の造語であらう。

岡との對談には坂本繁二郎のはうでも深い感銘を受けたやうで、杉森麟に語つた感想が記錄されてゐる。杉森は八女市在住の教育者で、長年にわたつて坂本の近くにあり、私設の祕書のやうな役割を果してゐた人である。昭和四十二年一月十日といふから、對談の直後といふべき時期のことになるが、「岡先生と對談なされてのご印象は」といふ杉森のお尋ねに對し、坂本は、

　岡先生とは、もう、すぐ心が通じて、はじめて會ふ人とは思へぬ……本當にうれしい感じでした。いろいろ言はぬでもちやんと通じて、たいへん樂にお話ができたのです。會つただけでにこにこと、もう昔からのおつきあひのやうな感じでした。

と答へたといふ。それから四箇月がすぎて、昭和四十二年五月十日に杉森に語つた言葉が採取されてゐる。

　岡先生はあまり言はれないで、ぼくがひとりで言はされた恰好でした。もつとも、ぼくも言はないで、先生が記者にそれを說きほぐして說明なさるのです。先生は病氣あがりだつたらしいのですが、ぼくとの對話の後に、實は對話ではないんだが、けろりとよくなられたらしい。

　先生にすれば、それはさうだつたでせう。先生は口では言はれないが、書物はどんどん書いてゐ

られますね。學校の先生だから、お話はうまいのだらうけれども。

簡單な言葉ではあるが、やはり「二心寂静」と見るべきで、岡と坂本は三歳の心の相において通じ合つたのであらう。玉城先生の話の文脈に立ち返ると、玉城先生は「岡先生自身の體驗」を通じて「童心の季節の創造」の祕蹟を繰り廣げようとしたのであり、眞つ先に擧げられたのが岡と坂本との對談なのであつた。その玉城先生の眞意の有り様は、ぼくの心にも充分によく傳はつてきたのである。

今は亡きを悲しむ

昭和三十九年、岡潔は「春風夏雨」といふ通しの標題で毎日新聞社の週刊誌『サンデー毎日』にエッセイの連載を始めた。四月五日號から十二月二十七日號まで、三十九回に及ぶ長期連載になつたが、この間、岡はしきりに坂本繁二郎を語つた。八月十六日號の「繪畫（その四）」を見ると、奈良在住の畫家河上一也の「岡先生は坂本繁二郎の繪をどう思ひますか」といふ問ひに對し「馬の繪を描いた人か」と聞き返した。河上が「さうだ」といふと、岡は「あの馬の繪ならば、私は「明治大正畫壇の歩み」で見たことがある。洋畫の中で一番深く印象に殘つてゐる」と應じた。早くから坂本の藝術に着目してゐたのである。

八月二十三日號の「繪畫（その五）」での岡の言葉はこんなふうである。

坂本さんの繪は、聞く通りならばハッキリ自然のわくの外に出てゐる。この人の體驗したのは長い苦しみである。長い苦しみも、深い悲しみのやうに、その人を深めて、時空のわくから開放する力を持つてゐるのであらう。

八月三十日號の「繪畫（その六）」にも長い言及がある。

坂本さんの繪だが、「明治大正畫壇の歩み」で私が見たのは「放牧三馬」、描かれたのは一九三二年である。これは疑ひもなく一個の「美」である。

既にこの繪に充分示されている力（無差別智）は年と共に磨かれて、いよいよ輝きをましたらしく、河上さんから聞いてゐたものを例にとると、長方形の圖面の上四分の三までが壁面である圖がある。そのごく上の方に小さな能面が一つだけかかつてゐる。下四分の一は床であつて、そこには能面入れの箱と軸物の箱と布切れが一枚とだけ描いてある。その全體が緊密な内部的調和を保つてゐて、見る人に少しも壁面の空白を感じさせない。全く不思議である。これは一九五四年の作である。

煉瓦二枚と瓦の破片二枚との圖は一九四四年の作である。これが實に美しい調和を保つてゐるから不思議である。色彩が見たいものである。さぞ美しからうと思ふ。

西日本新聞社では岡のこのやうな發言に着目して、坂本繁二郎との對談を企畫したのであらう。岡と坂本の對談の記録は昭和四十二年一月一日から七日まで（四日を除く）、「日本のこころ」といふ標題が附されて西日本新聞に連載された（北海道新聞、東京新聞、中部日本新聞にも要約が掲載された）。挿繪に使はれた坂本の「親子羊」の繪が、年賀狀に添へられて岡のもとに送られてきた。この繪は今も岡家に遺されてゐる。

　昭和四十四年七月十四日午後六時三十七分、福岡縣八女市の自宅で坂本繁二郎が逝去した。滿八十七歳であつた。七月十八日、八女市内の無量壽院で坂本家の本葬が行はれた。葬儀委員長は杉森麟で、この當時は八女市南中學校の校長である。木下吟鈴《きのしたぎんれい》が吹奏する尺八「虚空」のもとで焼香、獻花が行はれた。木下吟鈴は尺八の名人で、坂本は木下に向つて、「あなたの尺八を聽くとしばらく手がつかなくなるから……」と言つたことがあるといふ。

　この時點で弔電は總計六百數十通に及んだが、その後も次々と到着した。その中に岡先生の弔電もあり、弔電を代表して杉森が一番先に讀み上げた。電文は、

「コノ　スグレタヒト　ノ　イマハ　ナキヲ　カナシム　オカキヨシ」

といふのであつた。このほかに志賀直哉、林武、井上ツネオ（外國から）からの電報が讀み上げられた。石井鶴三（彫刻家、洋畫家）、東山魁夷（日本畫家）からの電報もあつた。

　七月二十一日、八女市福嶋中學校體育館において八女市民葬が行はれた。葬儀委員長は八女市長である。七月二十二日夜八時から九時にかけて、ＮＨＫ教育テレビの特別番組として「坂本繁二郎の世界」が放映された。出席者は川北倫明（京都國立近代美術館長）、坂宗一（畫家）と杉森麟で、背景に「月」の繪（無量壽院に寄贈されたもの）が掲げられ、卓上には坂本家代々の日本刀（坂本家は士族である）が置かれてゐた。

歿後、熊谷守一の書「南無阿彌陀佛」が使ひの者の手で坂本家に屆けられた。熊谷は岐阜縣出身の洋畫家で、東京美術學校では青木繁と同期であり、坂本とも舊知である。坂本とともに、岡潔がもつとも愛好した畫家であつた。

白隱禪師

玉城先生が擧げた第二のエピソードは白隱禪師の物語であつた。

玉城（續）　それから、……（子を生んだ豆腐屋の娘が）だれだ、その父親は、と（父に）責められ、しかられて恐れをののいたあげくに、（父が）尊敬してゐた白隱禪師だと言つた。今まで……裏切られたと思つて、押しつけた。おまへが生んだのだからおまへが育てよ、と言つて、白隱に押しつけた。すると默つてその子を受け取つた。まだ赤ん坊ですから、育てるために乳をもらひにいかなければならない。乳をもらひ歩いて育てた。さうして赤ん坊が風邪を引く……（ある冬の雪の降る朝、白隱は赤ん坊をふところに入れていつものやうに乳をもらひ歩いた）。娘はそれを一目見るや、父親に泣いて眞實を告げた。惡かつたと言つて。父親もたいへん惡うございましたと謝つたといふんだね。その白隱さんにまつたく共感してゐるわけです。

それはどういふことかといふと、ただ素直といふこと、言葉を變へれば、童心といふことなんだよ。

高瀬　さつきの話とつながるわけですね。

玉城　さうさう。「隨神の道《かんながら》」といふことは素直といふこと。それで、あるとき……したときに、わけもなく感極まつて號泣したといふんだな。それは理屈も何もない。伊勢……のふるさとにお參りしたときの態度、それがつまり「隨神の道」。それが……ですね。それから佛果……、さういふ原因……全部つながつてゐる。

これは岡が感銘を受けて引用してゐるうはさ話であるから「岡先生自身の體驗」の一例とは言へないが、感銘の樣相の根柢には、ここでもまた「童心」が流れてゐるといふのである。出典は『岡潔集』第二卷に收錄された『春風夏雨』所收の一文「人の世」と、第三卷の卷末に掲載された司馬遼太郎との對談の記錄である。

白隱禪師すなはち白隱慧鶴《はくいんえかく》は江戸時代の臨濟宗の僧である。一六八五年十二月二十五日、靜岡の宿場町「原」（現在の沼津市原）に生れ、二十歲になつて岐阜縣大垣の瑞雲寺の馬翁のもとで修行した。二十四歲で長野縣飯山の正受庵の正受老人（道鏡慧端）を訪ねて修行を重ね、三十二歲のとき、靜岡縣の松蔭寺に移り住んだ。岡先生が紹介した白隱禪師のエピソードは實話といふわけではなく、講談の「白隱禪師」で語られた物語である。浪花節や淨瑠璃にまで仕組まれて廣まつたと言はれてゐるから、よほど有名な話だつたのであらう。

岡と司馬遼太郎との對談は昭和四十三年九月中旬、奈良の料亭で行はれ、收錄にあたつて「萌《も》え騰《あが》るもの」といふ標題がつけられた。岡はこのとき數へて六十八歲。大正十五年、すなはち昭和元年生れの司馬はまだ四十三歲といふ若さであつた。

司馬は、

禪についてはどういふお考へですか。

と、やや漠然と質問した。それがよいきつかけになつて岡の長廣舌が始まつた。禪には原理の方面と行爲の方面とがある。さうして、

禪の原理を詳しく述べられたのは道元禪師おひとりです。禪の理屈を教へてくれてゐるのは『正法眼藏』だけです。

と岡はきつぱりと言明した。『正法眼藏』に表明された禪の原理に呼應して、行爲の方面を代表する人物として擧げられたのが白隱禪師なのであつた。「行によつて人を感銘させる。引き上げることが禪です。私はさう思ひます」と岡は敷衍した。ただし岡が共感したのは白隱禪師だけではない。「發信は白隱でなければできないにしても、受信機がなかつたら無意味です」と岡は話を續け、泣いて眞實を告白した娘の行爲にも心から共鳴する姿勢を見せて、「この行爲が禪だと思ひます」といふのであつた。

これは神道です。理屈じやなく行《ぎやう》です。……日本における禪といふのは神道と同じことです。神道は全然理屈を教へてくれません。禪もさうです。行つて見せるだけです。

……（白隱禪師は）實行派としては第一です。だから、原理を說明した道元と竝べるべきでせうね。

玉城先生は、岡の語る白隱禪師の行爲を「ただ素直といふこと、言葉を變へれば、童心といふことなんだよ」と評し、これを童心の季節の表象と見て、岡に同意した。しかし岡が白隱禪師を引き合ひに出したのは、「禪とは何か」といふテーマに觸發されたからなのであつた。それなら玉城先生はこの機會を借りて禪を語り、道元と白隱に論評を加へることもできたやうに思ふ。白隱禪師に言及しながら平然と禪を無視し去つたのはかへつて異樣であり、今にして思ふなら、インタビューの行く末に待ち受けてゐるであらう激變を感知させてしかるべきめざましい徵候なのでもあつた。玉城先生はわづかな書物と簡單な數枚のメモを手にしてインタビューに臨んだが、『岡潔集』全五卷にくまなく目を通した樣子がうかがはれ、油斷もすきもならなかつた。さりげないふうを裝ひながらも、實は周到な準備をして待ち受けてゐたのではないかと思はれた。

津名道代さんの話

第三番目に取り上げられた「岡先生自身の經驗」は、同時に津名道代さんの經驗でもあつた。

玉城（續）それから、……敎へ子ですね。津名道代《つなみちよ》……のころです。史學科の人で、岡さんの專門とは何の關係もない。岡さんとの個人的な付き合ひが……から哲學科に……擧げ句、……岡さんはすつと立ち上がつて。それは晩ですよ。晩に訪問して、岡さんのところに訪ねていつたんだ。

さうしたら、岡さんはスッと立ち上がつて、これから和歌山にいつしよに行きませう、と。和歌山といふのが岡さんにとつてどういふところか……。和歌山に行つて……。

高瀬　生れ故郷が和歌山縣の紀見村といふところだと思ひます。

玉城　ああ、さうか。ぢやあ、和歌山にいつしよに行きませう、と。奥さんがびつくりして、「あんたは本當に……」。一生懸命、奥さんが……。さうしたら一喝して、「ひとりの人間が進路を決するたいせつなときだ……」。

高瀬　それからどうなつたかは……。

玉城　行つたか行かなかつたかはよくわからない（笑）。しかし、ともかく人間としての……。

玉城先生が「和歌山といふのが岡さんにとつてどういふところか……」と、つぶやくやうに問うたのに對し、ぼくは卽座に、「（岡先生の）生れ故郷が和歌山縣の紀見村といふところだと思ひます」と注釋をさしはさんだ。だが、これはぼくの勘違ひであつた。ここで語られたのは岡の故郷ではなく、岡と同郷の津名道代さんの故郷、和歌山市郊外の川邊《かはなべ》地區のことなのであつた。

津名さんは奈良女子大學の文學部史學科を出た人で、在學中の一時期、といふのは先の大戰が終焉して間もない昭和二十八、九年ころのことになるが、岡家に頻繁に出入りして、岡の語る芭蕉や漱石や芥川の話に耳を傾けてきたといふ經歷の持ち主である。當時は數學科の學生はもちろん、津名さんのやうな他學部の者まで、相當に多くの學生が岡家に出入りしてゐたといふ。

ぼくがはじめて津名さんの名前を認識したのは昭和四十四年のことで、この年、學習研究社から刊行された『岡潔集』第四巻の月報に、津名さんは「青春の慈父・岡先生」といふ出色のエッセイを寄せてゐた。玉城先生が紹介したエピソードもそこで語られてゐる。杉並區立圖書館所藏の『岡潔集』には月報も完備してゐたのであらう、玉城先生は四半世紀前のぼくと同様、この津名さんの一文に注目したのである。

津名さんは史學科に籍を置いてゐたが、哲學科に轉科しようかと迷つてゐたことがあるといふ。二年生の終りがけだつたから、轉科すれば一年遲れなければならない事態になり、そこに惱みがあつた。津名さんはかう書いてゐる。

そのことを先生にお洩らしすると、先生はその場でスックと立ちあがられ、「これから和歌山へ行きませう」といはれた。いろいろ事情もおありだらうからまあまあ、ととりなして下さる奥様に、先生は、「一人の人間の進路を決めるたいせつな時だ」と大喝された。

先生はおかぜぎみでゐられたのだが、それをおして、他學部の一學生の心のために、四時間もかかる片田舍まで說得に赴かうとして下さつたのだつた。(『岡潔集』第四巻月報所收「青春の慈父・岡先生」。昭和二十九年の一、二月ころの出來事であらう。)

岡は津名さんの轉科の希望を應援するべく、津名さんの家族に面會して直接說得にかかるつもりだつたのであらう。しかしさすがにこのときの和歌山行は日の目を見ずに終つてしまひ、津名さんの轉科も實現しなかつた。岡の言動は核心を射抜いて單刀直入でありすぎたやうにも思はれるが、やはり三歳の心から發せられたと見るべきで、玉城先生もまたそこに心を引かれて津名さんの話に言及したのである。玉城先生は岡のいふ童心の季節の具體例を次々と擧げていく中で津名さんのエピソードに及んだが、このやうな場面で津名さんに出會ふのはぼくにとつても思ひがけないことで、それ自體、おもしろい出來事であつた。

平成十年五月十一日（月）午後、關西行の途次、ぼくは京都山科に津名さんを訪問した。津名さんは昭和五十八年春から山科にアパートを借りて仕事場を確保し、以來、月々相半ばして鄉里和歌山と山科を往復する日々を過ごしてゐた。「青春の慈父・岡先生」の末尾に「高知「晝夜」同人」と記されてゐたのを目にしてからこのかた、ぼくは長い間、津名さんの所在地は高知だらうと思つてゐたが、最近になつて住所が判明したのである（岡先生の評傳を書くためのフィールドワークで和歌山にでかけたとき、津名さんを知る人に出會ひ、敎へてもらつた）。初對面ではあつたが岡先生をめぐつて話がはづみ、夜十時を廻るまで、延々八時間ほども語り合つてなお盡きなかつた。

津名さんは「物書き」で、第一エッセイ集『シャロンの野花』（第一藝文社）をはじめとして、『日本の宗教的人間』（河出書房新社）、『交はりの人間學』（河出書房新社）、『芭蕉星座』（野草社）などの著作がある。宗教と宗教思想史の研究を踏まへた作品群に特色があり、奈良女子大學の卒業論文はすでに、「親鸞における惡人正機思想の形成」（『寧樂史苑』第三號、昭和三十一年、に掲載された）といふものであつた。本質は歴史家であらう。これも「青春の慈父・岡先生」に紹介されてゐる話だが、あるとき岡先生は、「きみの色どりはやはり歴史だ。日本の心の歌枕をたづねなさい」と敎へてくれたといふ。

津名さんとのお付き合ひは今も續いてゐる。つい最近にも、岡の言葉遣ひに觸れて、「君は……」などと引用しておいたが、實は必ず「あなた」でしたし、「何々なさいませ」「ええ、さうなさるのがよろしいでせう」といふふうで、文字どおり「和顔愛語」とはこのことかと思へるほど身に沁みるものだつた、と教へていただいたばかりである。

華嚴

『岡潔集』第四巻に収録されてゐる岡の第七エッセイ集『一葉舟』の中に、「萬物は心のすがた」といふ標題の一文があり、『無邊光』に説かれた四智《しち》の輪郭がスケッチされてゐる。『無邊光』といふのは光明主義を提唱した山崎辨榮《やまざきべんねい》上人の著作である。昭和三年、ミオヤのひかり社から刊行された後、長らく絶版になつてゐたが、昭和四十四年、岡の口利きを得て講談社から再刊された。無差別智《むさべつち》の四態とは、四大智慧（四智）、すなはち大圓鏡智《だいゑんきやうち》、平等性智《びやうどうしやうち》、妙觀察智《めうくわんさつち》、成所作智《じやうしよさち》を指す言葉である。

岡は「佛教でいふ四智の一つ、大圓鏡智についてだが、華嚴宗の法界《ほつかい》觀にならつて、物と心とを四種類に分けてみよう」と前置きしたうへで、『無邊光』の敍述に卽しつつ、華嚴に言ふ會色歸心觀《ゑしききしんくわん》、色心《しきしん》不二觀《ふにくわん》、物心無碍觀《ぶつしんむげくわん》、物心無寄觀《ぶつしんむきくわん》を次々と説明していつた。玉城先生はそこに着目し、長々と華嚴を語つた。

玉城（續）華嚴宗の開祖は杜順《とじゆん》です。ほんとに簡單な言葉しか……。それがここに出てくる。多少これに説明があるけれども、會色歸心觀。……物心無寄觀。これは、寄る邊がない、といふね。かういふ杜順の言葉に岡さんはたいへん感心してゐる。

それは、一切合切が解脱してゐる大圓境智を四種類に分けて、これは岡さんの言葉だけれども、その會色歸心觀といふものを岡さんが説明してをられる。

萬象が心の現れた繪である。萬象といふのは萬物ですね。心がなければ、外界は現れやうがない。會色（色は客觀界のことですね）……總括して心に歸する。岡さんは、これがないと外界の姿はまつたく無意味だ、と。萬象は客觀、心は主觀でせう。その萬象と心とが……。だから、色が客觀で心が主觀だな。色心不二《しきしんふに》、……イコール客觀だ。主觀がそのまま客觀、客觀がそのまま……。かういふふうに言つてゐる。

それから三番目は、主觀と客觀が決して妨げ合はない。これは瞑想の世界であつて、山河大地にもそれが徹照してゐる。山河大地にも瞑想の世界が透徹してゐる。それは物心無碍觀《ぶつしんむげくわん》、物と心とが妨げ合はない。心はそのままで、しかも、お互ひに全然妨げ合はない。對立しない。それは透き通つてゐるといふことだな。それを、岡さんは「徹照する」と言つてゐるんだ。

四番目は、宇宙は本來絶對だ、と。物も心も、何ともかんとも寄る邊がない。どうにもかうにも表現のしやうがない。それは絶對だといふことです。かういふところに岡さんは非常に感動してゐるわけです。

高瀬　うーん。今のやうな箇所が岡先生の琴線に觸れたといふことはどういふことなんでせうか。今のやうな杜順の言葉に岡先生が感動したといふことは、先ほどからの一連のお話とどのやうに結び付くと考へられますか。

玉城　岡さんはこれに非常に深く感動してゐるだけで、岡さん自身がこのやうにはなつてゐない。

ここまでは至つてゐない。しかし、本當に自分が至らうとする世界はここだ、と。いはば目標だな。それに感動してゐるわけです。情緒の世界をずつと踏み込んでいくと、ここまで行くのだといふことだな。

高瀬　本當にそのやうになるんですか。

玉城　なつてゐないんだよ。岡さんは一生涯なつてゐない。少なくとも全集で見るかぎりではなつてゐないし、自分でもそこまでは行つてゐないと言つてゐる。しかし、突き詰めていくと、かういふ世界まで行くのだ。つまり最後には解脱するのだといふことをめがけてゐることは確かです。情緒といふのは、さつき言つた沒頭してしまふこと。研究とか文學作品とかに對する……ですけれども、沒頭していく情緒と、智惠分別の世界。無分別から起つてくる分別情緒。無分別智といふのは表現できないわけです。それが分別智になつてはじめて表現できる。無分別智から表現できたものが華嚴教につながる。

本當に解脱しないと、ここまではわからない。自分はそれを目標にしていく。自分の生きざまはまつたくそれに向つてゐる。佛教を知らない前にさういふことに向つてゐたことが、佛教を知つてはじめてわかつたわけでせう。佛教は、向つてゐることをはつきりと教へてくれた。それが華嚴を見てわかつたわけです。自分は現在はそこまで行つてゐないが、自分の行かうとしてゐる行き先は佛教がはつきり示してゐる。

たいへんな、佛教學者など、とても及ばない佛教に到達されたと思ひます。

「たいへんな、佛教學者など、とても及ばない佛教に到達されたと思ひます」と、玉城先生は感銘の深い所見を明らかにした。この日のインタビューの白眉と見るべき發言であつた。ぼくらの心情は緊張の極みに達し、混り氣のない感動が一坐に深々とみなぎりわたつたやうに思はれた。

『正法眼藏』

『正法眼藏』との出會ひ

岡潔は辨榮上人の著作『無邊光』に事寄せて華嚴を語り、そこに期せずして表明された佛教觀は、玉城先生の最高の嘆賞を浴びるところとなつた。だが、それはそれとして岡自身の眞意は必ずしも華嚴そのものにあるわけではなく、主眼はどこまでも辨榮上人の光明主義に注がれてゐたやうに思ふ。光明主義は岡が描き出す佛教的世界の屋根を支へる二本の大きな柱のうちの一本である。さうして光明主義と竝立するもう一本の巨柱こそ、道元と、その『正法眼藏』なのであつた。

岡が佛教に出會ひ、光明主義のお念佛を唱へるやうになつた時期は、昭和十四年のはじめころと推定されてゐる。明治三十四年四月生れの岡はこのとき數へて三十九歳であり、もう必ずしも青年とはいへない年齢に達してゐた。この時期に至るまで岡が宗教に關心を示した氣配はまつたく見られないのであるから、ここにおいて岡は何かしら人生の一大事に遭遇したのではないかと疑はれる場面である。

はたして岡は前年(昭和十三年)六月、昭和七年から足掛け七年にわたつて勤務した廣島文理科大學を休職し、廣島を引き揚げて郷里の和歌山縣紀見村にもどつてゐる（二年後の昭和十五年には休職のまま依願免本官となつた）。病氣のためとも、研究に專念するためとも言はれてゐたが、實證的な調査が相當に進捗した今日においてもなほ、眞實の理由は依然として不明といふほかはない。郷里での岡の生活は孤高の研究に明け暮れながら進行し、先の大戰をはさんで昭和二十四年七月、新制奈良女子大學に赴任するまで足掛け十二年に及んだ。この間、數學上の大發見が打ち續き、後年の「岡の理論」の大半が結實した。さうしてこの豐饒な紀見村の日々は、お念佛と不可分に結ばれてゐたのである。

親友の「雪博士」こと中谷宇吉郎に宛てて書かれた短信が遺されてゐて、この貴重な一時期の消息を、後世のぼくらにわづかに傳へてゐる。文面はこんなふうである。

僕は「自分が偉いと思つて居て感謝の念が足りない」と云ふかどで皆からすゝめられてお念佛を始めました。近頃何が何だか分らないまゝで一寸凝つてゐます。何でも「禪は水を澄ませて釣り上げるし、念佛は水を濁してすくひ上げる」んだ相です。御蔭で家内の御機嫌は相當よろし。

これは昭和十四年三月十七日付のはがきで、宛先は北海道大學になつてゐるが、回送されて屆いた先は伊豆伊東溫泉の江口別莊であつた。中谷は昭和十一年はじめに原因不明の病氣にかかり、體調がおもはしくなかつたため、同年秋、家族ぐるみで伊東溫泉に引つ越して療養生活を送つてゐた。それは岡も當然承知してゐたが、中谷はときどき札幌に出向いて集中講義をこなしてゐたので、手紙類の宛先はまれに北大の方が適切な場合もあつたのである。

みなからすすめられて始めたといふのであるから、自發的なお念佛といふわけではない。はじめにお念佛に取り組んだのは奥さんのみちさんで、みちさんが強力に背中を押して、岡をお念佛へと向かはせたのである。「おかげで家内の御機嫌は相當よろしい」といふ不思議な言葉に、この間の複雑な事情が簡潔に反映してゐるやうに思ふ。

みちさんは河内柏原の小山《をやま》家の四姉妹の末つ子として生れた人である。みちさんと光明主義の橋渡しをしたのは二番目の姉の藤野あいさんで、あいさんはかねが光明主義の信仰をもち、念佛三昧の日々を送つてゐた（あいさんにはあいさんの事情があつたのである）。みちさんはみちさんで岡の歸鄕に伴つて深刻な事情が發生し、宗教的生活へと向ふ道筋が具體的に開かれてきた。そのときもつとも身近にあつたのが光明主義のお念佛だつたのである。あいさんもまた岡のお念佛を熱心に後押ししたであらうことも想像に難くない。

昭和十三年十月二十一日といふ日付をもつ中谷宇吉郎宛のみちさんの手紙が殘されてゐる（岡もみちさんもふたりして別々に中谷に手紙を書いて、心情を吐露したり、愚癡《ぐち》をこぼしたり、生活上の相談をもちかけたりした）。みちさんは生活に行き詰まり、岡とともにお念佛の生活に入ることで苦境を脱しようとして、懸命の努力を續けてゐたのである。甲斐のない犧牲にならないつもりだつたが、子供の行く末を思つたりして、このごろ少し宗教とか信仰とかといふものに傾いてきた、とみちさんは書き綴つた。

私あくまでも甲斐なき犧牲にならない積りでゐました（みちさんは離婚を決意してゐたのである）が、子供（數へて七歳の長女のすがねさんと、數へて三歳の長男の熙哉さんがゐた）の行末を思つたり、この頃少し宗教とか信仰に耳がかたむいて來てまして、主人を信仰生活に導くには先づ自分が入らねばと日々精進してゐます。片意地な主人ですから彼自身は入れなくても、私があの主人と父（岡の父、寛治を指す）の許でこの儘共同生活をするには本當に人間業とは思へぬ程の忍耐力と大きい包容力が是非必要なのです。それで今、懸命になつてゐるところです。……こんな事を申し上げて中谷様はお笑ひになるかも知れませんが、私には他に道のない事を確信して居ります。……禪宗の坐禪が卽ち私どもの念佛三昧でございます。（大阪帝塚山から伊豆伊東溫泉へ）

みちさんにとつて、光明主義のお念佛は道の途絶えたところになほ開かれていく道なのであるから、道なき道とでも言ふべき道であり、もうぼくらの住むこの世に敷かれてゐる道ではありえない。切迫した事情を作つてみちさんを追ひ込んだのはほかならぬ岡の行狀だつたが、岡自身には別段、みちさんのやうに「お念佛しかない」といふほどの宗教的心情が芽生えた様子は見られない。「禪宗の坐禪が卽ち私どもの念佛三昧でございます」とみちさんは覺悟のほどを示したが、岡にはなほ數學があり、「數學の研究がそのまま念佛三昧」であつたのではあるまいか。それなら岡の數學研究はやはり、この世ならざる世界へと通じてゐる道理である。

心の内側から突き動かされるものがあつて始めたわけではなかつたが、お念佛もやつてみるとおもしろかつたのであらう、岡は俄然この方面に關心を示し、二、三日ごとに大阪に出てしきりに宗教の本などを買つてくるやうになつた。『正法眼藏』を購入したのもその一環であり、後年、岡はこんなふうに回想した。

滿洲事變と日支事變との閒には重苦しい平和の日々が續いた。夏のことであつたがわたしは或る日一度氣晴らしがしたくなつて京都の博物館へ行つた。重苦しい雰圍氣も流石に此處までは入つてこない。わたしはすつかり樂しくなつて色々見て廻つた。さうするとフト嵯峨天皇の御宸筆が目についた。見るとかう書いてある。

眞智無差別智
妄智分別智
邪知世閒智

わたしは一日見て、一々の言葉の意味はわからないが、よい句だなあと思つた。それで紀見峠の家への歸りに大阪の行きつけの書店に寄つて、岩波文庫の道元禪師の『正法眼藏』三卷を買つて歸つた。（『春雨の曲』第七稿）

岡は滿洲事變と日支事變の閒の夏のある日に『正法眼藏』を購入したと書いてゐるが、滿洲事變が起つたのは昭和六年九月十八日、日支事變すなはち支那事變が始まつたのは昭和十二年の夏であるから、これでは平仄《ひやうそく》が合はない。岡は勘違ひしたのであらう。岩波文庫の『正法眼藏』（校註は衞藤卽應）は上中下三卷から成るが、刊行の時期は少しづつずれてゐて、「中」は昭和十七年三月二十日、「下」は昭和十八年九月十日に發行されてゐる。岡が京都からの歸途、購入したのは昭和十四年六月三日發行と記錄されてゐる上卷のみであつたであらう。

この邊の考證をもう少し續けると、表紙に「自受用三昧」と書かれた一册のノートが岡の研究室に遺されてゐて、山崎辨榮上人の著作『大靈の光《おほみおや》』、夢窓國師『夢中問答』（岩波文庫）、『佛說四十二章經・佛遺教經』（岩波文庫）などからの拔粹が書き留められてゐる。日付は昭和十四年五月十八日から七月二十日にわたつてゐる。六月三日の記事を見ると、田邊元の著作『正法眼藏の哲學私觀』（岩波書店）を十二頁まで讀む、と記されてゐる。七月三日、「正法眼藏　禮拜得髓」といふ言葉が書き留められ、翌四日には「古佛曰　諸惡莫作　衆善奉行　自淨其意　是諸佛敎」と、「諸惡莫作」の巻の冒頭の言葉が寫された。『正法眼藏』の購入を傳へる明確な記載は見あたらないが、このやうな狀況から推して、岡が『正法眼藏』上巻を手にしたのは六、七月ころと見てよいのではないかと思ふ。觀音經を愛誦するやうになつたのもこの時期である。

道元を語る

『正法眼藏』は玉城先生の人生と學問にとつても重い意味をもつ書物であつた。玉城先生は高校時代（熊本の五高）、和辻哲郎の著作『沙門道元』を讀み、大學ではその和辻の「正法眼藏」の演習に出席した。その後、師について長く臨濟の坐禪を續けたが、人生の半ばに達したころ、思ふところがあつて忽然と「釋尊の坐禪」を始めた。「釋尊の坐禪」といふのは、お釋迦樣が菩提樹の木蔭で悟りを開いたときに行じてゐた坐禪といふほどの意味合ひの言葉であり、師匠のゐない孤立無援の只管打坐であつた。

道元とその『正法眼藏』をめぐつて書かれた玉城先生の著作や論文はきはめて多く、しかも力のこもつた作品が目白押しに竝んでゐる。列擧していけば、そのまま玉城先生の思索の步みがくつきりと浮かび上がつてくるやうに思ふ。ぼくはそれらをほぼすべて入手して、長く座右に置いた。玉城先生本人を知る前に書店で見つけて購入した本もあり、久我山のお宅で執筆の折の苦心談などをうかがひながら、別刷に署名をしていただいた論文もある。今はみななつかしい。

「佛道者道元の死闘　「私」の苦闘」といふ長篇が書かれたのは平成二年夏のことである。この夏、玉城先生は「(分量などに頓着せず)書きたいやうに書く」といふ方針を定め、執筆に專念した。「途中で間隔をおくことができず、全力を盡して一氣に脱稿した」と、後日、うかがつたことがある。ところがそのために疲勞困憊の極みに達し、翌年、つひに四箇月あまりの長期入院を餘儀なくされるといふ事態におちいつた。この論文は(上)と(下)に分けられて、「松ケ岡文庫研究年報」(編輯兼發行者は古田紹欽)の第五號(平成三年)、第六號(平成四年)に掲載された。

平成四年後半、やうやく病《やまひ》の癒えた玉城先生は、「道元における佛とは何か」といふ、魅惑的な標題をもつ論文を執筆した。これは前論文「佛道者道元の死闘　「私」の苦闘」の續篇と見るべき作品で、平成五年、大藏出版の「佛典講座37」として『正法眼藏』(上下二巻)が刊行されたとき、上巻の巻頭に收錄された。この書物自體は『正法眼藏』の注釋付きの現代語譯であり、九十五巻本『正法眼藏』の中から二十一巻が選擇され、譯出されてゐる。原文もついてゐる。

『正法眼藏』の現代語譯書としては、大藏出版の「佛典講座」は二度目の試みであつた。最初の譯書は中央公論社の叢書「日本の名著」第七巻『道元』で、九十五巻本から三十二巻が採られて刊行された(昭和五十八年)。ここから十一巻を選び、新たに十巻を譯出して全體を二十一巻に編輯したのが大藏出版の「佛典講座」である。

現代語譯はさらに繼續され、平成五年から平成六年にかけて、同じ大藏出版から、『現代語譯　正法眼藏』(全六册)が刊行された。これで『正法眼藏』の全譯が完成した。第六册の卷末に長大な解說「道元佛道の目指すもの」が附されてゐる。日付は「平成六年八月三日」である。また、「現代語譯を終へて」といふ短文もついてゐるが、その日付は「平成六年八月十三日」となつてゐる。

平成八年には、十一月から年末にかけて、春秋社から『道元』(上下二卷)が刊行された。ぼくはこの美しく裝はれた書物の存在を知らなかつたが、つい最近、津名道代さんに「京都の書店で見た」と敎へてもらひ、購入した。一瞥すると、これまでにさまざまな形で公表された道元に關する論攷十三篇を年代順に配列し、體系を整へて編輯した大作であつた。四部構成で、各部の標題は、

第一部　道元思想の總括的展望

(第一部第一章をなす第一論文「佛敎思想史上における道元」は「日本佛敎學會年報」第三十四號(昭和四十四年)に掲載された。日本の名著7『道元』のために書かれた解說「道元思想の展望」は第一部第三章にあてられてゐる。)

第二部　道元思想の諸問題

第三部　比較思想上の道元

第四部　道元思想の課題的展望

(第四部を構成する三つの章の初出は「佛道者道元の死闘 「私」の苦闘」「道元における佛とは何か」、それに『現代語譯　正法眼藏』の解說「道元佛道の目指すもの」である。)

といふふうである。第一論文から最後の第十三論文まで二十五年といふ月日が流れ、五十四歲の玉城先生は七十九歲になつてゐた。

やがて岡の語る道元の言葉に説き及ばうとする玉城先生の話が始まつた。陳腐な言葉は一語としてなく、さながら黄金を打ち延べたかのやうであり、幾重にも重ねられた祕密の扉が次々と開かれていくやうな感慨があつた。學問といふものの極致の姿であつたと今は思ふ。

玉城（續）それで、道元についてあちこち引用してゐます。ぼくもずいぶん、道元について岡さんが引用してゐるものを檢討してみたけれども、何のために引用してゐるのかがわからない。何か感動して引用してゐるにちがひないけれども、文脈がぼくには全然わからない。

岡さんの氣持ちを忖度してみると、道元のもつとも有名な句が岡さんの氣持ちをもつともよく表現してゐるのではないか。それは「佛道をならふといふは、自己をならふ也。自己をならふといふは、自己をわするるなり。」

沒頭してゐるから忘れる。沒頭してゐるなかに働いてゐるわけでせう。「自己をわするるといふは、萬法に證せらるるなり」。自分がいくらはつきりしようとしてもできるものではない。ずつと沒頭してゐる間に、自分でも知らないままに働いてゐる。

働くといふことは、自分が働くのではなくて、働かされてゐることなんだよ。それがわからない。萬法に證せられてはじめて、ああつと難問の定理が發見されるわけです。自分がわからずに働いてゐるのだから、働かされてゐるわけだ。萬法に働かされてゐる。萬法に働かされてはじめて、萬法に證せられる。萬法に證せられて、ぱつとその定理が發見される。

それから、これが大事なんだ。「萬法に證せらるるといふは自己の身心および他己の身心（自分の身心だけではなく、ほかの人の身心までも）をして脱落せしむるなり」。つまり解脱させる。自分が解脱するだけではなく、ほかの人々もいつしよに解脱する。これが佛道の根本です。

さうすると「悟迹《ごしやく》の休歇《きうかつ》」。ああ、悟つたといふ足跡も消えてしまふ。悟つたといふ足跡も消えてしまつたままが「長長出《ちやうちやうしゆつ》ならしむ」。ずつと展開していく。これが創造なんです。

高瀬　おお。

玉城　わかるでせう。

高瀬　萬法に證せられて、證せられたといふ痕跡も消えてしまつて、消えてしまつたままの状態が……。

玉城　おれは悟つたといふこともなくなる。

高瀬　なくなつたままの状態がずつと展開していく。その展開が創造だ、と。

玉城　さうさう。すごいね。道元はそれを三十歳そこそこで言つてゐるんだよ。「現成公案」に。道元がまたすごい。あまりすごいから、この人は自分でつまづいてつぶれてしまつた（晩年の道元のことを語つてゐるのであらう）。岡さんは道元まですごくないから助かつたとぼくは思ふんだ（笑）。

高瀬　岡先生は道元のいま引用された言葉に心を打たれて……。

玉城　いや、それを全然引用してゐないのが不審でならない。

高瀬　いちばん肝心なところを引用してゐないではないか、と。

玉城　ええ。千言萬語を引用してゐるだけで、何のために引用してゐるのかわからない。岡さんの氣持ちを忖度すると、これが一番ぢやないか。これを全然引用してゐないのは、いつたいどういふわけかといふのが、ぼくの不審なんです。

玉城先生は岡潔の心境を忖度し、「萬法に證せらるるといふは自己の身心および他己の身心をして脱落せしむるなり」といふ道元の有名な言葉を引き合ひに出して、「悟迹の休歇」から「長長出ならしむ」へと話を繰り廣げていつた。身心脱落がどこまでも展開していくところが創造といふ働きの本性だといふ指摘はすばらしく、ぼくは心から堪能した。だが、この指摘は同時に岡に向けられた玉城先生の不審の表明なのでもあつた。玉城先生の見るところ、岡は眞つ先に引用すべき箇所を引かないばかりか、千言萬句を引用してゐるだけで、「何のために引用してゐるのかわからない」といふのである。事態は深刻をきはめてゐると言はなければならなかつた。

ぼくが岡のエッセイをはじめて手にしたのは高校一年生のときのことであるから(昭和四十一年秋十月、日本經濟新聞社から出た自傳『春の草　私の生ひ立ち』を購入した)、以來、岡の著作を讀み續けて人生の中ほどにさしかかるほどの歳月が流れたのである。ぼくは隨所に引用される『正法眼藏』に絶え間なく幻惑され、目を通してもわからないだらうといふ豫感に襲はれ續け、そのつど讀み飛ばすばかりであつた。ときたま勇氣を出して讀んでみることもあつたが、いつも何もわからなかつた。ところが今、玉城先生は事もなささうに「何のためかわからない」と喝破した。まことに玉城先生ならではの發言といふほかはなく、玉城先生の面目が躍如とした場面であつた。

岡の第四エッセイ集『春風夏雨』にも『正法眼藏』の引用はおびただしい。このエッセイ集は「生命」「無明」「自己」「人の世」「繪畫」「湖底の故郷」といふ六種類の文章群から構成されてゐるが、「繪畫」に出てゐる引用例はこんなふうである。

岡は「日本的情緒といふものをよく知りたい」といふ問題を提示して考察を展開し、日本的情緒の根幹を作つてゐるのは「なつかしさの情操」であらうといふ假説を打ち出した。これは昭和三十九年ころの話だが、奈良女子大學の數學教室は八號館といふ二階建ての建物の中に置かれてゐて、一階の一室には井上さんといふ人の家族が住んでゐた。夫婦と子供ふたりの四人暮らしで、下の男の子はちやうど生れて八箇月であつた。八箇月ならば、すでに實質的に順序數がわかつてゐるはずである（これは岡の說）。岡は母親に抱かれて廊下で遊んでゐる男の子に、始業のリン（鈴）を振つて聞かせてみた。すると三度振つて、目の色がいちいち違つた。はじめは「おや」といふやうな目をした。三度目はリンを見た。二度目のときは、「なんだかよく見えない遠い昔が少し見えて來て、はてこれは何だつたらうと思つてゐるやうな目の色」をしたといふ。そこで岡は「これが追憶であらう」と判定をくだした。

續いて岡は人生の旅路の始まりの時期をなほさかのぼり、「生れて四、五箇月までの人の子はどんなふうだらう」と、新たに問題を設定した。手近にさういふ人がゐないので、すやすや眠つてゐる子供の姿を想像した。罪のない顏をして、ときどきいかにもうれしさうな樣子をする。夢を見てゐるやうにも思ふが、順序數もわからない子が夢を見るといふことはちよつと考へにくい。たぶん夢のもとである情緒の流れだけがあるのであらう。かういふ時期を言ひ表すには「無心」といふのがよいであらう。この「無心の季節」は岡の想像の產物である。

情緒の中核に尋ね入らうと思へば本當はさらにさかのぼつて胎內に入り、逆にそこから出なければ不充分であらう。しかしさうすると實證的な研究法は成立しない。そこで岡は、「仕方がないから、道元禪師にそれをきくことにしよう」と宣言し、『正法眼藏』の「恁麼《いんも》」の巻から長い一文を引くのである。

引用文は長いので原文は省略し、玉城先生の譯文だけを參照したいと思ふ。雲居山弘覺《うんござんこうかく》大師は、洞山《とうざん》良价《りやうかい》の後繼者である。釋迦牟尼佛からいえば第三十九代目の法孫にあたり、洞山の宗風を受けたあとつぎである。洞山良价は曹洞宗の開祖で、洞山と、その弟子曹山と連稱して曹洞宗の宗名が生れたといふ。

ある日、弘覺大師は衆に示して言つた。

恁麼事《いんもじ》を得ようと思ふならば、當然ながら恁麼人《いんもにん》たるべきである。すでに恁麼人である。どうして恁麼事を案ずることがあらうか。

「恁麼」といふ不思議な言葉は唐末から用ゐられた俗語であり、「そのやうに」「このやうに」といふ副詞として用ゐられたり、「そのやうな」「このやうな」といふ形容詞として使はれたりするといふ。『正法眼藏』では、しばしば眞理、實相を意味すると言はれてゐる。玉城先生の說くところによれば、恁麼事といふのは、現在このやうにありのままになつてゐるといふことである。したがつてぼくらもまたぼくら自身、ありのままに、このとほりに生きてゐると言ふほかはない。言ひ換へれば、ぼくらはすでに恁麼人である。さうしてみると、現在このやうになつてゐることを、あれこれ案ずることはない、といふのである。岡はといへば、恁麼とは未知數 x といふくらゐの意味、といふ不思議な注釋を書き留めてゐる。

弘覺大師の言葉に續いて、『正法眼藏』の世界が廣々と廣がつていく。

その〔弘覺大師の言葉の〕趣旨は、「まつしぐらに究極の悟りに至る」といふことを、まずしばらく、恁麼といふ言葉で表すのである。この究極の悟りのありさまといふのは、たとへば、十萬にわたる全宇宙も、この悟りに比ぶれば、ごく小さなものにすぎない、といふやうなものである。だから悟りは、全宇宙よりもなほ大きいといふことになる。

われわれ自身もまた、かの宇宙のなかの、さまざまなすがたである。さうしたなかで、どうして恁麼があると知ることができるか。それは、私の身心がいづれも宇宙のなかに現れながら、しかも私のものでないから、なるほど恁麼になつてゐると知ることができる。

考へてもみたまへ。この身はすでに私のものではない。いのちは時の流れに流されて、一瞬もとどまらない。かつての紅顔は、いつたいどこへ去つたのだらう。たづねようとしても跡方もない。つくづく觀察してみるに、往事はもはや二度と遇ふことのできないことばかりである。いつはりのない、まごころさへとどまらないではないか（「赤心もとどまらず」）。ただ、きれぎれにひるがへりながら行き來するだけである（「片々として往來す」）。

かりにまことがあるとしたら、それはもはや私の領域にとどこほるものではない。それが恁麼なのである。恁麼なればこそ、ふと思はず菩提心のおこることがある。この心がおこつてみると、これまであれこれ思ひあぐんできたことを、さらりと投げすてて、いまだかつて聞いたこともないことを聞いてみようと願ひ、あるいはこれまで體得したこともないことを體得しようと望む。これはもはや、私の仕業《しわざ》ではない。恁麼人なればこそ、さうなることを、よくよく思ふべきである。どういふわけで恁麼人であると知ることができるか。それが先の弘覺大師のいふやうに、恁麼事を得ようと思ふから（その思ひはもはや私のものではない）、恁麼人であると知られてくる。すでに恁麼人の様子を備へてゐるから、恁麼事を心配することは無用といふことになる。さらに踏みこめば、心配することも、そのまま恁麼事であるから、自然に心配でなくなるのである。また、恁麼事のなかにも恁麼があるといふことに、驚いてはならない。かりに、びつくりして、これはあやしいと思ふことがおこつたとしても、それもまた恁麼である。驚いてはならないといふ恁麼があるのである。恁麼といふのは、佛の尺度で量《はか》つてはならない。心の尺度で量つてもならない。法界の尺度で量つてもならない。宇宙の尺度で量つてもならない。ただまさしく、すでに恁麼人であるから、恁麼事を案ずることはない、といふだけである。……

この長い引用箇所に描かれてゐるのはともあれ「究極の悟りの世界」の情景であらうから、岡が提起した「追憶」（過去をなつかしく思ふ氣持ち）や情緒の流れとは關係がないやうに思ふ。玉城先生の言ふやうに、確かに何のために引用してゐるのか分明ではなく、論點と引用文がかみ合つていないといふ印象を受けるのは否めないのではあるまいか。

『春風夏雨』での引用に先立つて、岡は第三エッセイ集『紫の火花』でも同じ箇所を引いてゐる。『紫の火花』は朝日新聞社の文藝月刊誌『文藝朝日』（現在は廢刊）に昭和三十八年九月號から昭和三十九年一月號まで五回にわたつて連載された。『紫の火花』といふ通し標題のもとで、順に「すみれの言葉」

「情緒」「獨創とは何か」「秋に思ふ」「春の日射し」といふ五篇のエッセイが書かれたが、他の數篇のエッセイと併せて、昭和三十九年、單行本として刊行された。學研版『岡潔集』第三卷に收錄されてゐる。
昭和四年、岡は文部省在外研究員としてフランスに留學し、滯在先のパリの國際大學都市の日本館で中谷宇吉郎に出會つた。中谷は岡に、「數學について書いたことはみな日付を入れて殘しておきなさい」とアドバイスした。これは、中谷の先生の寺田寅彥の流儀を傳へたのである。岡はこの硏究樣式を生涯を通じて守り續けた。だいたい二年間に二千頁ほど書き、それを二十頁ほどの論文にして發表する（これは岡自身の言葉だが、大雜把な要約であり、實際にはもつと複雜な經過が觀察される）。論文を書いてしまつた後のものはどうするかといふと、ためておいても決して見ようとはしない。そこで風呂を焚くのに使つたこともあるといふ。

大量に蓄積された硏究メモは「たとへば寫眞のネガチブのやうなもの」であると岡は言つてゐる。それなら、この世に現れた個々の論文は寫眞のポジチブに相當することになるのであらう。これは『紫の火花』の第二篇「情緒」に出てゐる言葉だが、『紫の火花』からの引用をもう少し續けると、（岡の）硏究ノートには、何もわからない閒は非常に丁寧に書いてあるし、少しわかつてきて結果らしいものが出始めてからは、書かないでもよくわかつてゐるものだから、面倒がつてほとんど書いてゐない。論文を書き上げるまではこれで十分よくわかつてゐるのだが、書き上げてしまつてしばらくたつと、讀み直してみても、（岡本人にも）もう何のことだか少しもわからない。燃やしてしまふと一番完全なのだが、何もさうまでしなくても、これは（岡にとつて）「無形の箱」なのである。だからこそ、森羅萬象がここにあるのであつて、（岡は）行かうと思へばいつでもそこに行つて住めるのである。

このやうな言葉に次いで、岡は、「かう言つた行き方の究極を、道元禪師は『正法眼藏』で示してくださつてゐる」と言明し、その後に「恁麼」の巻から上記と同じ箇所を引用した。

研究メモが書き留められたレポート用紙の山々は、なるほどそれ自體は紙の屑にしかすぎないかもしれないが、この「無形の箱」は、言はばこの世とあの世とを結ぶ通路のやうな役割を果たしてゐるのであらう。岡はぼくらとともに日々今生今世を生きながら、「無形の箱」を經由して、どこかしらこの世ならざる世界へと自在に往還できるといふ。岡にとつて、そこは數學が生れてくる世界、すなはち數學の故郷だつたのであらう。廣く學問藝術の故郷と言ひ換へてもいいし、情緒の世界と見てもよささうに思ふ。岡は數學上の發見の經驗（生涯を通じて三度、大きな發見を經驗した）を通じてそのやうな世界の存在に實在感を感じ、『正法眼藏』に假託して「恁麼の世界」をぼくらに示さうとしたのではあるまいか。「恁麼の世界」と言ふ代はりに、玉城先生なら、純粋ないのちの世界、すなはち「ダンマの世界」と言ふべきところである。だが、實際には「情緒の世界」は「ダンマの世界」ではない。「ダンマの世界」といふのは「情緒の世界」（おそらく無限の深みをもつのであらう）そのものなのではなく、玉城先生の言葉に從ふならば、「情緒の世界」にどこまでも踏み込んでいく果てに開かれてくる世界相なのである。

玉城先生はこの食ひ違ひを指摘して、「何のために引用してゐるのかわからない」と評したのであらう。岡自身、晩年には佛敎そのものから遠ざかつていつたが、その離反の道程はそのまま、ふたつの世界を隔てる溝（限りなく薄い幅をもちながら、しかも決して超越することのできない溝）に向けられた自覺と認識の深まりの軌跡と見られるのではないかと思ふ。岡の晩年の作品『春雨の曲』は昭和四十六年に初稿が書かれた後、改稿が繰り返されて、昭和五十三年はじめ、第八稿が緒につきかけたところで生命が盡きて中斷を餘儀なくされた。『春風夏雨』や『紫の火花』の時點では『正法眼藏』に託して示唆するに留めた「情緒の世界」の風光を、人生の最後の季節（童心の季節からこのかた、どんなに遠い地點に吹き寄せられたのであらう）にさしかかつた岡は、いよいよ自分の言葉で書き表さうと試みて努力を重ねたのであらうとぼくは思ふ。

眞に深遠な苦闘の痕跡と言はなければならないが、年々歳々無限の深まりを見せながら進展する様子は認められるにしても、心から滿ち足りた完成の日は決して訪れることはないであらう。なぜなら今生今世を生きるぼくらにとつて、「ダンマの世界」は實際に到達しうる世界ではなく、永遠のあこがれの世界であり續けてゐるにすぎないからである。

心不可得

『春風夏雨』所收の長篇「湖底の故鄕」にも『正法眼藏』の引用は際立つてゐる。岡は小我と眞我を語り、小我をしりぞけて、「この「小我觀」は、本當に理性的にものを見ることのできる人には、すでに本能のための迷ひとわかるのである」と宣言した。さうして「道元禪師がそこをどういつてゐるかよく聞いておこう」と前置きを置いてから、「自己をはこびて萬法を修證《しゆしよう》するを迷《まよひ》とす、萬法すすみて自己を修證するはさとりなり」といふ言葉に始まる「現成公案」の名高い一節を引用した。玉城先生はその部分を次のやうに譯出した。

自己が主體となつて、環境世界を實證するのが迷ひである。逆に、環境世界が深まつて、そのなかで自己が實證されるのが悟りである。迷ひを大悟するのが諸佛であり、悟りのなかにありながら迷つてゐるのが衆生である。さらに、悟つたうへにも悟り抜いていく人もあり、迷ひのなかに迷ひを重ねていく人もある。

諸佛がまさしく諸佛なるときは、自己は諸佛であるといふ意識はない。しかしながらさとつていく佛である。だから佛をさとつていくのである。

（このすぐ後に、一文を隔てて、「佛道をならふといふは、自己をならふ也……」と續いていく。先ほど玉城先生が「岡さんが引用しないのは不審だ」と語つた箇所だが、岡の引用はそこまでは及んでゐない。）

引用を經て岡の言葉が追隨する。ここにいふ萬法とは、前にいつた法界（最上の法界）の法でなくても、自然の「もの」でも社會の「人」「動物」でもよいのである。だから禪師は、「小我を自分と思ふのは迷ひである。眞我を自分と知るのが悟りである」と言つてゐることになる。小我を自分と思つてゐた境界から完全に跳出するのが諸佛である。小我を自分としか思へず、そのため限りなく迷ひを重ねるのが凡夫である。一應迷ひが取れると眞我が自分だとわかる。さうすれば悟りといつてよい。しかし本當はこの悟りには限りがないのである。小我を自分と思へばすでに迷ひである。しかしこの迷ひにも限りがないのである。

岡はこのやうに説明した。しかし上記の引用箇所で語られてゐるのは悟りの世界に見られる一場の情景のやうであり、小我と眞我の對比は關係ないのではないかと思ふ。和泉式部の歌

暗きより暗き途にぞ入りぬべきはるかに照せ山の端の月

も引き合ひに出されてゐるが、何だか場違ひのやうな感じもあり、意圖はよくわからない。

次にこれも「湖底の故郷」からの引用だが、岡は先の大戰後の風潮をかへりみて、「あの頃このくにの人々の上に、ためらひつつもなほしばし立ち去りかねて殘つてゐたあの心は、今はどこへ行つてしまつたのだらう」と慨嘆し、「恁麼」の巻から、

赤心《せきしん》もとどまらず、片々《へんぺん》として往來す。たとひまことありといふとも、吾我《ごが》のほとりにとどこほるものにはあらず。

と引用した。これはすでに一度引かれた箇所で、玉城先生の譯では、「いつはりのない、まごころさへとどまらないではないか。ただ、きれぎれにひるがへりながら行き來するだけである。かりにまことがあるとしたら、それはもはや私の領域にとどこほるものではない」となつてゐた。重點は、「たとひまことありといふとも、吾我のほとりにとどこほるものにはあらず」といふところに置かれてゐるのであらう。だが、浮薄に流れ去らうとする戰後の風潮をなげいてやまない岡の心情は、「赤心もとどまらず、片々として往來す」といふところと情緒的に通ひ合ふ點に、わづかに反映してゐるにすぎないやうに思ふ。それならやはり引用文とは無關係である。

同じ「湖底の故郷」を讀み進めていくと、「善行」が語られる場面に出會ふ。岡は、「ではどういふ行爲を善行といふのであらう」と設問し、「日本的情緒の人、道元禪師に直接に聞いてみよう」と述べて、「一法僅かに寂靜ならば、萬法ともに寂靜なり」と引用し、「禪師はこれが「善行」だといふのである」

と解說した。またしても「恁麼」からの引用である。玉城先生の譯文では「一つのものが寂靜であれば、すべての事物がともに寂靜である」とされてゐるが、これでは善行とは無關係としか思はれない。玉城先生は、「(岡は) 何か感動して引用してゐるにちがひないけれども、文脈がぼくには全然わからない」と言はれたが、同意を禁じえない典型的な一例である。

續く引用も「恁麼」からで、「一法僅かに寂靜ならば、萬法ともに寂靜なり」に先立つて語られるエピソードである。昔一人の禪師とその高弟と二人がいつしよにゐた。そのとき風鈴が非常によい音で鳴つた。その禪師は、なぜか、とたづねた。するとその弟子はかう答へた。「二心寂靜なるが故に」。禪師はこの言葉に大變感心して、釋尊以來代々、一人から一人に傳へて來た「正法眼藏涅槃妙心」を、その弟子に讓り傳へたといふ。二心とはつまり主體の法 (その弟子) と客體の法 (風鈴の妙音) のことであつて、事事無礙法界の出來事である。これが、先ほど坂本繁二郎との對談の場面で語られた「二心寂靜」といふ言葉の由來である。

だが、玉城先生の譯文を參照すると、この引用はいくぶん正確さを缺いてゐるやうである。「二心寂靜」といふ言葉に相應しい場面ではあるが、その言葉自體が出てゐるわけではないから、おそらく岡の造語なのであらう。

あるとき僧伽難提《そうぎやなんだい》尊者は、佛殿にかかつてゐる大小の鈴が風に吹かれて鳴つてゐるのを聞いて、伽耶舍多《かやしやた》にたづねた。

「これは風が鳴るのであらうか。鈴が鳴るのであらうか」

伽耶舍多が答へていつた。

「風が鳴るのでも、鈴が鳴るのでもありません。わたしの心が鳴るのです」

尊者は、かさねて問うた。

「その心とは、どういふものか」

伽耶舍多が申しあげた。

「風も鈴も、ともに寂靜だからです」

尊者はいつた。

「善いかな、善いかな、わが道をつぐものはお前の外に誰がゐようか」

かくして尊者は、伽耶舍多に正法の眞髓（正法眼藏）を傳へた。

ただこれだけの插話だが、ここに例示されてゐるのはやはり究極の悟りの世界、すなはち「ダンマの世界」がこの世に顯現するときの具體相であらう。岡は單に引用してゐるのみにすぎないが、前後の文章とは無關係であり、文脈はやはり不可解と言ふほかはない。

『紫の火花』所收の一篇「情緒」に目を移すと、岡は情緒とは何かを語り、再び「無形の箱」に言及した。無形の箱の中にはずいぶん大切なものがある。何よりも國語、それから歷史。これらの價値はどれほど重く見ても見すぎることはないであらう。それから何といつても文學であらう。國語、國文學は歷史とともに國民の情緒の背骨を作るものである。これを輕んじては、國民はみな海月《くらげ》のやうに骨拔きになつてしまふだらう。このやうに語つた後に、岡は「後心不可得《ごしんふかとく》」の巻から、いかなるか過去心不可得といはば、生死去來《しやうじこらい》と云ふべし。いかなるか現在心不可得といはば、生死去來と云ふべし。いかなるか未來心不可得といはば、生死去來と云ふべし。

と引用した。これは「過去心不可得　現在心不可得　未來心不可得」といふ、金剛般若經に出てゐる言葉に由來する發言で、「心不可得」といふのは「心の得べからざること」と注記されてゐる。玉城先生の譯では、

過去心不可得とはいかなることか、と問ふものがあれば、生死去來と答へるがよい。現在心不可得とはいかなることか、と問ふものがあれば、生死去來といふがよい。また、未來心不可得とはいかなることか、と問ふものがあれば、これまた生死去來といふがよい。

となつてゐるが、これだけではまだなにもわからないであらう。「生死去來」といへば、「生と死が行つたり來たりすること」といふほどの意味と思はれるが、この一語のみに着目すると、岡の言ふ「無形の箱」に通じる氣分があるやうに思ふ。それなら岡は、「生死去來」の字面《じづら》を見て引用したにすぎないのではないか、と疑はれるのである。

數學的發見と坐禪箴

『春風夏雨』所收の「繪畫」によると、昭和三十九年のはじめ、岡は多忙な日々を送り、たうとう二、

三、四の三箇月間、數學の研究が一頁もできなかつたといふ。こんなことをすると、また研究ができるやうな狀態にもどるのに時間がかかる。なぜかといふと、數學の研究の對象はひとつの法である。それにのみ關心を集め續けることがなかなかできないからである。

ここまでを前置きにして、岡は『正法眼藏』を引き合ひに出して話を續けた。禪師とその弟子とがあつた。禪師がじつと坐り込んでゐる。それを見て弟子が、先生何をしていらつしやるのですか、ときいた。禪師はかう答へた。「個の不思量底を思量する」。あるひとつの、どうにも考へやうのないほとりを考へてゐるのだ、といふ意味である。そこで弟子は當然きいた。「不思量底如何が思量する」。禪師は答へた。「非思量」。ただその法に關心を持ち續けるのだが、これは自分も法になつてゐなければできないのだ、といふ意味である。

これは「坐禪箴《ざぜんしん》」の巻に出てくる插話である。「箴《しん》」は「いましめ」の意で、そこから派生して「坐禪箴」といふのは、坐禪はどうあらねばならぬかといふほどの意味になる。したがつて坐禪の心得が論じられてゐると理解すればよいと思ふ。岡が引用した禪師とその弟子との對話は玉城先生の譯ではかうなつてゐる。

藥山弘道大師が坐つてゐたとき、ひとりの僧がたづねた。

僧「ただひたすら坐つてをられて、何を思つてゐられるのですか。」

師「思ひの及ばないところを、思つてゐるのだ。（思量箇不思量底）」

僧「思ひの及ばないところを、どのやうに思ふのですか。（不思量底如何思量）」

師　「思ふのではない。（非思量）」

道元の言葉は續く。

大師は「思ふのではない（非思量）」といはれた。この非思量を使つてみると、玉のやうに透きとほつてゐる。しかし、思ひの及ばないところを思ひ量るには、この非思量を用ゐるほかはないのである。

さて、この非思量には何かがある。その何かがわたしを支へてゐる。突きたつた山のやうにひたすら坐るといふことが、たとひわたしであつても、それはたんに思ひ量るだけではない。突きたつた山のやうに端坐する、そのことにかかはるのである。端坐はたとひ端坐であつても、端坐が端坐をどうして思ひ量ることができやうか。かういふわけであるから、端坐は、もはや佛が量るのでもなく、法が量るのでもなく、悟つて量るのでもなく、會得して量るのでもない。端坐はまさしく端坐にほかならないのである。

「思ふのではない（非思量）」といふ不思議な言葉はあくまでも坐禪の心得の中で語られたのであるから、字義に追隨していく限り、これを岡のやうに「自分も法になつて法に關心を持ち續けるのだ」といふ意味に解するのは無理なのではないかと思ふ。だが、それはそれとして、ここには岡の數學研究上の體驗が生き生きと息づいてゐると見ることも可能である。

昭和四十三年五月十五日、岡は『數學セミナー』の女性編輯部員二名の訪問を受け、インタビューに應じてさかんに研究上の體驗を語つた。何か數學上の發見といふふうなことを言ふためには、一度行き詰まらなければならない。たいてい六、七年は行き詰まるが、それは自由な精神がかつてに行き詰まつてゐるのであつて、行き詰まるべく强ひられてゐるのではない。だからこそ、六年も七年も行き詰まつてゐられるのだ、といふのであつた。一語一語に氣迫がこもり、行間にはふくよかな香りが敷き詰められてゐた。さういふところは玉城先生の話ぶりにそつくりだつた。この記錄はこの年の『數學セミナー』九月號に掲載された。

岡の話は續く。行き詰まつてゐるときは行き詰まりを感じるもなにもない。全然やることがない。やりたいことは決まつてゐるが、そつち向きにはなんにもやることがない。だからやるのは情意がやつてゐるのであつて、「知」の出る幕はない。私（岡）は三度ほど行き詰まりました。だから三度、大きな意味で數學上の發見をやつたわけだが、みんな七年くらゐはかかつてます。行き詰まつた間は意志と情熱ですよ。情熱が持續しなけりやだめですね。「知」は當然必要だから、いるつて言はなくつたつて使ふ。使はうにも使ふ道筋が途絶えてしまふから困るんで……。本當に行き詰まるためには、そつちをいつたん指さしたら微動もしないといふ意志がいる。……直進しようとするから行き詰まるんで、行きやすいところを選んで行つてたら、行き詰まるといふことはありえない。そこで岡は、「それだつたら數學上の發見といふ言葉はむなしき言葉です」と結んだ。明らかに、今生の根柢に遍在して今生を支へる見えない世界（岡なら「情緒の世界」と言ひ、玉城先生なら「ダンマの世界」と言ふであらう）からの發語であつた。

行き詰まつたときは、なにしろ行き詰まつてゐるのであるから、何を考へてゐるのかと問はれても、「考へてゐるのではない（非思量）」と答へるほかはないであらう。それなら岡の研究は「坐禪箴」に通じてゐるやうにも思はれて、「坐禪箴」を引用した岡の心情は、にはかに精彩を帶びてぼくらの眼前に立ち現れてくるのである。岡はあくまでも數學者であり續けてゐるところに本領があり、岡を『正法眼藏』へと道案内したのは、數學者としてのたましひそれ自體であつたらうとぼくは思ふ。

『春風夏雨』の「繪畫」には「現成公案」からの引用がもうひとつ出てゐる。それは、

身心を擧《こ》して色《しき》を見取し、身心を擧して聲《しやう》を聽取するに、したしく會《ゑ》取《しゆ》すれども、かがみに影をやどすがごとくにあらず、水と月とのごとくにあらず、一方を證するときは一方はくらし。

といふ一文で、玉城先生の譯では、

身心をかたむけて色に見入り、身心をかたむけて聲に聞きほれるときに、自分ではよく會得してゐるのであるが、しかしそれは、鏡に影がやどり、また水に月がうつるやうにはいかない。一方を實證するときは、ただ一方だけであつて、他方は見えない。

となつてゐる。岡はこれを解說し、「親しく會取するまでが法界のことであつて、鏡の映像をよく見ることは自然界のことである」として、アルキメデスの例を擧げた。

昔、アルキメデスは、金の王冠を切り割らないで底まで金であるかどうかを判定するにはどうすればよいだらう、といふ問題（岡の言ふ「法」であらう）に、長い間關心を集め續けてゐた。ある日、風呂に入ると湯がざあつとあふれた。彼は「わかつた！」と言つて、あまりのうれしさにわれを忘れて、街を裸で飛んで歸つた。有名な「アルキメデスの原理」が發見されたときの情景と傳へられる場面である。岡はアルキメデスの發見に「鋭い喜び」（「發見の鋭い喜び」といふのは岡の造語である）が伴つてゐる點に着目し、

これが「親しく」會取したのであつて、彼はここに止つたから、發見の非常に鋭い悦びが當然伴つたのである。

と批評した。

數學上の發見が生起したときの心理を語つた數學者にフランスのポアンカレがゐる。岡はかねがねポアンカレの發言に注目し、あちこちで言及してゐるが、發見の喜びが書かれてゐない點を強調してつねに不審を表明した。ポアンカレは「證明の隅々まではつきりわかる」といふやうな餘計なことをする。なぜ餘計なことかといふと、さうしなくても疑ひはまつたく起らないはずだからである。だからこれは鏡に影を映したのであつて、さうすればたぶん「發見の鋭い喜び」は伴はないのであらう、と岡は言ふのである。

ポアンカレと違い、岡自身の經驗では數學的發見にはつねに鋭い喜びがつきまとふ。昭和十年といへ

ばまだ廣島文理大での勤務が續いてゐたころの話だが、岡は中谷宇吉郎の招きを受けて家族（それに、甥の北村駿一）ともども札幌にわたり、一夏をすごした。研究は行き詰まり、どんな荒唐無稽な試みも考へられなくなつてしまつた。それでも無理にやつてゐると、はじめの十分間ほどはともかく、あとはどんなに氣を張つてゐても眠くなつてしまふ。北海道大學（中谷の勤務先）の理學部の、もとは應接間だつた一室で立派なソファーにもたれて寢てゐることが多く、たうとう吉田勝江さん（數學の吉田洋一の奥さんで、英文學者）に「嗜眠性腦炎《しみんせいなうえん》」といふあだ名をつけられてしまつたといふ。

さうかうするうちに夏休みも終りに近づいてきた。九月に入つてそろそろ歸らねばと思ひ始めたころ、中谷家で朝食をいただいた後、應接室に坐つて考へるともなく考へてゐるうちに、だんだん考へがひとつの方向に向いてきて、内容がはつきりしてきた。二時間半ほどさうしてゐるうちに、どこをどうやればよいか、すつかりわかつた。二時間半といつても、呼びさますのに時間がかかつただけで、對象が彷彿としてからはごくわづかな時間だつた。「そのときはただうれしさでいつぱいで、發見の正しさには全く疑ひをもたず、歸りの列車の中でも、數學のことなど何も考へずに、喜びにあふれた心で、車窓外に移り行く風景を眺めてゐるばかりだつた」（「春宵十話」（六）發見の鋭い喜び）。これは「上空移行の原理」と呼ばれる大發見を經驗したときの回想である（「春宵十話」が毎日新聞に連載されたのは昭和三十七年四月であるから、昭和十年の時點から見て、二十七年後の回想になる）。

數學上の發見については岡の言ふ通りであらうとぼくも思ふ。發見の喜びといふ一點に着目してアルキメデスやポアンカレを語る視點はおもしろい。だが、それはそれとして、「現成公案」の巻が一貫してさうであるやうに、ここでもまた語られてゐるのは悟りの世界の様相なのであり（さまざまな工夫を重ねて究極の悟りの世界を描寫しようとするのであらう）、重點は「一方を實證するときは、ただ一方だけであつて、他方は見えない（一方を證するときは一方はくらし）」といふところに置かれてゐるやうに思ふ。岡のやうに「會取」と「鏡の映像」を對比させて、發見の喜びの有無に結びつけて理解しようとするのはやはり無理で、玉城先生はそこを指して「（引用の）文脈がわからない」と述べたのではあるまいか。

『紫の火花』所收の「獨創とは何か」を見ると、「たとへば東君の春に遭ふが如し」といふ言葉が引かれてゐる。これもまた「恁麼」の巻からの引用である。「東君」は春の神の意だが、これだけではなんのことかわからないと思ふ。玉城先生の譯を見ても、「たとへば、春の神が春に出會ふやうなものである」と、原文がそのまま反復されてゐるにすぎない。そこでこの言葉の前段を參照すると、「いはゆる眞實の智慧といふのは、人に學んで得られるのでもなく、自分で努力しておこすのでもない。智慧は、ただ智慧に傳はるのであり、智慧は、ただ智慧をたづねるのである」といふ言明があり、これを補足して蝙蝠《かうもり》と魚の插話が語られてゐる。

五百の蝙蝠は、經を聞いて身の燒かれるのもいとはず、ついに死んで人身を得、出家して阿羅漢に達した、といふ。つまり、蝙蝠に宿る智慧が、人身を燒き盡くしたのであり、智慧にはもともと身も心もない。また、一萬の魚は、池の水が枯れたために死にかけたが、たまたま十二因緣の法を聞き、寶勝如來の名號を聞きつつ命終り、忉利天《たうりてん》に生れたといふ。それらの魚は、智慧がそのまま身となつてゐるから、なんの因緣もないけれども、法を聞けば、そのまま理解するのである。

このやうなたとへ話を踏へて、「智慧は、外から來るのでもなく、内に入りこむのでもない」と言はれ、その次にやうやく、「たとへば東君の春に遭ふが如し」と續くのである。それなら核心はやはり「智慧は、ただ智慧に傳はるのであり、智慧は、ただ智慧をたづねるのである（智よく智につたはれ、智すなはち智をたづぬるなり）」といふところにあるのであり、他の言葉はみなさまざまな角度からなされた補足説明と見るべきであらう。

岡自身はここのところを敷衍して、美しく、詩的な言葉を連ねていつた。春は無心の、たとへば童《わらべ》の心の中に、情緒として實在するのである。この情緒にさへめぐりあふことができれば、世の春を司る神は、いつでも自然に春の季節を表現することができるのである。だから、春の情緒が實在しなければ、春の神といへどもどうしやうもないのである、といふふうに。法の世界の存在物（東君に表象されるもの。智慧）がこの世に顯在する際の様式を語つてゐるやうに讀み取れる言葉であり、このやうな解釋の背景に、數學者としての岡の數學上の發見の經驗が控へてゐるのは間違ひないであらう。だが、『正法眼藏』で語られてゐるのは、法の世界の存在物（智慧）が法の世界から法の世界へと（智慧から智慧に）傳はる様式なのであるから、岡の認識とはいくぶんずれてゐるやうである。このずれはやはり「情緒の世界」を法の世界そのものと見たことに起因して生じたやうに思ふ。

岡はポアンカレを範として、「數學上の發見は如何にして起るか」といふ問題を設定し、これを「ポアンカレの問題」と稱して懸命に考察を繰り廣げた數學者である。「數學上の發見はどこから來るのか」といふ問ひに對しては、岡ならたぶん「情緒の世界から」と答へるであらう。「如何にして」と重ねて問はれたなら、すかさず「たとへば東君の春に遭ふが如し」と答へるにちがひない。『正法眼藏』がぼくらの眼前に描き出す情景は、岡の目には、さながら「情緒の世界」そのものの美しい風光のやうに映じてゐるのであらう。もし「情緒の世界」が「法の世界」そのままであるとするなら、玉城先生の言葉で言へば、全人格的思惟、すなはち身心をあげて熱心に思索を續ける岡にダンマが顯はになつて數學的發見が訪れたのである。『正法眼藏』は岡に代つて、岡が經驗した事柄の實相をまざまざと描き出してくれてゐるかのやうであり、岡はそのやうな箇所に心を打たれてはてしない引用を繰り廣げたのではあるまいか。

「獨創とは何か」の美しい描寫はなほ續いてゐる。岡は心に次々と種を蒔いていき、次々と開花時に遭遇した。種を蒔くのは自ら進んで蒔くのであるが、開花時の活動は、さうされてしまふのである。かう言つて岡は、『正法眼藏』から「行佛の去就、果然《かねん》として佛を行ぜしむるに、佛卽ち行ぜしむ」と引用し、種を蒔いてから開花時までどれくらゐかかるかといふことは、長短さまざまあつて一概に言へないが、數年かかるものもずいぶんある、と付言した。それゆゑ、ここでもまた語られたのは數學の研究上の體驗にほかならない。

引用されたのは「行佛威儀」の巻の一文で、玉城先生の譯文を參照すると、

行佛のふるまひは、そのまま佛を行ぜしめると同時に、逆に佛によつて行ぜしめられてゐるのである。

となつてゐる。これだけではよくわからないが、これに先立つて、「修行や悟りは、悟りが本性であり、

修行が相《すがた》であるといふごときものではない」といふ言葉があるのを見ると、岡の引用の文脈はにはかに不分明になつてしまふかのやうな感慨がある。

雨のたとへ話も「獨創とは何か」に出てゐる。雨にたとへると、雨といふ現象は、最初の雨滴ができるまでとそれ以後とに二分することができる。雨滴ができていく有様は描寫のしやうがない。しかし「それだからよいのである」と岡は言つて、「後心不可得《ごしんふかとく》」の巻の冒頭の言葉

　　心不可得は諸佛なり、みづから阿耨多羅三藐三菩提《あのくたらさんみやくさんぼだい》と保任しきたれり

を引用した。玉城先生はこれを、

　　心不可得は、諸佛みづから究極の悟りとして、保持し、かつ安らつてきたところである。

と譯出してゐるが、これはこれだけのことであり、岡の雨の話とはつながりが悪いといふほかはない。

今日の一當と昨日の百不當

岡はひところ口癖のやうに、「今日の一當は昨日の百不當の力なり」と語つてゐたといふ。これを裏付けるかのやうに、日々の研究記録（パリで中谷宇吉郎にすすめられて書き始めたあの日付入りの研究メモである）を參照すると、昭和三十四年十月二十日（火）の日付がついてゐるレポート用紙の端に、「今の一當

は昨の百不當の力なり」と書かれてゐる（「今日」「昨日」ではなくて、「今」「昨」と表記されてゐる。かう書いて、讀むときは「けふ」「きのふ」と讀んだのであらう）。この言葉の由來は『正法眼藏』の「說心說性《せつしんせつしやう》」の卷で、「いまの一當は、むかしの百不當のちからなり」と出てゐる。玉城先生の譯文も平明である。

……菩提心をおこして佛道修行におもむいてのちに、難行・苦行をねんごろに實行しても、百の實行のうちに「一つのうなづき〈一當〉」さへもない。しかしながら、ときには佛道の先達に教へられ、またときには經典を學んでゐるうちに、やうやくうなづくことができるのである。今の一つのうなづきは、以前に百を行じてもうなづけなかつた、その力のたまものであり、それが緣熟したのである。教へを聞き、佛道を行じ、ついには悟りを得ることは、ことごとくかうした事情によるのである。昨日の說心說性は、百を行じてもうなづけなかつたのであるが、その百を行じてもうなづけなかつたことが、たちまち今日の一つのうなづきとなつたのである。

これは數學研究の際の岡の經驗描寫と見てもぴつたり重なり合ふ情景であり、「佛道修行」を「數學研究」に置き換へるだけで、岡の言葉としてもそのまま通用するであらう。岡は『正法眼藏』に自身の影を見て、自分の經驗と合致する箇所を好んで引用したと見て間違ひないと思ふ。數々の引用例の中で、「今の一當は昨の百不當の力なり」などはもつともよく成功したケースであり、強い說得力を伴つてゐる。

岡がはじめて『正法眼藏』を手にしたといふ、昭和十四年初夏の日の大阪の書店を思ふ。道元は宋の時代、ユーラシア大陸の東に留學し、日本に眞の佛教を移植しようとして『正法眼藏』を說いた人である。昭和のはじめ、岡は同じユーラシア大陸の西に留學し、日本に數學の理想を移植しようとして苦鬪を續けたのである。文化の移植といふ「行」の一事において、道元は疑ひもなく岡の大先輩である。岡は深遠ななつかしさの情に襲はれて、時を越え、空間を越えて、道元その人に神祕的な友情を抱いたことであらう。

だが、道元に寄せる岡の友情は道元の「行」に共鳴して生れたのであり、必ずしも道元の佛道に學んだとは言ひえない。岡は光明主義の人生を生き、道元のやうに行を行じ、『正法眼藏』のやうな數學的世界を創造したかつたのであらう。「行」と佛道の間にはすき間があり、玉城先生の慧眼はみごとにその空隙の所在を言ひ當てたのではあるまいか。

イカロスの墜落

無明

やがて玉城先生の話は『正法眼藏』を離れ、「無明」へと移行していつた。インタビューはいよいよ佳境に入つたといふ觀があつた。いま思ひ返しても、このあたりが最高潮であつたやうに思ふ。絲口は『春風夏雨』に收錄されてゐる「自己」といふエッセイであつた。

玉城（續）　それで最後に、岡さんが人間の根本問題に觸れてゐるところが出てくるんですね。ぼくの見た全集の二巻目に「自己」（『春風夏雨』の一節）といふ標題があつて、そのなかに「自分とは何だらう。自分は本當に存在するのだらうか。ただ、存在すると思つてゐるだけではなかろうか。自分といふものはもともとあるのではなくて、あると思つてゐることだけがあるにすぎない、といふのが正しいやうに思はれる」。

本當はあるのではなくて、ただあると思つてゐることだけがあるだけである。それが正しいやうに思ふ。その「ある」と思つてゐることが自我本能だといふんです。さつき言つた末那識です。その自我本能の根源が無明だ、と岡さんは言つてゐる。

高瀬　自我本能の根源が無明だ、と。

玉城　結局、自分といふのは何が何やらわからないといふ。無明といふのは佛陀の發見で、まつたくわからない。佛陀は、悟りを開いてはじめて無明がわかつた。それはソクラテスとたいへん似てゐます。ソクラテスの、本當の知恵は何だといふことがだんだんわかつてくる、そこはたいへん似てゐる。まつたく同じかどうかは問題だけれども、似てゐることは確かです。

佛陀は、本當に悟りが開けたときにはじめて無明といふものがわかつた。岡さんは、まだ途中だけれども、これが無明ではないかといふことに氣づいたわけです。たいへん根本問題なんです。情緒などはまだ淺いといふことだね。本當に深いところに先生は氣づいちやつた。

「情緒などはまだ淺いといふことだね」と玉城先生は評したが、無明といふのは佛陀の發見で、佛陀は悟りを開いてはじめて無明がわかつたといふのである。それなら無明の世界はダンマの世界と同一の地平に開かれてゐるのであり、等しく情緒の世界の奥底に開かれていく世界と見なければならないであらう。

無明に事寄せて話題が展開し、ソクラテスへの示唆を經て、今度はピカソが語られていつた。岡はピカソの繪に「無明の恐ろしさ」を感じたといふほどのことをあちこちに書き留めてゐるが、玉城先生は玉城先生で、東大の最終講義の場においてピカソの繪は「煩惱のあくなき表現」であると述べたことがある。期せずして見方が合致した形であり、まことに興味深い符合と言はなければならなかつた。

玉城（續）それで、全集（學研の『岡潔集』）の二巻に「無明」といふ標題がある。そこで、ピカソの繪は無明ではないかといふ。ぼくは東大の最終講義で……。

高瀬　はい。東大の最終講義でさういふことを。

玉城　ぼくは岡さんが言つてゐるのは知らなかつた。今度はじめて、岡さんがかういふことを言つてゐるので、かういふところが岡さんと似てゐるなとあらためて思ひましたけれども、ピカソは無明を描いてゐる。しかし、これが無明だとは知らない。ただ、描いてゐるだけだ。

「ピカソの繪は無明なのではないか」といふ岡の有名な發言が最初に公にされたのは昭和三十八年のことであつた。この年二月十五日、岡は京都でピカソ展を見て深刻な衝撃を受けたのである。時事畫報社の『フォト』といふ雑誌の五月一日號に、早くも「ピカソと無明」といふエッセイを寄せてゐるが、これを初出として、以後しばらくの間、毎日新聞の連載『春風夏雨』や小林秀雄との對談「人間の建設」などの場を借りて、さかんにピカソを語り續けた。玉城先生が言及したエッセイ「無明」は『春風夏雨』の一節である。

新潮社の企畫により小林秀雄が西下して京都で岡と對談したのは昭和四十年八月十六日のことで、大文字の山焼きの日であつた。山焼きの情景が見える、わりと小さな料亭で語り合つたと言はれてゐるが、記録を見ると當初からピカソの無明をめぐつて大議論が繰り廣げられてゐる。水を向けたのは小林秀雄のはうであつた。「岡さんは、繪がお好きのやうですね」と小林は岡先生に話しかけた。

小林　岡さんは、繪がお好きのやうですね。ピカソといふ人は、佛教の方でいふ無明を描く達人であるといふことをお書きになつてゐましたね。私も、だいぶ前ですが、同じやうなことを考へたことがある。どこかの展覧會にいきまして、小さなピカソの繪をみました。それは男と女がテーブルをはさんで話をしてゐる。ピカソの繪ですから、男か女かわからない。變なごつごつしたもので、とてもさうは見えないけれども、男と女が話してゐるなと直觀的に思つた。さうすると、いかにもいやな會話を二人がしてゐるんですな。これは現代の男女がじつに不愉快な會話をしてゐるところをかいたのだなと、ぼくは勝手に思つちやつた。

この問題提起を受けて、岡は「それは正しい直觀だと思ひます」と同意した。小林は「岡さんが無明といふことを書いていらつしやつたでせう。ははあ、これは同じ感じだなと思つた」と、スクラムを組む構へを示した。これで一氣に話が盛り上がり、岡の大演説（さういふ感じを受ける）が坐を支配していつた。

岡　男女關係を澤山かいてをります。それも男女關係の醜い面だけしかかいてゐません。あれが無明といふものです。人には無明といふ、醜悪にして恐るべき一面がある。……人は自己中心に知情意し、感覺し、行爲する。その自己中心的な廣い意味の行爲をしようとする本能を無明といふ。ところで、人には個性といふものがある。藝術はとくにそれをやかましくいつてゐる。漱石も芥川も言つてをります。さういふ固有の色といふものがある。その個性は自己中心に考へられたものだと思つてゐる。本當はもつと深いところから來るものであるといふことを知らない。西洋ではそれを自我といつてをります。佛教では小我といひますが、小我からくるものは醜悪さだけなんです。ピカソのああいふ繪は、無明からくるものである。さういふことを感じて書いたのです。……

小林　無明をかく達人である、その達人といふものはどうお考へですか。

岡　それほど私はピカソを高く評價してをりません。ああいふ人がゐてくれたら、無明のあることがよくわかつて、倫理的效果があるから有意義だとしか思つてをりません。ピカソ自身は、無明を美だと思ひ違ひしてかいてゐるのだらうと思ひます。人間の缺點が目につくといふことで、長所がわかるといふものではありませんね。たうてい君子とはいへない。小人にはゐるでせう。……

かう言つて岡はピカソを一蹴し、そのうへで「坂本繁二郎といふ人は、そんなにたくさん繪をかいてをりませんけれども、あの人が死んだら、後繼ぎは出ないでせうし、高村光太郎の彫刻もさうです。かういふのを美といふのだと思ひます」と評價した。ピカソと坂本繁二郎（それに高村光太郎）が對比して語られたわけであり、それなら昭和四十五、六年ころ、とぼとぼ亭の原澤さんがぼくに話してくれたあの氣宇の大きなエピソード（ピカソは坂本さんを恐れて來日しなかつた、といふ話）と同じである。あるいはむしろ、知らん顔をしながら、原澤さんは案外『人間の建設』の愛讀者だつたのかもしれなかつた。

ピカソのことは岡と坂本繁二郎との對話のをりにも話題にのぼつた。ピカソはきらひだと明言する岡に對し、ピカソには魅力がないと坂本が應じた。このあたりの呼吸は小林秀雄とも通じてゐる。

岡　私はピカソはきらひです。彼の繪を見ると胃が悪くなります。西洋の悪いものがあふれてゐます。

坂本　西洋人はだれでもさうですが、ピカソもちやんと理屈が通つてゐて、合理的な方法を身につけてゐます。その方法や技術はピカソのもので、それ自體すぐれたものですが、しかし繪の中味、本質はすべて彼のものとは言へません。多く他の人の繪からもつてきてゐます。ピカソは、どんな繪でも描けるぞ、と才能をみせびらかしてゐますが、自分の根本のものが乏しく、だから正直に見る人にはつまりません。

昭和三十八年二月十五日は金曜日で、岡は京都大學でのセミナー（岡は京大の非常勤講師を兼任して、週に一度、京大で大學院の學生たちに數學を教へてゐた）に出席するため、京都に出た。ばかに春めいた陽氣であり、こんな日に薄暗い教室に閉ぢこもつて數學の勉强をするのはつまらない。春先の天氣のよい日に、ぽかぽかと歩いてみたくなる氣分がだいじだ。なぜならそのやうな氣分こそ、文化における創造のはじまりだからだ。そこで岡は、そのやうな氣分を學生たちに味はつてもらひたいといふほどの考へで散歩に出ることを提案し、みなの贊同をえて、をりから岡崎の美術館で開催中のピカソ展を見にでかけたのである。この日、岡は研究記錄の端に、

ピカソ展を見る。
「無明」の恐ろしさ

と書きつけた。

ピカソ展には大體二種類、女性の繪と馬の繪がかかげられてゐた、と岡は「ピカソと無明」の中で解說を始めた。一口に言ふと、女性や馬がものすごい勢いでのた打ち回つてゐる狀態を表した繪であつた。岡はもちろん全部の繪を見て回つたが、一枚一枚立ちどまつて丹念に見る氣になれず、ましてもう一度見直す氣もしないまま、せいぜい三十分くらゐで會場を出た。それでも岡は大いに感じるものがあつた。なぜなら、ピカソの繪には無明が實によく、實に恐ろしく描かれてゐたからである。岡は、無明とはこんなに恐しいものかと、しみじみ考へさせられたが、それと同時に「さすがは世界的な巨匠の繪だ」と感心した。

それならその無明といふものの實體は何かといへば、「生きようとする盲目的意思」であるといふ。

無明は「自我」と同じもので、自我の本質こそ、無明であるといふのであつた。岡の獨自の語法では、この自我は「眞我」の對比概念であり、「小我」と言はれることもある。眞我も小我もひとしく「我」であるにはちがひないから、ぼくらの心はみな二通りの色どりに染められてゐることになる。そこで岡は、一時期（昭和四十五年ころ）、講演會などでしきりに「二つの心」を語つた。

一例を擧げると、昭和四十五年六月七日、岡は和歌山縣かつらぎ町笠田公民館で開催された「かつらぎ風猛會」年次總會に招かれて、記念講演を行つた。風猛會といふのは岡の母校である粉河中學（現在の粉河高校）の同窓會の呼稱（地元の大寺「風猛山粉河寺」に由來するのであらう）であり、かつらぎ風猛會といへば、地元の卒業生たちの作る同窓會である。昭和四十五年當時、會長は第二十三回生（昭和三年三月卒業）の草田源兵衛さん、副會長はかつらぎ町長木村重雄さんであつた。講演の内容は傳はつてゐないが、このとき岡は草田會長と木村副會長のために、

人には平生の心
の奥に無私の
心がある

といふ同文の色紙を二枚書いた（現在、二枚とも草田さんがもつてゐる）。小我は「平生の心」にほかならず、眞我は「無私の心」と言つても同じである。

岡のピカソ論は續く。

ところで、わたしは三十年前、フランスに留學してゐたをりに、ピカソの繪を見た。當時の繪はたいていキューービズム（立體派）めいたもので、歌姫や踊り子が非常に美しく、かはいらしく描かれてゐたと記憶してゐる。いま思ふと、そこにあつた女性の美は本當の美ではなく、あやしくも人の心をひく美だつた。これもやはり無明の現はれであるにちがひない。

しかし、かりにピカソがこの程度の無明しか描き出せずに終はつてゐたら、單なる大衆作家にしかなり得なかつただらうが、さすがピカソはその後、人の中から克明に無明の部分を殘す努力を續けたからこそ、三十年後にこんな繪がかけるやうになつたと思はれる。

ピカソ自身どんな氣持ちでこれを描いたか知れないが、ピカソを藝術家と呼んでいいだらう。藝術家の中の巨匠と呼んでいいだらう。さうしてその作品は巨匠の中の傑作といつていいだらう。漱石が「明暗」の中に書いた無明と同様、人の倫理に大いに役立つものといふべきで、ここまでは贊成である。

これだけの前置きの後に、岡は、「しかし、ただ一つ、これは美とは言へないと思ふ」と付言した。この簡潔な一行が、岡の大がかりなピカソ論の究極の結論なのであつた。

岡は、無明を退治せよ、と主張する。ぼくらが普通、自我と呼び慣らはしてゐる平生の心の實體は無明すなはち小我であり、小我を抑制していけば、その根柢にある眞我すなはち無私の心が現れるといふ。だが、もし岡自身が言ふやうに無明とは「生きようとする盲目的意思」であるとするならば、無明こそ、自我の根柢に横たはる何ものかであるべきであらう。自我を小我と眞我に二分するのは不適切で、かへつて自我の本體は無明そのものであると言ふはうがよささうに思ふ。それなら無明退治はそのまま「死」を意味することになつてしまふのではあるまいか。

無明は退治するのではなく、轉換されるべきである。玉城先生なら、無明の闇にダンマがあらはになつて目覺めが實現する、と言ふところである。もしピカソの繪は美とは言へないとするならば、ピカソにはつひにダンマがあらはれなかつたのであり、岡の慧眼はそれを見拔いたといふことなのであらう。だが、ピカソはピカソで全人格的に制作に打ち込んでゐたことは間違ひなく、玉城先生はそのやうなピカソの制作の營みに感動をもつて共感したことがあるといふ。

イカロスの墜落

玉城先生が定年を迎えて東京大學を退官したのは昭和五十一年三月のことであり、退官に先立つて最終講義が行はれた。その記錄は「普遍思惟と原象」といふ標題を附されて春秋社の雜誌『春秋』昭和五十一年六月號に掲載され、後に『瞑想と思索』（春秋社、昭和五十九年刊行）に收錄された。玉城先生はこんなふうにピカソを語つた。

さて、話しがだいぶむづかしくなりましたので、ちょつとここで息を拔きませう。ピカソについて觸れてみたいと思ひます。……しかし告白しますが、わたしはピカソの繪を「煩惱のあくなき表現」だと考へてゐました。この考へを改めたはうがよいかどうかなほわかりませんが、それとは別にごく最近、かれの制作の營みに非常に共感したことがあります。それはやはりこの全身的追究についてであります。もとよりかれの制作過程がわたしのいふ全身的追究そのままだといふのではありません。しかしその營みを見たときに、感動をもつて共感したことは事實であります。意外なところに同調者がゐることを知つて嬉しくてなりませんでした。

玉城先生が共感を覺えたといふピカソの制作の營みは「イカロスの墜落」であつた。

高瀬　先ほどの、ピカソは無明を描いて、なほかつ無明を描いてゐることに氣がつかないといふ岡先生の指摘については、先生はどのやうに思はれますか。

玉城　その通りだと思ひます。ピカソの全體は岡さんの言ふ通りだと思ふけれども、ピカソを調べてゐるうちに「イカロスの墜落」といふ繪を本屋で發見して、それを一生懸命に見たわけです。パリのユネスコ本部の大ホールに飾る繪を、ユネスコからピカソに注文してきたわけです。ピカソはそのために一生懸命に取り組んだわけです。

一九五七年十二月六日に一枚のグァッシュが描かれて、翌年、五十八年一月二十九日に最後の下描きがある。つまり、五十日餘りの間にものすごくデッサンを描いたわけです。それがこんなふうになつてゐる。

高瀬　デッサンを集めて一册の本になつてゐるんですね。

玉城　さうさう。

高瀬　ちよつと拜見します。

玉城　それが［パリのユネスコ本部の］ホール［の壁］に掲げられてゐる完成した繪です。その繪まていくのに何百といふデッサンを描いてゐるわけです。

高瀬　これはすごい。

玉城　ギリシア神話の登場人物のイカロスは、自分の身に火がついて海中に墜落する。それがイカロスの墜落です。その副題に、「悪にうちかつ生命力と精神力」（副題ではなく、正式な題名）とついてゐる。これはピカソがつけた副題です。そのデッサンを繰り返し見てゐると、いらないものをそぎ落としながら、しかも紆餘曲折しつつ、デッサンを續けてゐる。つまり、いらないものをそぎ落としていくことが「悪にうちかつ生命力と精神力」であり、ぼくは、そのそぎ落としていくことに、全人格的營みを感じたわけです。

全身全力でそぎ落としてそぎ落とす。一番究極のものに向かつて全力を傾ける全人格的思惟と營み。そのときには「全人格的思惟」といふ單語はぼくの頭に浮かんでゐなくて、「全身的營み」といふことでやつてゐたんだが、それに非常に感動した。ぼくの解釋では、彼は無明の藝術家には違ひないけれども、その一面、ものすごい努力をして、繪の究極の、命とは何かといふことを追究してゐる。

結局、追究しそこなひの繪が、あの大ホールに掲げられてゐる。

高瀬　追及しそこなひですか。

玉城　それはさうです。見てごらんよ。これは墜落しないわけだ。彼は、その時代の藝術といふものの行方を象徴してゐる。何もかも壊れていく、と。それを描き出したといふことは、やつぱり大天才ですよ。

結局、墜落できない。墜落してしまつたら、そこからまたよみがへつていく可能性が出てくるけれども、墜落しそこなつたまま。まさにこれは現代を象徴してゐる。

高瀬 墜落してゐないから、よみがへる根柢がないわけですね。

玉城 ない。みんな中途半端でせう。オウムでも何でも。

玉城先生の話はいつしか「イカロスの墜落」をも離れ去り、オウム眞理教へと轉じていくのであつた。

光明主義をめぐつて

インタビューが始まつてからどれほどの時間がすぎたのであらうか。開幕早々、挨拶もそこそこに「それがわからなければ岡さんの言ふ數學者ではない」といふ鋭利な一撃を浴びせられ、ぼくは胸を衝かれるやうな思ひをした。尋常一様ではをさまりのつきさうにない豫感が座を覆ひ、寄る邊のない不安感でいつぱいに滿たされながら、かへつて成り行きが樂しみでならなかつた。はたして童心の季節の物語に端を發した玉城先生の話は連綿と流れ續け、坂本繁二郎、白隱禪師、津名道代さんなどをめぐる多彩な插話を織り込みながら、華嚴、『正法眼藏』、無明等々と遍歴を重ね、イカロスの墜落へと變遷していつた。顧みればさながら滿天に散りばめられた星々のやうに美しく、ぼくは心から堪能したが、さすがにもうそろそろおしまひであらうといふ空氣が現れた。だが、最後にどうしてもおうかがひしておかなければならない一事があつた。それは光明會と光明主義に對する所見である。

光明會といふのは山崎辨榮上人が提唱した光明主義を柱とするお念佛の團體である。辨榮上人は安政六年（ほぼ一八五九年）二月二十日、下總國手賀沼《てがぬま》湖畔の手賀村鷲野谷《わしのや》（現在の千葉縣柏市）に生れた人で、父は山崎《やまざき》嘉兵《かへい》、母は「なを」、幼兒期には啓之助を名乘つた。明治三年、數へて十二歳のとき、弟恆吉の死を體驗。明治十二年十一月二十日、數へて二十一歳のとき、鷲野谷の醫王寺において東漸寺大谷大康老師のもとで出家得度して、辨榮と改名した。醫王寺の宗旨は淨土宗で、辨榮上人は明治・大正期の淨土宗門にあつて、淨土宗の革新をめざした人であつた。

ぼくは岡の數々の書き物に手ほどきを受けて光明主義のあれこれへと案内されたが、理解するのは困難で、光明主義が語られるたびにそのつど混迷の度合ひは深まるばかりであつた。岡の數學觀と不可分に結ばれてゐることも多く、たとへば無生法忍《むしやうほうにん》がわからなければ一（自然數の「一」のこと）はわからない、といふふうな超越的な話が繰り返された。『春風夏雨』などを參照すると、これは辨榮上人のお弟子の笹本戒淨《ささもとかいじやう》上人の言葉と言はれてゐる。

それならば、一とか點とかはどうしてもわからないものだらうか。これをわかるには宗教的方法を許容する以外にないといふことである。佛教の一宗、光明主義の笹本戒淨上人は、もう二十年位前になると思ふが、かういつてをられたといふ。「自然數の一や幾何學の點は、無生法忍を得てはじめてわかる」と。無生法忍とは法報二身、つまり心と自然の理法を悟るといふ、非常に高い悟りの位である。だから「情」といふものが入つてゐる。この情を拔いては一や點はいひ表せないわけである。

これは毎日新聞での連載『春風夏雨』の第十三回「人の世　その一」からの引用である。無生法忍といひ、法報二身といひ、難解な言葉が連なつてゐるうへに、「だから「情」といふものが入つてゐる」と岡に獨自の斷定が加はると、にはかにかすみがかかつたやうになり、傳はるものは何もなくなつてしまふ。岡はこのやうな不思議な言葉を口にする稀有な數學者なのであつた。

ここでは光明主義は佛教の一宗とされてゐて、淨土宗とは無縁であるかのやうに装はれて言及されてゐる。事實とは異なるが、岡には光明主義を淨土宗と切り離して受け止めたいといふ、何かしら強い欲求があつたのであらう。司馬遼太郎との對談でもこの論點がぶり返され、緊張に滿ちた場面が現れた。

奈良の料亭で岡と司馬遼太郎の對談が行はれたのは昭和四十三年九月中旬のことで、その記録は「萌《も》え騰《あが》るもの」といふ標題がつけられて、『岡潔集』第三巻の巻末に收録された。司馬遼太郎は「親鸞の宗旨（淨土眞宗）を何百年も信じてきた家系のせがれ」であるとみづから發言するくらゐであるから、岡のお念佛にも多少の宗教的關心があつたのであらう、對談の途中でふと思ひついたといふふうに、「岡先生はときどき念佛を唱へられますか」と質問した。岡は言下に（といふ感じを受ける）「唱へます」と答へるとともに、「光明主義は本物です」といきなり斷定した。これを皮切りに、この對談の全體を通じてもつとも緊迫した場面が出現した。

司馬　光明主義は法然さんから出てゐるのですか。（これはその通りだし、この際、穏當なお尋ねでもある。司馬は、高ぶりを見せようとする氣配が現れたのを鎭めようと意圖したのであらう。）

岡　いや、全然。法然のは「あみだぶつといふよりほかは津の國の浪華のこともあしかりぬべし」です。私にいはせれば、何を勝手な横車。「ひとつ山越しや他國の星の氷りつくやうな國境《くにざかひ》」と思つてゐます。あんなものはいけない。私がまつかうから反對しないのは、いまだいぶおとなしくなつて無害になつてゐるからです。法然、親鸞、みないけません。

司馬　ほう、なかなかすごいですね。

岡　光明主義といふのは、「人類は、二十億年前單細胞であつた。それがここまで向上してきた。これは偶然ではない。如來光明によるものだ」といふのです。「からだの向上はこれでよい。これからは心の向上だ」といふのが光明主義です。

司馬　すると親鸞のいふ往相《わうさう》と還相《げんさう》のうち、還相を尊ぶわけですね。

岡　親鸞が何をいつたか知りませんが、彼は法然の流れをくむ者です。私は無視してをります。認めません。

司馬　私は、親鸞の宗旨を何百年も信じてきた家系のせがれですが。

岡　神國といふ佛國土、日本へきて勝手な横車です。ともかく親鸞は法然の流れをくむ者。その法然は「あみだぶつといふよりほかは津の國の浪華のこともあしかりぬべし」です。これは排他主義です。三十萬年來、日本は神國といふ佛國土であつて、義理もあれば人情もある。いまさら、法然のいふ淨土へひとりのこのこと行けるものか、と私は思ひます。その流れをくむ者が親鸞ですからね。認めません。ただ、あと廻しにしてゐるのは無害だからです。

岡は法然をけなし、その流れを汲んでゐるからといふだけの、根據の薄弱な理由をもつて親鸞も認めないと明言した。だが、少し前には法然を賞讃してゐた時期もある。『紫の火花』の一篇「獨創とは何か」にも出てゐるが、そこでは岡は、

たとへば情について見るに人は、悪かつた！と思つてゐる瞬間だけ、情が本當に澄んでゐるのである。法然上人は「十悪の法然坊、愚癡の法然坊」と絶えず言つてゐたと聞いてゐる。法然上人の情は常に非常によく澄んでゐたのであらう。

と語つてゐるのである。昭和三十八年の『紫の火花』から昭和四十四年の司馬遼太郎との對談に至るまでの六年の間に、岡の心の中で何かが變化したのであらう。岡はつねに明確な意見をもち、そのときどきに斷定的な發言を繰り返す癖があるが、意見は絶え間なく、しかもしばしば極端に變遷し、決して同じ場所にはとどまらない。聞き手の側の反應はさまざまで、性急な斷定に魅力を感じる人（エッセイの讀者に多い）もゐれば、不快に思ふ人（直接話をしたことのある人に多い）もゐる。岡自身は斷定の變遷を認識の向上と受けとめてゐたやうだが、それをそのまま平然と受け入れる人（岡自身に追隨したいと思ふ人で、この場合、發言相互の矛楯は問題にならない）もゐれば、變節と見て嫌悪する人（特定の思想を堅持して、ある時期の岡の發言に共鳴した人）もゐるといふふうであつた。司馬遼太郎は岡潔といふ人に人間の魅力を感じて對談に應じたと思はれるが、あまり愉快ではなかつたのであらう、岡との對談を完全に無視する姿勢に出て、數ある對談集にも全集にも決して収錄しようとしなかつた。

岡と光明主義について玉城先生の所見をうかがふといふのは、ぼくがひそかに心してゐたインタビュ

ーの眼目でもあつた。ぼくは、「岡先生は特に光明會のことを一生懸命にお書きになつてゐますが、あれは何か特別な意味があるのでせうか」と、やや稚拙に質問した。ところが玉城先生の返答はにべもなく、

ぼくは、岡さんがどういふふうに念佛をされたか、よほどあちこち調べてみたけれども、ないですね。單行本にはどこかあるかもしれないけれども、全集の中にはないです。

といふのであつた。岡がどのやうにお念佛をしたのか、どこにも表明されてゐないといふのであるから、所見の述べやうがないといふことであらう。完全に肩すかしをくつた恰好であつた。ぼくはあつけにとられ、二の句を繼ぐことができなかつた。

この狀勢は道元が話題にのぼつたときとまつたく同じであつた。玉城先生は『正法眼藏』を引用して岡の姿勢にきはめて冷淡で、「何のために引用してゐるのかわからない」と突き放してしまつた。さうして今度は岡が千萬言を費やしてやまない辨榮上人とその光明主義を語る段になつたとき、またしてもにべもなく一蹴してしまつたのである。こんなふうでは岡が紡ぎ出す佛教的世界像はさらさらと崩れさつてしまふほかはない。岡が語る光明主義も難解だつたが、玉城先生の發言もにはかには受容しがたいものがあつた。どこかしらぼくの知らない世界において、何事かが起つてゐるのであらう。このあたりのやりとりにはさながら雲の上の出來事のやうな感慨があつた。

岡は人生のある時期において道元と辨榮上人を認識し、晩年、時を得て『正法眼藏』と光明主義を繰

り返し語り續けたが、いつのころからであらうか、最晩年に至つて光明主義から次第に遠ざかり、正法眼藏も語らうとしなくなつた。いくばくかの不可解さを拭へない現象だが、昭和四十六年、七十代の入り口を越えたばかりの岡は『春雨の曲』といふ作品を書き始めた。人生と數學研究の回想録のやうでもあり、獨自の宗教的思索の書のやうでもあり、不思議な印象を醸す作品だが、全體として描かれてゐるのは「情緒の世界」の風光である。

岡が憧憬する「情緒の世界」は「ダンマの世界」ではない。玉城先生は、岡が『正法眼藏』をどうして引用してゐるのかわからない、どのやうにお念佛をしたのかもわからないと指摘したが、玉城先生の目には「ダンマの世界」と「情緒の世界」の違ひがありありと映じてゐたのであらう。「情緒の數學」を憧憬した岡は、人生の一時期、「ダンマの世界」へと踏み分けていつたが、晩年、再び「情緒の世界」へともどつていつた。『春雨の曲』は岡の「情緒の世界」への歸還を明瞭に物語る作品であることを、玉城先生はありありと教へてくれたのである。

【エピローグ】玉城先生との別れ

平成十一年一月二十三日の朝、ぼくは西日本新聞の朝刊で玉城先生の訃報を見た。平成十一年一月十四日午後四時三十六分、肺炎のため東京三鷹市の病院で亡くなられたことを傳へる記事であつた。滿八十三歳。數へて八十五歳であつた。一瞬虚をつかれたが、ややあつて無性に悲しい氣持ちに襲はれた。今も悲しいままである。

訃報を目にした日の午後、玉城先生のお宅に電話をかけると奥様が出て、玉城先生の急逝までの短い物語を傳へていただいた。前年（平成十年）末、熊本の（玉城先生の）兄（熊本中學の教育方針を批判したといふ、玉城先生の二つ上の、あの氣骨ある兄である）の訃報が傳へられたのが發端であつた。健康に不安はあつたが、玉城先生はみづから言ひ出してお葬式にでかけた。ところが葬儀に參列した日の翌日、かぜをひいて高熱が出た。歸りの飛行機に乘つたころにはすでにふらふらになつてゐて、救急車で急ぎ歸宅した。家で安静を保ち、かかりつけの醫者に看てもらつたが、よほど容態が悪かつたのであらう、このままではどうにもならないから入院したはうがよいとの見立てに従つて、立川市内の（新聞には三鷹市と出ていたが、奥様は立川と言はれた）病院に入院した。生來病弱で、かぜなどひくといつも長引いてしまふ。これまでの通りなら、かうして休養して點滴をしてゐるうちにゆつくり恢復するのだが、今度はだめだつたといふことであつた。

玉城先生の意識は最後まで亂れなかつた。最後になつた日の午後、奥様と次女の應江《まさえ》さんが見守つてゐると、先生は、「心配ないからもうお歸り」とはつきり言つて、くるつと横を向いた。歸ることもできないからそのまま様子を見てゐたところ、三十分ほどして息を引き取つたといふ。これが一月十四日午後四時半ころの出來事であつた。好奇心の旺盛な人で、死後の世界に強い關心をもつてゐた。今ころは望みがかなへられてわくわくしてゐるのではないか。そんなふうな、とてもいい顔だつたと奥様は言はれた。

後日、津名道代さんにこの話を傳へたところ、津名さんは玉城先生の最後の言葉にいたく感銘を受けた様子で、「達人の言葉だ」と簡潔に感想を語つた。ぼくは心から同意した。

をりしも支那そば屋「こうや」が開店十五周年を迎へる年でもあり、一月三十一日の日曜日の午後四時から、東京の多摩川沿ひの富士觀會館（東急田園都市線二子玉川驛の近くである）の宴會場でパーティーが開催される運びになつた。ぼくは招待を受け、上京することになつてゐた。そこでパーティーの翌日（二月一日）を希望して、玉城先生にお別れしたいと奥様に申し出た。この申し出は許された。

「こうや」のパーティーは二百人を越える友人知人が集つて大盛況であつた。原澤さんの相棒の加藤芳江さんは「新聞で玉城先生を見た」とぼくに教へてくれた日から日ならずして腦内出血に襲われ、手術（日赤病院）、入院、退院の後、リハビリに勵んでゐた。ぼくは久しぶりに原澤さんと加藤さんに挨拶し、一月末の多摩川の河原に大玉の花火が二十發ほど（パーティーの出し物のひとつである）も上がるのを、パーティー會場の窓際に見知らぬ人たち（みな「こうや」の新舊の仲間である）といつしよに押し寄せて見物した。

二月一日（月）午後二時ころ、久我山の玉城家を訪問した。通ひ慣れた應接間でひとしきりお話をうかがつた後、奥の佛間に通された。玉城先生は大きな箱にをさまつてゐた。これが今生で最後の面會であつた。

お葬式は行はれず、だれにも知らせてはならないといふ、玉城先生の生前からの遺志を尊重して、身内の人たちだけで密葬にした後、鎌倉の圓覺寺に納められた。玉城先生と親しいお付き合ひのあつた方が現在の管長といふことであつた。

内密にしてはゐたが、歿後間もなく、天文學者のだれとかさんが、玉城先生に教へてもらひたいことができたといつて電話をかけてきた。そこでやむなく、實は、と打ち明けたところ、それが東大の文學部に傳はつて、文學部の事務から、新聞社に通知してもよいか、といふ問ひ合せがあつた。こんなふうでいよいよ隱し切れない狀勢になつていつた。東京では一月十八日の朝刊の訃報欄に揭載された。

こんな話をうかがつてゐるところに來客があつたので、それを潮《しほ》においとました。お客は木村清孝先生（東大文學部印度哲學科の教授で、玉城先生の後任）であつた。木村先生が玉城先生の逝去を知つたのは四日後の一月十八日のことで、大學の研究室においてであつたといふから、通勤後、事務から連絡があつたのであらう。

三月六日午後四時から東京の築地本願寺で「玉城康四郎を偲ぶ會」が開かれることになり、お知らせをいただいたが、出席することはできなかつた。宗教雜誌『大法輪』五月號に玉城先生を追悼する二つの書き物が揭載された。執筆者は木村先生と志茂田誠諦（築地本願寺新報主幹）さんであつた。かうして玉城先生はこの世にお別れした。

高校時代、ぼくは岡潔先生のエッセイ群に背中を押されて數學に向ひ、中勘助の文學に足元を支へられて、未知の世界に步を進めていく勇氣を與へられた。以來、ぼくの心の中で岡先生は一貫してぼくの數學の師匠であり、中さんは人生の大先輩であり續けてゐる。中さんのやうに生きて、岡先生のやうな數學をめざすのがぼくの理想であつた。中さんにはお會ひできず、岡先生とはただ一度きりの、出會ひとは言ひがたい出會ひにとどまつたのは殘念だが、玉城先生とは相當ひんぱんにお目にかかることができ、語り合ふとまではいかないまでも親しくお話をうかがふ機會に惠まれた。

岡先生の評傳を書き上げて、いつの日か玉城先生にお見せしたいと心から願つてゐる。

岡潔年譜

1

誕生から昭和 35 年までの記録

参考書

高瀬正仁『評傳岡潔　星の章』（平成 15 年，海鳴社）
高瀬正仁『評傳岡潔　花の章』（平成 16 年，海鳴社）

［＊年齢は數へ年で表記した］

明治 34 年 (1901 年)	4 月 19 日，坂本潔（後の岡潔）が大阪市東區島町 2 丁目 20 番屋敷に生れる。戸籍上の誕生日は 3 月 19 日。本籍は，和歌山縣伊都郡紀見村柱本 929 番地。ここに岡家の元家《もといへ》があり，祖父母と兄が住んでゐた。明治 39 年，柱本 935 番地に轉居。
明治 37 年 (1904 年)	父が日露戰爭に出征するため，母とともに紀見峠に歸鄉する。妹，泰子生れる。
明治 40 年 (1907 年)	7 歳。柱本尋常小學校に入學。
明治 41 年 (1908 年)	柱本尋常小學校 2 年生。大阪の北區壺屋町に轉居。二學期から菅南尋常小學校に轉校する。
明治 44 年 (1911 年)	11 歳。阪神電鐵沿線の海濱の地，兵庫縣の打出地區（現在，蘆屋市）に轉居。阪神電車で菅南尋常小學校に通學する。
明治 45 年 ・大正元年 (1912 年)	打出の濱を引き拂ひ，歸鄉。菅南尋常小學校から柱本尋常小學校に轉校する。柱本尋常小學校 6 年生。

大正 2 年 (1913 年)	柱本尋常小學校卒業。粉河中學校の入試に失敗し，紀見尋常高等小學校の高等科に進學する。
大正 3 年 (1914 年)	和歌山縣粉河中學校に入學。寄宿舍に入る。
大正 8 年 (1919 年)	19 歳。粉河中學校卒業。第三高等學校に入學する。
大正 11 年 (1922 年)	第三高等學校卒業。京都帝國大學理學部に入學する。
大正 14 年 (1925 年)	25 歳。京都帝國大學卒業。京大講師を囑託される。小山みちと結婚。
昭和 4 年 (1929 年)	フランス留學。京都帝國大學助教授に就任。パリで中谷宇吉郎，治宇二郎兄弟に出會ふ。
昭和 5 年 (1930 年)	30 歳。岡みちがパリに來る。秋，サン・ジェルマン・アン・レに移動する。岡潔，みち，中谷治宇二郎の三人で下宿「菩提樹」で生活し，年を越した。
昭和 6 年 (1931 年)	サン・ジェルマン・アン・レを去り，パリにもどる。トノンに貸別莊を借り，岡潔，みち，中谷治宇二郎の三人で生活する。
昭和 7 年 (1932 年)	フランス留學を終へ，歸國する。廣島文理科大學助教授に就任する。夏，由布院行。
昭和 8 年 (1933 年)	廣島文理科大學助教授 2 年目。二度目の由布院行。
昭和 9 年 (1934 年)	廣島文理科大學助教授 3 年目。ベンケ，トゥルレンの著作『多複素變數關數の理論』を入手。多變數關數論研究の新構想を立てる。
昭和 10 年 (1935 年)	35 歳。廣島文理科大學助教授 4 年目。多變數關數論研究の新構想に沿つて思索を始める。夏，札幌行（はじめての札幌)。「上空移行の原理」を發見する（第一の發見)。

昭和 11 年 (1936 年)	廣島文理科大學助教授 5 年目。中谷治宇二郎歿。廣島事件。廣島腦病院に入院する（最初の入院)。伊豆伊東行。
昭和 12 年 (1937 年)	夏，札幌行（二度目の札幌)。日本數學物理學會で講演。秋,「岡の原理」を發見する。
昭和 13 年 (1938 年)	廣島文理科大學助教授 7 年目。靜岡腦病院に入院する（二回目の入院)。廣島文理科大學を休職し，歸鄉する。
昭和 14 年 (1939 年)	佛教に出會ふ。父，岡寛治歿。江口きちの歌集『武尊の麓』を購入する。また,『正法眼藏』を購入する。紀見峠から，麓の紀見村慶賀野に轉居。淡路福良行。
昭和 15 年 (1940 年)	40 歲。「關數の第二種融合法」を發見する（第二の發見)。學位（理學博士）を取得する。
昭和 16 年 (1941 年)	北海道大學に勤務（理學部囑託）するため，札幌に行く（三度目の札幌)。
昭和 17 年 (1942 年)	札幌で不定域イデアルの研究を始める。札幌を離れ，歸鄉。上京。東京で小峰病院に入院（三回目の入院)。その後，歸鄉した。
昭和 18 年 (1943 年)	鄉里の和歌山縣紀見村で研究と農耕の日々を送る。
昭和 19 年 (1944 年)	前年に續き，研究と農耕の日々を送る。母，八重歿。
昭和 20 年 (1945 年)	45 歲。故鄉の和歌山縣紀見村で終戰を迎へる。光明會のお念佛を始める。
昭和 21 年 (1946 年)	各地の光明會別時念佛會に參加する。
昭和 22 年 (1947 年)	前年に續き，各地の光明會のお別時に參加する。
昭和 23 年 (1948 年)	紀見村慶賀野地區内で轉居。不定域イデアルの研究で數學的發見を經驗する（第三の發見)。

昭和 24 年（1949 年）	奈良女子大學教授（理家政學部）に就任する。
昭和 25 年（1950 年）	50 歳。仲秋のころ，香港に滯在中の胡蘭成が密航船で日本に亡命した。
昭和 26 年（1951 年）	奈良市に轉居する。日本學士院賞受賞。
昭和 28 年（1953 年）	奈良女子大學理學部教授（理家政學部が理學部と家政學部に分離し，理學部に數學科が設置された）。
昭和 29 年（1954 年）	朝日賞受賞。
昭和 30 年（1955 年）	55 歳。セール（フランスの數學者）の訪問を受ける。また，ヴェイユ（フランスの數學者）の訪問を受ける（第一回目）。
昭和 33 年（1958 年）	ジーゲル（ドイツの數學者）の訪問を受ける。
昭和 35 年（1960 年）	60 歳。文化勲章受章。吉川英治と知り合ふ。また，和歌山縣橋本市の最初の名譽市民になる。

著者紹介

高瀬正仁《たかせまさひと》

昭和 26 年（1951 年），群馬縣勢多郡東村（現在，みどり市）に生れる。
九州大學マス･フォア･インダストリ研究所准教授。專門は近代數學史と多變數函數論
平成 20 年，九州大學全學教育優秀授業賞受賞。2009 年度日本數學會賞出版賞受賞
主な著書：『評傳岡潔 星の章』『評傳岡潔 花の章』（いづれも海鳴社）
『岡潔 數學の詩人』『高木貞治 近代日本數學の父』（いづれも岩波書店）
『無限解析のはじまり わたしのオイラー』『ガウスの數論 わたしのガウス』（いづれも筑摩書房）
『dx と dy の解析學 オイラーに學ぶ』（日本評論社）
主な譯書：『ガウス 整數論』『アーベル/ガロア 楕圓關數論』（いづれも朝倉書店）
『オイラーの無限解析』『オイラーの解析幾何』『ルジャンドル 數の理論』（いづれも海鳴社）
『ヤコビ 楕圓關數原論』（講談社）
『ガウス 數論論文集』（筑摩書房）

岡潔とその時代 Ⅰ 正法眼藏
――評傳岡潔 虹の章

定価はカバーに表示

2013 年 5 月 23 日　初版第 1 刷発行

著　者　高瀬正仁
発　行　株式会社 みみずく舎
〒169-0073
東京都新宿区百人町 1-22-23 新宿ノモスビル 2F
TEL：03-5330-2585　FAX：03-5389-6452
発　売　株式会社 医学評論社
〒169-0073
東京都新宿区百人町 1-22-23 新宿ノモスビル 2F
TEL：03-5330-2441（代）　FAX：03-5389-6452
http://www.igakuhyoronsha.co.jp/

印刷・製本：大日本法令印刷 ／ 装丁：安孫子正浩 ／ 装画：岡田浩志

ISBN 978-4-86399-194-1 C3040